U0026348

通志略

四部備要

史部

中華書局據金壇刻本校刊

桐鄉　陸費逵總勘
杭縣　高時顯　吳汝霖輯校
杭縣　丁輔之監造

版權所有不許翻印

武官第八上

將軍總敘

三代之制天子六軍其將皆命卿故夏書曰大戰于甘乃召六卿蓋古之天子寄軍政於六卿居則以田警則以戰所謂入使治之出使長之之義其職在國則以比長閭胥族師黨正州長鄉大夫爲稱在軍則以卒伍司馬將軍爲號所以異軍國之名諸侯之制大國三軍次國二軍小國一軍其將亦命卿也晉獻公初作二軍公將上軍未有其號魏獻子衞文子始有將軍稱左傳曰晉閻沒女寬謂魏子曰豈將軍食之而有不足注曰獻子爲將軍率故謂之將軍又禮記曰將軍文子之喪自戰國置大將軍周末又置前後左右將軍秦因之位上卿金印紫綬漢興置大將軍驃騎將軍位次丞相車騎將軍衞將軍左右前後將軍皆金印紫綬位次上卿後漢志曰漢將軍比公者四謂大將軍驃騎車騎衞將軍掌京師兵衞四夷屯警孝武征閩越東甌又有伏波

樓船及伐朝鮮大宛復置橫海度遼貳師宣帝增以蒲類破羌權時之制若此非一亦不常設光武中興諸將軍皆稱大及天下已定武官悉省四征興於漢代四安四平起於魏初後漢有三鎮之稱魏有鎮北之號晉武帝重兵官故軍校多選朝廷清重之士居之置中軍將軍以統宿衞七軍及五王作難東海王越以頃興事皆由殿省乃奏宿衞有侯爵者皆罷之時殿中武官並封侯由是出者略盡皆涕泣而去乃以東海國官領左右衞以國兵宿衞晉宋以來以領軍護軍左右二衞驍騎游擊將軍謂之六軍宋輿服志曰驃騎車騎衞將軍及諸將軍加大者皆金章紫綬武冠佩水蒼玉諸軍司馬銀章青綬朝服武冠其四安四平左右前後征虜等將軍及四中郎將晉代荀羨王胡之並居此官宋齊以來唯處諸王素族無爲者齊以二衞四軍五校驍騎游擊積射彊弩殿中員外殿中武衞七將軍殿中司馬左右及虎賁之中郎將冗從僕射羽林監武騎常侍謂之西省而散騎爲東省梁武帝以將軍之名高下舛雜命更加釐

定於是有司奏置一百二十五號將軍以鎮衞驃騎車騎爲二十四班四征四中爲二十三班八鎮爲二十二班八安爲二十一班四平四翊爲二十班凡三十六號爲重號將軍又有五德將軍忠勇軍師武臣爪牙龍驤雲麾領兵翊師宣惠果毅智威仁威勇威信威嚴威智武仁武勇武信武嚴武是爲五德將軍也以班多者爲貴凡十二品二十四班品取其盈數班法氣候之數制簿悉以大號居後以爲選法自小遷大也前史所記以位得從公故將軍之名次于台槐之下至是備其班品敘於百官之外凡一百二十五將軍後魏將軍之名多矣謂驃騎車騎衞爲三將軍末年有八柱國大將軍其中六人各督二大將軍凡十二大將軍元贊元育元廓侯莫陳順宇文導達奚武李遠豆盧寧宇文貴賀蘭祥楊忠王雄是也又各分統開府一人一開府領一軍兵是爲二十四軍分掌禁旅當爪牙禦侮之寄自大統十六年以後功臣位至柱國及大將軍者衆矣咸是散秩無復統御後周武帝三年改諸軍軍士並爲侍官隋煬帝以左右衞左右屯衞左右禦衞左右候衞凡十二衞各置大將軍一

人將軍二人以總府事（每衞各置長史錄事參軍司倉兵騎鎧等參軍員軍人總名衞士）蓋魏周十
二大將軍之遺制唐武德初秦王既平王世充及竇建德高祖以秦
王功殊今古自昔位號不足以爲稱乃特置天策上將軍以拜焉位
在王公上及升儲宮遂廢天策府二年七月高祖以天下未定事資
武力將舉關中之衆以臨四方乃置十二軍分關中諸府以隸焉（以萬
年道爲參旗軍長安道爲鼓旗軍富平道爲玄戈軍醴泉道爲丹鉞軍同州道爲羽林軍華州道爲騎官軍寧州道爲折威軍岐州道爲
平道軍幽州道爲招搖軍麟州道爲苑游軍涇州道爲天紀軍宜州道爲天節軍）每軍將一人副一人取威
名素重者爲之（楊恭仁劉弘基長孫順德等爲其將）督耕戰之備自是士馬彊勁無敵
於天下五年省七年以突厥寇掠復置十二軍後又省之其後定制
有左右衞左右驍左右武左右威左右領軍左右金吾左右監門左
右千牛凡十六衞大將軍各一人（左右衞及左右金吾總謂之四衞其餘謂之雜衞）將軍總
三十人（左右千牛衞將軍各一人餘衞各二人）左右羽林左右龍虎左右神虎六軍大
將軍各一人將軍各三人皆有衞署其餘驃騎輔國鎭軍冠軍四大

將軍雲麾勇武壯武宣威明威定遠寧遠游騎游擊等九將軍並爲五品以上武散官九天二年正月十日詔往者衞士計戶取充使二十一人入幕六十出軍既憚劬勞咸欲避匿今改取二十五以上充十五年即放出頻經征鎭者十年放出自今已後羽林飛騎先於衞士中簡擇開元六年始詔折衝府兵每六歲一簡自高宗武后時天下久不用兵府兵之法浸壞番役更代多不以時衞士稍稍亡匿至是益耗散宿衞不能給宰相張說乃請一切募士宿衞十一年取京兆蒲同岐華府兵及白丁而益以潞州長從兵共二十萬號長從宿衞歲一番命左丞蕭嵩與州刺史共選之明年更號曰彍騎

臣謹按宋志曰冗從僕射漢東京有中黃門冗從僕射非其職也魏代因其名而置冗從僕射職官要錄曰本期門之職後漢桓帝時置冗從僕射掌諸散從其射事則主帥之

左右衞并親衞官屬附

漢京師有南北軍掌理禁衞南軍若唐諸衞北軍若唐羽林等軍周勃馳入北軍是也初有衞將軍魏末晉文王又置中衞將軍武帝受禪分中衞爲左右衞將軍以羊琇爲左趙序爲右並置佐吏皆掌宿衞營兵銀章青綬武冠絳朝服佩水蒼玉宋齊謂之二衞各領營兵每暮一人宿直後增二衞儀從爲九十人陳因之後魏永光初又增置左右衞將軍各二人北齊二人分掌左右廂所主朱華閣以外各武衞將軍二人貳之隋之初左右衞大將軍各一人將軍各二人又各統親衞煬帝改左右衞爲左右翊衞又加置親衞并領勳武二衞煬帝改三衞爲二侍非翊衞府皆無三侍其所領軍士名爲驍騎唐復爲左右衞大將軍各一人掌宮掖禁禦督攝隊伍將軍各二人貳大將軍事

長史左右衞各一人晉武帝置左右衞各有長史司馬東晉省長史歷宋齊梁陳後魏北齊並同至隋左右衞各置長史一人唐因之

錄事參軍左右衞各一人東晉元帝初爲鎮東大將軍置錄事參軍自後無梁皇子府有錄事參軍各一人後魏二人公府及第一第二第三品將軍府及始蕃王二蕃王三蕃王府各有錄事參軍官北齊因之隋左右衞府各有錄事參軍一人唐因之

倉曹參軍 左右衛各二人東晉元帝爲鎮東大將軍有倉曹參軍宋武帝相府亦置後魏與錄事參軍同置北齊因之隋左右衛府各有倉曹參軍一人唐因之置二人

兵曹參軍 左右衛各二人歷代皆與倉曹同置

騎曹參軍 左右衛各一人魏司馬景王爲大將軍有騎兵宋武帝爲相有騎兵參軍隋左右衛府有騎兵參軍唐初因之其後改爲騎曹

冑曹參軍 左右衛各一人東晉元帝爲鎮東大將軍有鎧曹參軍宋武帝爲相亦有之齊有左右鎧曹各一人隋左右衛府有鎧曹行參軍事一人唐因之長安初改爲冑曹神龍初復爲鎧曹開元初復爲冑曹凡自十六衛及東宮十率府錄事及兵倉騎冑等曹參軍通謂之衛佐並爲美職漢魏以來諸將軍有長史以下官屬及唐諸衛所置蓋亦因其舊號考其資位則全校微矣其下諸衛官屬並同

左右親衛中郎將府 中郎將之名秦漢以來有之隋每衛各置開府一員以統之唐武德七年改開府爲中郎將親衛爲一府勳衛翊衛各爲一府中郎將各一人掌領校尉以下宿衛總判府事唐武德七年改親衛驃騎將軍爲之其勳翊二衛亦然左右郎將一人隋備身府置左右郎將唐因其名武德七年改親衛車騎將軍爲之其勳翊二衛亦然掌貳中郎將之職錄事參軍一人掌受府事兵曹參軍一人掌判府事校尉五人

左右驍衞

漢有驍衞將軍謂之雜號將軍武帝以李廣爲之後省後漢初改屯衞爲驍騎置爲中軍晉領營兵兼統宿衞梁以來其任愈重天監六年置左右驍騎領朱衣直閤並給儀從北徐州刺史昌義之首爲此職出則羽儀清道入則與二衞通直臨軒則升殿夾侍改舊驍騎曰雲騎陳有左右驍騎及雲騎韋翽爲驍騎將軍素有名稱每大事常令夾侍左右時人榮之後魏北齊並有驍騎將軍之職後周有左右驍騎率上士隋開皇十八年置備身府煬帝卽位改左右備身府爲左右驍衞府所領軍士名曰豹騎其備身府又別置焉唐因隋置左右驍衞府龍朔二年去府字光宅元年改左右驍衞爲左右武威神龍元年復舊大將軍各一人所掌與左右衞同將軍各二人以副之領官屬並隋置唐因之同左右衞

左右武衞

後漢末曹公爲丞相有武衞營及魏文帝乃置武衞將軍以主禁旅

晉宋齊梁隋又有建武奮武廣武等將軍至隋採諸武之名置左右武衞大將軍一人將軍二人以總府事煬帝改所領軍士名熊騎唐光宅元年改爲左右鷹揚衞神龍元年復爲武衞其制與隋同所掌如左右衞領官屬並隋置唐因之同左右衞

左右威衞

隋初有領軍府煬帝改爲左右屯衞唐因之貞觀十二年左右屯衞始置飛騎出游幸即衣五色袍乘六閑馬賜猛獸衣韉而從焉龍朔二年改左右屯衞爲左右威衞而別置左右屯營亦有大將軍等官尋改左右屯營爲羽林光宅元年改威衞爲豹韜衞神龍元年復舊所掌如左右衞領官屬並隋置唐因之同左右衞龍朔三年左右威衞舊官之員外各置錄事參軍一人府三人史四人並隸左右羽林軍統本司事

左右領軍衞

初魏武爲漢丞相相府自置領軍非漢官也建安十二年改爲中領

軍以史渙爲之與護軍韓浩皆領禁兵文帝受漢禪始置領軍將軍以曹休爲之主五校中壘武衛三營晉武帝初省使中軍將軍羊祜統二衛前後左右驍騎七軍營兵卽領軍之任也祜遷罷復置北軍中候懷帝永嘉中改中軍曰中領軍元帝永昌元年復改曰北軍中候尋復爲領軍成帝時復以爲中候而陶侃居之尋復爲領軍魏晉領護皆金章紫綬中領中護銀章青綬武冠絳朝服佩水蒼玉晉郗鑒庾亮紀瞻卞壼陸曄褚翼王彪之會稽王道子沈嘉武陵王遵孔安國謝鯤等並爲領軍宋置領軍將軍一人掌內軍護軍將軍一人掌外軍齊有領軍及中領軍梁領軍將軍管天下兵要謂之禁司與左右僕射爲一流中領軍與吏部尚書爲一流梁蕭景爲領軍將軍管天下兵要監局官僚皆近倖多驕傲景在職峻切官曹肅然其監局多事唯景及臧盾長於撥繁繼居此職並著聲稱陳因之後魏有領軍護軍二職若侍臣帶者加中又有領軍將軍護軍將軍二將軍與領護不並置北齊領軍府凡禁衛官皆主之以高歸彥爲領軍大將軍領軍加大自歸彥始隋有左右領軍府各掌十二軍籍

帳差科辭訟之事不置將軍唯有長史司馬諸曹掾屬等官煬帝改領軍爲左右屯衛卽左右威衛唐復採舊名別置領軍衛分爲左右龍朔二年改爲左右戎衛咸通元年復舊光宅元年改爲左右玉鈐衛神龍元年復舊各置大將軍一人掌宮掖禁備督攝隊伍與左右諸衛同將軍各二人以副之長史齊梁陳並有之北齊有長史司馬隋置錄事以下諸曹唐因之同左右衛

左右金吾衛

秦有中尉掌徼循京師如淳曰所謂游徼循禁備盜賊也顏師古曰徼謂遮繞漢武帝太初元年更名執金吾顏師古曰金吾鳥名也主辟不祥天子出職主先導以備非常故執此鳥之象因以名官緹騎二百人緹騎無秩比史食俸五百二十人輿服導從光生滿路羣僚之中斯最壯矣光武微時歎曰仕宦當爲執金吾舊掌京師盜賊考按疑事後漢掌宮外戒司非常水火之事衛尉巡行宮中金吾徼巡宮外相爲表裏以擒姦討猾月三繞行宮外及主兵器自中興但專徼循不與他政魏武秉政復爲中尉晉初罷直至後周置武環率武候率下大夫各二人隋置左右武候府大將軍一人將

軍三人掌車駕出入先驅後殿晝巡夜察執捕姦非烽候道路水草所宜巡狩師田則掌其營禁煬帝大業三年改爲左右武候衛所領士名佽飛（漢百官表曰漢有左弋令武帝太初元年更名佽飛掌弋射屬少府光武省之隋氏採舊名）唐初又爲左右武候府龍朔二年改爲左右金吾衛置大將軍一人所掌與隋同將軍二人副其事（領官屬並隋置唐因之）

左右監門衛

隋初有左右監門府將軍各一人掌宮殿門禁及守衛事各置郎將二人校尉直長各三十人（有長史司馬錄事及倉兵二曹參軍鎧曹行參軍各十人二漢有城門校尉掌京師城門屯兵非今任也）煬帝改將軍爲郎將各一人正四品署官屬並同備身府唐左右監門府置大將軍中郎將等官龍朔二年改府爲衛大將軍各一人所掌與隋同將軍各二人以副之中郎將各四人分掌諸門以時巡檢（領官屬並隋置唐因之）

左右千牛衛

珍倣宋版印

千牛刀名後魏有千牛備身掌執御刀因以名職（謝綽宋拾遺有千牛刀卽人君防身刀也齊尚書楊玉夫取千牛刀殺蒼梧王是也其義蓋取莊子云庖丁解牛十九年所割者數千牛而刀刃若發於硎因以爲備身刀名）北齊千牛備身屬左右將軍。隋有左右領左右府大將軍一人將軍二人掌侍衞左右供御兵仗領千牛備身十二人掌執千牛刀備身左右十二人掌供御刀箭備身十六人掌宿衞侍從（左右置長史司馬錄事及倉兵二曹參軍事鎧曹行參軍）煬帝改左右領左右府爲左右備身府置備身郎將等官唐貞觀中復爲左右領左右府顯慶五年始置左右千牛府龍朔二年改左右千牛府爲左右奉宸衞後改爲左右千牛衞神龍二年各置大將軍一人所掌與隋同總判衞事將軍各一人以副之中郎將各一人通判衞事（領官屬卽隋左右領左右府長史以下唐改之）左右千牛備身各十二人掌執御刀宿衞侍從（皆以門蔭子弟年少姿容美麗者補之爲貴胄起家之良選）備身左右十二人（執御刀弓箭宿衞侍省）備身各一百人（掌宿衞侍從）

左右羽林衞

漢武太初元年初置建章營騎後更名羽林象天文羽林星主車騎也宣帝令中郎將騎都尉監羽林謂之羽林中郎將領郎百人謂之羽林郎選隴西漢陽安定北地西河上郡良家子便弓馬者以爲之一名巖郎後漢志曰言從游獵還宿殿階巖下室中故號巖郎又置羽林左右監後漢志曰羽林左監一人主羽林左騎羽林右監一人主羽林右騎皆六百石取從軍死事之子孫養之羽林官教以五兵號曰羽林孤兒光武中興以所征伐士勞苦者爲之其後復簡五營高手別爲左右監羽林父死子繼與虎賁同所居之處謂之寺延熹六年減虎賁羽林郎住寺不任事者半俸二漢並屬光祿勳後漢竇固鄧彪並爲羽林魏羽林左右監與漢同夏侯太初爲右桓範爲左晉罷羽林中郎將又省一監置一監而已哀帝省宋武帝永初初復置江右領營兵江左無復營兵羽林監及虎賁中郎將並銅印黑綬武冠絳朝服其在陛列則鶡尾冠鶡鳥每鬬死不止絳紗縠單衣江左不復著鶡冠齊因之後魏有羽林監北齊置監十五人後周有左右羽林率屬大司馬隋煬帝改左右領軍爲左右屯衞所領兵爲羽

林唐貞觀十二年於玄武門置左右屯營以諸衛將軍領之其兵名曰飛騎又於飛騎中簡材力驍捷善射者號爲百騎扈從游幸則衣五色袍乘六閑馬賜猛獸衣韉龍朔二年改左右屯營爲左右羽林軍武太后臨朝永昌元年改百騎爲千騎天授中改軍爲衛中宗景龍元年改千騎爲萬騎大將軍一人（大足元年左右羽林衛各增置將軍一人）所掌與左右衛同將軍各二人以副之（領官屬並唐置）

左右龍虎軍

唐之初有禁兵號爲百騎屬羽林永昌元年改羽林百騎爲千騎景龍元年改千騎爲萬騎仍分爲左右營開元二十六年析羽林軍爲左右龍虎軍以左右萬騎營隸焉官屬並唐置至德中分置左右神虎軍各置官屬如羽林之制

武官第八下

大將軍（并官屬）

大將軍

戰國時官也楚懷王與秦戰秦敗楚虜其大將軍屈匄是矣
漢高帝以韓信爲大將軍武帝又置初武帝以衛青數征伐
有功以爲大將軍欲尊寵之故置大司馬官號以冠之青爲車騎將
軍擊匈奴有功引兵還帝使使者持大將軍印因軍中拜青爲大將
軍位在公上又加青大司馬位冠於大將軍上共爲一官後霍光王
鳳等皆然成帝綏和二年賜大司馬印綬罷將軍官後漢光武時吳
漢以大將軍爲大司馬時以大將軍自爲一官其大司馬不加於其
上和帝時以竇憲爲之舊大將軍位在三公下置官屬依太尉憲威
權震朝廷公卿希旨漢憲位次太傅下三公上長史司馬秩中二千
石從事中郎二人六百石自下各有增自安帝政治衰缺始以嫡舅
耿寶爲大將軍常在京都順帝即位又以皇后父兄弟相繼爲大將
軍如三公漢末猶在三公上魏武爲大將軍袁紹爲太尉紹恥班在
下魏武乃因以大將軍推紹魏黃初中又有上大將軍以曹真爲之
明帝青龍三年晉宣帝自大將軍爲太尉然則大將軍在三司下矣
其後又在三司上自漢東京大將軍不常置爲之者皆擅朝權至晉
景帝爲大將軍亦受非常之任後以叔父孚爲太尉奏改大將軍在
太尉後位次三司下後復舊在三司上太康元年琅邪王伷遷大將
軍復制在三司下伷薨復如舊冠綬珮服與大司馬同宋唯彭城王
義康爲之章綬冠珮亦與晉同齊以爲贈梁有之陳以爲贈後魏北
齊爲二大與大司馬同後周建德四年增置上大將軍隋並以爲武
散官不治事上大將軍從二品大將軍正三品唐貞觀二年九月勑
六軍先已各置統軍一人今十六衛宜各置上將軍一人秩從二品
漢不見官屬後漢大將軍驃騎將軍車騎將軍衛將軍有長史一人
司馬一人從事中郎二人掾屬二十九人令史及御屬三十一人又
賜官騎四十人及鼓吹其領軍皆有部曲大將軍營五部部校尉一
人軍司馬一人部下有曲曲有軍候一人曲下有屯屯長一人其不

珍倣宋版印

置校尉部但有軍司馬一人其別營領屬爲別部司馬其多少各隨時宜門有門候魏以司馬景王爲大將軍掾十人則無屬官其驃騎車騎府有長史司馬晉驃騎衞將軍伏波撫軍都護鎭軍中領四征四鎭龍驤典軍上軍輔國等大將軍開府者皆爲位從公品秩俸賜亦與諸公同加兵者增置司馬一人從事中郎二人主簿記室督各一人官屬並與公同後周有大將軍長史司馬中郎掾屬諸曹參軍典籤等員隋以後無

車騎將軍漢文帝元年始用薄昭爲車騎將軍灌嬰周亞夫金日磾並爲之後漢章帝時西羌反以舅馬防行車騎將軍征之銀印青綬在卿上絕席還復罷和帝即位以舅竇憲爲車騎將軍征匈奴始賜金紫次司空安帝即位西羌寇亂以舅鄧騭爲車騎將軍征之數年復罷靈帝數以拜嬖臣又以贈之魏車騎爲都督儀與四征同若不爲都督雖持節屬四征者與前後左右雜號將軍同其或散還從文官之例則位次三司晉宋車騎衞不復爲四征所督故羊祜爲車騎將軍開府如三司之儀後魏制與驃騎同隋車騎屬驃騎府唐省之

衞將軍漢文帝始用宋昌爲衞將軍位亞三司其官屬附見大將軍後凡驃騎車騎衞三將軍皆金印紫綬武冠絳朝服佩水蒼玉晉以陸曄爲衞將軍兼儀同三司加千兵百騎東晉已後尤爲要重後魏初加大則次儀同三司孝文太和中制加大則位在太子太師上歷代多有唐無之

前後左右將軍皆周末官秦因之位上卿金印紫綬漢不常置或有前後或有左右皆掌兵及四夷李廣爲前將軍趙充

國爲後將軍辛慶忌王商爲左將軍馮奉世爲右將軍光武建武七年省魏以來復置晉武初又置前軍左軍右軍泰始八年又置後軍是爲四軍齊亦號前後左右四軍陳並有之北齊左右將軍領千牛備身唐無

四征將軍皆漢魏以來置加大者始曰方面征東將軍漢獻帝初平中以馮異爲征西大將軍征南將軍建武二年置以馮異爲之亦以岑彭爲征南大將軍征北將軍魏明帝太和中置劉靖爲之魏黃初中位次三公後魏加大則次衛將軍唐無

四鎮將軍鎮東將軍後漢末魏武帝爲之鎮南將軍後漢末劉表爲之魏張魯晉杜預並爲之鎮西將軍後漢劉表爲之魏鍾會鄧艾並爲之鎮北將軍魏明帝太和中置劉靖許允並爲之宋時四鎮與中軍爲雜號後魏加大次尚書令唐無

四安將軍安東將軍後漢陶謙曹休並爲之安南將軍光武元年始以岑彭爲之安西將軍後漢末段煨魏鍾會石鑒並爲之安北將軍晉以郗鑒爲之後魏亦有唐無

四平將軍平東將軍晉杜預王濬等爲之平南將軍晉羊祜胡奮等爲之平西將軍晉嵇紹爲之平北將軍漢獻以張燕晉以阮坦爲之並漢魏間置後魏亦有之唐無

雜號將軍歷代雜號將軍凡數百不可具載今錄其著者上將軍漢以呂祿爲之　騎將軍漢武帝以公孫敖及公孫賀爲之　樓船將軍漢元封三年以荀彘爲之　橫海將軍漢元鼎六年以韓說爲之擊東越有功　材官將軍漢李息爲之掌治宮室　貳師

將軍李廣利爲之征貳師城取善馬故以爲號　輕車將軍漢武以公孫賀爲之　伏波將軍漢武帝征南越始置此號以路博德爲之後漢馬援亦爲之伏波者船涉江海欲使波浪伏息　中軍將軍漢武帝以公孫敖爲之　彊弩將軍漢武帝以李沮爲之　戈船將軍環氏要略云建戈於船上浮渡沮水以討北狄　奮威將軍漢武帝以任千秋爲之　度遼將軍漢武帝初以范明友爲之後漢明帝永平八年又置屯五原銀印青綬　積射將軍漢有之晉武帝泰始四年省太康十五年立射營弩營置積射彊弩將軍主之　建威將軍漢元帝以韓安國王晏並爲之　九虎將軍王莽拜將軍九人皆以虎爲號號九虎將軍　征虜將軍後漢建武中始以祭遵爲之後張飛亦爲之　虎牙將軍後漢光武以蓋延爲之　橫野將軍漢光武以王常爲橫野大將軍位與諸將絕席　捕虜將軍後漢永平中馬武爲之　鷹揚將軍後漢建安中魏武以曹洪爲之　破虜將軍後漢末以孫堅爲之　討逆將軍後漢以孫策爲之　討虜將軍後漢末以孫權爲之　安漢將軍蜀糜竺爲之班在軍師將軍之右　武威將軍魏武帝以于禁爲之　撫軍將軍魏武帝置以司馬懿爲之　凌江將軍後漢置初以羅獻爲之　寧朔將軍魏以王渾爲之　橫江將軍吳魯肅爲之　龍驤將軍晉武帝始以王濬爲之　殿中將軍宋初置之　黑矟將軍後魏于栗磾好持黑矟以自衞劉裕書與之曰黑矟公麾下　明帝因授黑矟將軍　牙門將軍冠服與將軍同魏文帝黃初中置明帝以胡烈爲之又王隱晉書云陸機少襲父爲牙門將吳人重武官也故晉惠帝特置四部牙門以汝南王祐爲之蜀以趙雲爲之

監軍齊景公使穰苴將兵捍燕晉之師穰苴願得君之寵臣以監軍公使莊賈往賈不時至苴斬之是其始也漢武帝置監軍使者

光武以來歛監諸將後漢末劉焉以監軍使者領益州牧劉璋亦爲監軍使者魏晉世皆有之魏時司馬昭征壽春石苞爲監軍鍾會伐蜀衞瓘爲監軍晉孟康持節監石苞諸軍事初隗囂軍中嘗置軍師囂聘平陵人方望爲之又袁紹請盧損爲軍師至魏武帝又置師官四人以荀攸爲軍師軍國選舉及刑獄法制皆使決焉又涼茂爲左軍師吳朱然爲右軍師蜀以諸葛亮爲軍師將軍晉避景帝諱改爲軍司凡諸軍皆置之以爲常員所以節量諸軍亦監軍之職也而太尉軍司尤重故山公啓事曰太尉軍司缺當選上宰監宜得宿有資重者也宋齊以來此官頗廢至梁大通四年元法僧北討復以羊侃爲其太尉軍司後代多不置至隋末或以御史監軍事唐亦然時有其職非常官也開元二十年後並以中官爲之謂之監軍使　軍師祭酒後漢建安三年曹公還許初置此官　理曹掾屬後漢建安十九年魏武令曰軍中典獄者或非其人而任以三軍死生吾甚懼之遂署此選明達法理者爲之

三署郎官敘

漢中郎將分掌三署郎有議郎中郎皆比六百石　侍郎比四百石郎中比三百石凡四等皆秦官無員多至千人漢靈帝時三署郎吏二千餘人皆掌門戶出充車騎其散郎謂之外郎故卿校尉牧守待價於此公車特召賢良方正敦樸有道高節公府掾曹試博士者亦充玆位其下第白衣試博士者皆拜郎中中郎有五官左右三將謂五官中郎將左右郎將郎中有車戶騎三將如淳曰主車曰車郎

主戶衛曰戶郎漢舊儀曰郎中令主郎中左右車將主左右車郎左右戶將郎主左右戶郎凡郎官皆主更直執戟宿衛諸殿門唯議郎不在直中（漢儀曰三署郎見光祿勳執版拜見五官左右將執版不拜於三公諸卿無敬）郎官故事令出錢市財用給文書乃得出時號曰山郎（謂以貲財為郎山者財用所出故名）貧者或至經歲不得休沐其豪富郎日出游戲或行錢得善部貨賂流行轉相放效楊惲為中郎將罷山郎其疾病休沐皆以法令有過奏免薦舉其高第有行能者多至郡守九卿三署化之莫不自勵宮殿之內翕然同聲其後遂以為常（後漢和帝永元元年初令郎官詔除者得占丞尉以比秩為真）凡三署郎官二漢並屬光祿勳光祿選三署郎有行應四科者歲舉茂才二人四行二人又上廉吏六人為長治劇隨缺多少萬戶以上為劇縣其缺少者不選公府亦然故明帝時館陶公主為子求郎帝不許賜錢千萬曰夫郎官上應列宿出宰百里有非其人人受其殃（後漢桓靈間三署見郎七百餘人而郡國計吏多留拜為郎太尉楊秉上疏諫曰先王建國順天制官太微積星名為郎位入奉宿衛出牧百姓云云案自近代皆謂郎官上應列宿出宰百里為尚書郎故事且夫天有虎賁郎位等星皆在太微帝座之後為）

翊衛之象則三署郎也而世人謂之尚書郎則誤矣徵其失舊有郎也蓋自梁陶藻職官要錄以漢三署郎故事通爲尚書郎

中將右騎光武中興悉省之晉議郎還爲太守山公啓事曰議郎許允宜參廣漢太守選亦有郎中等官其後雖有中郎將等官而無三署郎矣

中郎將五官左右中郎將皆秦官漢因之並領三署郎後漢郡國舉孝廉以補之三署郎年五十以上屬五官後漢黃琬爲五官中郎將時陳蕃爲光祿勳深相禮待每與議事舊制光祿舉三署郎以功高久次才德尤異爲茂才四行時權富者多以人事得舉而安貧守志者見遺京師謠曰欲得不能光祿茂才於是蕃琬同心顯用志士故皆爲權富郎所中傷其次分屬左右署左右郎將各領左右署郎二署皆有中郎侍郎郎中三郎並屬光祿勳魏無三署郎猶置左右中郎將晉武帝省左右中郎將官宋孝武大明中復置銀章青綬武冠絳朝服佩水蒼玉齊左右中郎將屬西省梁代並分司丹禁唐亦置諸衛中郎將永徽三年八月避太子名郎中郎將爲旅賁郎將又改爲翊軍郎將尋復舊

虎賁中郎將周官有虎賁氏掌領虎士八百人漢武帝建元三年初置期門比郎中蓋以微行出游選材力之士執兵從送期之諸門故名期門無員多至千人平帝元始元年更名虎賁郎舊曰虎賁言如虎之奔賁中郎將領之故有虎賁中郎將主虎賁宿衛冠插兩鶡尾鶡鷙鳥之中果勁者尾上黨所貢後漢崔鈞爲虎賁中郎將武弁戴鶡尾紗縠單衣虎文錦袴餘郎亦然凡有虎賁中郎虎賁侍郎虎賁郎中節從虎賁皆父死子繼若死王事亦如之前賢亦多爲者後漢馬援孔融並爲虎賁中郎將魏桓階爲虎賁中郎將遷

尚書典選唐無

東西南北四中郎將東中郎將後漢靈帝以董卓爲之南中郎將漢獻帝以臨淄侯曹植爲之西中郎將晉以謝曼桓沖爲之北中郎將後漢以盧植爲之建安中以鄢陵侯曹彰爲之按此四中郎將並後漢置江左彌重或領刺史或持節爲之銀印青綬服同將軍後魏靈太后時四中郎將兵數寡弱不足以襟帶京師任城王澄奏宜以東中帶滎陽郡南中帶魯陽郡西中帶弘農郡北中帶河南郡選一品三品親賢兼稱者居之配以彊兵則深根固本之計也靈太后初從之後復止唐至德後節度都團練使殆其遺職也

雜中郎將匈奴中郎將後漢主護南單于以張奐爲之後魏天興四年罷平越中郎將晉武帝置治廣州主護南越司金中郎將趙王循爲之武衛中郎將魏始以許褚爲之

折衝府隋初左右衛左右武衛左右武侯各領軍坊鄉團以統戎卒開皇中置驃騎將軍每府置驃騎車騎二將軍大業三年改驃騎府爲鷹揚府改驃騎將軍爲鷹揚郎將改車騎將軍爲鷹揚副郎將五年又以鷹揚副郎將爲鷹擊郎將九年別置折衝果毅及武勇雄武等郎將官以統領驍果至唐初猶有驃騎府及驃騎車騎將軍之制武德七年乃改驃騎爲統軍車騎爲別將貞觀中復採隋折衝果毅郎將之名改統軍爲折衝都尉別將爲果毅都尉其府多因其地名自爲名無鷹揚之號凡五百七十四府分置於諸州而名隸諸衛及東宮率府各領兵滿一千二百人爲上府千人爲中府八百人爲下府每府置折衝都尉一人左右果毅都尉各一人別將一人

長史一人兵曹一人校尉六人凡府在赤縣爲赤府在畿縣爲畿府衛士以三百人爲團團有校尉五十人爲隊隊有正十人爲火火有備每歲十一月以衛士帳上于兵部以候調發天下衛士向六十萬人初置以成丁而入六十出役其家不免王徭遂漸逃散年月漸久逃死者不補天寶八載五月停折衝府以無兵可校故也十一年八月改諸衛士爲武士

奉車駙馬騎三都尉奉朝請 三都尉並漢武帝元鼎二年置舊無員或以冠常侍或卿尹校尉左遷爲之奉車掌御乘輿車駙馬掌駙馬駙副也非正駕車者騎都尉本監羽林騎奉朝請者漢律諸侯春曰朝秋曰請後漢並屬光祿勳奉朝請無員本不爲官東京罷省三公外戚皇室諸侯多奉朝請謂但奉朝會請召而已晉武帝亦以皇室外戚爲三都尉奉朝請元帝爲晉王以參軍爲奉車都尉掾屬爲駙馬都尉行參軍舍人爲騎都尉皆奉朝請後罷奉車騎二都尉唯留駙馬都尉奉朝請諸尚公主者若劉惔桓溫等皆爲之宋武帝永初以來以朝請選雜其尚公主者唯拜駙馬都尉齊武帝永明中奉朝請至六百餘人梁三都尉並無員秩其奉車駙馬皆武冠絳朝服銀印青綬梁陳駙馬皆尚公主者爲之後魏駙馬都尉亦爲尚公主官雖位高卿尹而此職不去奉車二十人騎都尉六十人北齊駙馬與後魏同隋開皇三年罷奉朝請煬帝時奉車駙馬並廢唐駙馬都尉從五品皆尚主者爲之開元三年勅駙馬都尉從五品皆宜依式仍備紫金魚袋天寶已前皆以美儀容者充選奉車都尉五員掌馭副車不常置若大備陳設則以餘官攝行屬左右衛

東宮官第九

珍倣宋版印

東宮官序

凡三王教世子必立太傅少傅以資之太傅則示之以父子君臣之道少傅則奉世子以觀太傅之德行而審諭之太傅在前少傅在後謂其在學時也入則有保出則有師謂燕居出入時也漢班彪上書曰昔成王為孺子出則周公召公入則太顛閎夭南宮适散宜生左右前後皆正之以禮師也者教之以事而諭諸德者也保也者慎其身以輔翼之而歸諸道者也秦漢以下始加置詹事中庶子及諸府寺等官亦有以他官而監護者自魏明帝以後久曠東宮制度闕廢官司不具吳孫權即位孫登為太子兼置四友等官以諸葛恪為左輔張休為右弼顧譚為輔正都尉陳表為翼正都尉是為四友於是東宮號為多士晉初詹事左右率庶子中舍人諸官並未置唯置衞率令典兵二傅幷攝衆事至咸寧元年始置詹事以領宮事宋武置東宮率更令等官其中庶子庶子中舍人舍人洗馬各減舊員之半後周加置太子諫議員四人至隋罷詹事分東宮置門下坊典書坊北齊已有典書坊以分統諸局比門下內史二省門下坊有左庶子二人內舍人四人

錄事二人統司經宮門內直典膳藥藏齊師等六局典書坊有右庶子二人舍人通事舍人各八人領內坊唐置詹事府以統衆務置左右二春坊以領諸局左春坊置左庶子二人中允二人司議郎四人錄事二人左諭德一人左贊善大夫五人崇文館校書二人亦統六局右春坊置右庶子二人中舍人二人舍人四人錄事二人右諭德一人右贊善大夫五人通事舍人八人兼領內坊因隋制也

臣謹按漢孝宣帝欲令中郎將監護太子家疏廣以爲示狹非所以廣太子也後漢順帝立太子居承光宮以侍御史种暠監護有中常侍卒乘衣車來載太子太子太傅高褎憂懼不能止閉門將出而暠至手劍當車曰太子國之儲副常侍來無尺一何以得將太子去今日之事有死而已乃遣褎詰臺啓白得中決勑乃聽之

太子六傅太子師傅商周已有逮乎列國秦亦有之漢高帝以叔孫通爲太子太傅位次太常後亦有少傅後漢太傅禮如師不領官屬而少傅主太子官屬漢魏故事太子於二傅執弟子禮皆爲書不曰令少傅稱臣而太傅不臣吳薛綜綜子瑩瑩子兼三代並

珍倣宋版印

爲太子少傅晉泰始三年武帝始建東宮各置一人尚未置詹事宮事無大小皆由二傅少傅立草太傅書眞以爲儲訓並有功曹主簿五官秩與後漢同皇太子先拜諸傅然後答之如弟子事師之禮二傅不得上疏曲敬武帝後以儲副體尊遂命諸公居之以本位重故或行或領時侍中任愷武帝所親敬復使領之蓋一時之制也咸寧元年以給事黃門侍郎楊珧爲詹事掌宮事二傅不復領官屬及楊珧爲衞將軍領少傅復省詹事遂崇廣傅訓命太尉賈充領太保司空齊王攸領太傅所置吏屬復如舊二傅皆進賢兩梁冠黑介幘五時朝服佩水蒼玉其後太尉汝南王亮車騎將軍楊駿司空衞瓘石鑒皆領傅保猶不置詹事以終武帝之世惠帝元康元年復置詹事及愍懷太子建宮乃置六傅三太三少焉晉二傅給采田六頃田騶五十人夏後不及田者食俸一年給赤耳安車一乘又晉書曰東宮舊制月請錢五十萬以備衆用景帝諱師故改太師爲太帥通省尚書事詹事文書關由六傅自元康之後諸傅或三或四或六度江之後有太傅少傅不立師保宋有太傅少傅各兼丞一人其保傅並銀章青綬齊與宋同武帝時以王儉爲少傅舊太子致敬二傅同至是朝議接少傅以賓友之禮梁太傅位視尚書令少傅視左僕射陳因之自宋以下唯有傅而無師保後魏有太師太傅太保謂之東宮三師少師少傅少保謂之東宮三少北齊皆有之出則三師在前三少在後後周不置隋與北齊同唐六傅不必備唯其人太子出則乘輅備儀以爲後從

臣謹按後魏孝明在東宮宣武皇帝以崔光爲太子傅光因辭帝令太子南面再拜宮臣皆從太子拜光北面立不敢答拜唯西面

拜謝而出乃授光太子少傅又按唐貞觀中太宗撰太子接三師之儀出殿門迎太子先拜三師答拜每門讓三師坐與三師書前名皇恐後名皇恐再拜

太子賓客漢高帝時有四人年老以上慢侮逃匿山中義不爲漢臣謂之四皓東園公綺里季夏黃公角里先生高帝不能致及將廢太子太子致禮而四人至鬚眉皓白衣冠甚偉高帝異之太子由是不廢至孝武帝又爲太子立博望苑使通賓客晉元康元年愍懷太子始之東宮惠帝詔曰太保衞瓘息庭司空隴西王泰息略太子太傅楊濟息毖太子少師裴楷息憲太子少傅華廙息恆五人與太子往來以備賓客時雖非官而謂之東宮賓客其後無聞唐顯慶元年正月以太子太傅兼侍中韓瑗中書令來濟禮部尚書許敬宗左僕射兼太子少師于志寧並爲皇太子賓客遂爲官員定置四人掌調護侍從規諫凡太子有賓客之事則爲上齒蓋取象於四皓焉資位閑重其流不雜天寶中賀知章自太子賓客度爲道士還鄉舍宅爲觀明皇賦詩贈別時議榮之

太子詹事秦官漢因之掌皇后太子家漢時太子門大夫庶子洗馬舍人皆屬二傅其太子家令丞率更令丞僕中盾衞率等官並屬詹事後漢省詹事而太子官悉屬少傅魏復置詹事領東宮衆務晉不置至咸寧元年復置以掌宮事及永康中復不置自大安以來又置終孝懷之世晉職擬尚書令掌三令四率中庶子庶子洗馬舍人等官銀印青綬介幘進賢兩梁冠絳朝服佩水蒼玉宋與晉同齊置府領官屬梁陳任總宮朝後魏有太子左右詹事北齊東宮衆事無大小皆統之領三寺二坊又左右衞後周置太子宮正宮尹

珍倣宋版印

隋開皇初置詹事二年罷之唐復置詹事一人掌內外衆務糾彈非違總判府事置少詹事一人以貳之龍朔二年改詹事爲端尹詹事府爲端尹府少詹事爲少尹咸通初復舊垂拱元年又改詹事爲宮尹少詹事爲少尹神龍初復舊

臣謹按漢皇后太子各置詹事隨其所在以名官漢官儀曰詹事位在長秋上亦宦者主中諸官後漢志曰初成帝鴻嘉三年省詹事職幷大長秋是後皇后當法駕出則中謁中宦者職吏權兼詹事奉引訖罷宦者誅後尚書選兼職吏一人奉引此皆皇后詹事也

丞秦官漢因之後漢省魏晉皆隨詹事省置至晉永康中詹事特置丞一人掌文書關通六傅過江多用員外郎及博士爲之遷尚書郎宋齊因之梁陳制一梁冠阜朝服銅印墨綬後魏北齊並有之隋初置一人唐置二人掌文武官簿帳朝集假使分判府事

臣謹按後魏楊昱爲詹事丞孝明爲太子尚在懷抱其所出入唯乳母而已不令宮僚聞知昱諫曰太子動止宜令翼從陛下若召太子必降手勑令臣下咸知乃詔曰自此已後非朕手勑勿令兒出宮宮臣在直從至萬歲門

主簿一人晉始置歷代皆有掌府事及三寺十率府文符之隱漏程限稽失者

司直二人唐龍朔三年置桂坊比御史臺置令一人比大夫司直二人比侍御史掌彈劾官府糾其廢桂坊以司隸詹事府

太子庶子古者天子有庶子之官周官謂之諸子職諸侯卿大夫之庶子掌其戒令與其教治有大事則帥國子而致於太子唯所用之秦因之置中庶子庶子員漢因之有庶子員五人史丹王商歐陽地餘並爲中庶子王莽改曰中尚翼子後漢員五人職如侍中而庶子無員職如三署中郎凡庶子主宮中升諸吏之適子及支庶版籍魏因之在吳爲親近之官張温言於孫權曰中庶子官最親密切問近對宜用儁選由是以顧譚爲之晉中庶子庶子各四員職比散騎常侍及中書監令皆以儁茂者爲之或以郡守參選若釋奠中庶子扶左庶子扶右宋與晉同武冠平巾幘絳朝服元嘉初詔二率中庶子隨太子入直上宮十四年又詔還直東宮至齊其庶子用人卑雜梁天監七年詔革選其年以太子中舍人司徒從事中郎爲之凡中庶子四人以功高者一人爲祭酒行則負璽前後部護駕與功高中舍人一人共掌其坊之禁令庶子四人掌侍從左右獻納得失與功高通事舍人一人共掌其坊之禁令冠服並同前代陳因梁制後魏亦有中庶子庶子官北齊門下坊中庶子四人領之典書坊庶子四人領之隋分爲左右庶子各二人分統門下典書二坊事唐亦各二人分掌左右春坊事左擬侍中而右擬中書令中允司議郎司經洗馬文學校書正字典膳藥藏內直典設宮門等局郎丞崇文館並屬右春坊中舍人舍人通事舍人並屬左春坊其諭德贊善亦左右分隸焉

中允後漢太子官屬有之職在中庶子下洗馬上漢制太子五日一朝其非朝日卽使僕及中允朝朝請問起居其後無聞宋齊有

中舍人是其職也唐貞觀初改太子中舍人爲中允置二員其後復置中舍人龍朔二年又改中允爲左贊善大夫咸亨元年復爲中允而左贊善仍置焉中允掌侍從禮儀駁正啓奏并監藥及通判坊局事若庶子闕則監封題職擬黄門侍郎

司議郎唐貞觀五年皇太子上表請置史職用司議誠乃於門下坊置太子司議郎四人精選名士以居之掌侍從規諫駁正啓奏并錄東宮記注分判坊事職擬給事中

中舍人晉咸寧初置四人以舍人才學之美者爲之與中庶子共掌文翰在中庶子下洗馬上凡奏事文書皆綜典之監和嘗藥月檢奏直臣名更直五日典文疏如中書郎宋亦四人齊有一人梁時功高者一人與中庶子祭酒共掌其坊之禁令陳因之後魏北齊共有之隋曰內舍人四員屬門下坊煬帝減二人唐中舍人二員掌侍從令書奏疏通判坊事擬中書侍郎或謂之太子中書舍人

舍人秦官也漢因之比郎中選良家子爲之後漢無員更置宿衞如三署郎中魏因之晉有十六人職比散騎中書侍郎從駕則正直從次直守妃出次直從宋有四人齊有一人梁有十六人掌文記陳因梁制後魏亦有之北齊典書坊置二十人隋典書坊有八人煬帝改爲管記舍人減四員唐復爲太子舍人四人掌侍從表啓宣行令旨分判坊事

通事舍人齊中庶子下有門下通事守舍人四人又庶子下有內典書通事舍人二人掌宣傳令旨內外啓奏梁亦有之視南臺御史多以餘官兼職陳因之北齊門下坊有通事舍人八人至隋亦有之煬帝改爲宣令舍人八員唐復爲通事舍人亦有八員掌引導辭見承旨勞問

左右諭德唐龍朔三年初置太子左右諭德名一員掌侍從贊諭職比右散騎常侍

左右贊善大夫唐龍朔二年初置左贊善大夫替中允置右贊善大夫替中舍人咸亨元年中允舍人復舊而贊善大夫別自爲官左右各五人皆掌侍從翊贊比諫議大夫

崇文館學士魏文帝始置崇文館以王肅爲祭酒其後無聞唐貞觀中置崇賢館有學士直學士員掌經籍圖書教授諸王屬左春坊龍朔二年改司經局爲桂坊管崇賢館而罷隸左春坊兼置文學四員司直二員司直正七品上職爲東宮之憲司府門北向以象御史臺其後省桂坊而崇賢又屬左春坊後沛王賢爲皇太子避其名改爲崇文館其課試舉選與弘文館同

洗馬秦官漢亦曰先馬如淳曰前驅也國語曰勾踐親爲夫差洗馬先或作洗後漢員十六人職如謁者太子出則當直者前驅導威儀也漢選郎中補之安帝時太子謁廟洗馬高山冠非乘從時著小冠魏因之晉有八人職如謁者祕書郎集賢一梁冠黑介幘絳朝服宋與晉同齊置一人梁有典經局又置八人掌文翰尤爲清選皆取甲族有才名者爲之位視通直郎陳因之北齊典經坊洗馬二人隋曰司經局置洗馬四人煬帝減二人唐司經局洗馬二人龍朔二年改洗馬爲司經大夫三年改司經局爲桂坊一云析司經局置桂坊司經大夫通判坊事罷隸左春坊咸亨初復舊掌侍奉及經史圖籍判局事

臣謹按梁庾於陵拜洗馬舍人舊東宮官屬通爲清選洗馬掌文翰尤其清者近代用人皆取甲族有才名者時於陵周捨並擢充

斯職武帝曰官以人而清豈限於甲族時論美之

文學漢時郡及王國並有文學而東宮無聞魏武爲丞相以司馬宣王爲太子文學自後並無後周建德三年置太子文學十人後省唐龍朔三年置太子文學四員屬桂坊桂坊廢而屬司經開元中定制爲三員掌侍奉分掌四部書判書功事

校書宋孝建中洗馬有校書吏四人自後無聞北齊有太子校書隋太子校書有六人唐四人掌讐校經籍無郎字初弘文崇文二館置讐校開元六年省讐校置校書弘文四員崇文二員

正字隋太子正字二員煬帝改爲正書唐復爲正字亦置二人掌刊正文字

典膳郎漢魏以來並有太子食官局至北齊門下坊始別置典膳局有監丞名二人隋如北齊之制唐典膳局有郎二人丞二人郎掌進膳嘗食之事丞貳之

臣謹按唐乾封元年皇太子久在內不出典膳丞邢文偉減膳上啓曰竊見禮大戴記曰太子既冠成人免於保傅之嚴則有司過之史虧膳之宰史之義不得不書過不書則死之宰之義不得不撤膳不撤則死之近代以來未甚談議不接謁見當三朝之後但與內人獨居何由發揮聖智使睿哲文明者乎今史雖闕官宰當

奉職忝備所司不敢逃死謹守禮經遽申減膳其年右史闕宰臣

進擬數人高宗曰邢文偉嫌我兒不讀書不肯與肉喫此人甚直

可用遂拜焉

藥藏郎北齊門下坊領藥藏局有監丞各二人侍藥四人隋如齊之制唐藥藏局有郎二人丞二人郎掌和劑醫藥之事丞貳之

內直郎齊有太子內直兵局內直兵史二人梁有齋內主璽主衣扶侍等局各置有司以丞其事陳因之北齊門下坊領殿內局有內直監二人副監四人隋如北齊制唐內直局有郎二人丞二人掌符璽繖扇几杖衣服之事丞貳之

典設郎南齊置齋居局齋居庫各一人梁有齋內局各置有司以丞其事陳因之北齊門下坊有齋局有太子齋內閤帥內閤帥各二人隋如北齊制唐典設局有郎四人掌凡大祭祀湯沐灑掃鋪陳之事

宮門郎秦有太子門大夫漢因之員二人職比郎將漢官儀曰門大夫選四府掾屬為之安帝時太子謁廟門大夫乘從冠兩梁冠魏因之晉太子門大夫准公車令掌通牋表及宮門禁防宋因之梁代視謁者僕射陳因之北齊謂之門大夫坊幷統伶官隋煬帝改門大夫為宮門監唐初為宮門大夫後為宮門局有郎二人丞二人郎掌東宮殿門管鑰及啓閉之事丞貳之

太子家令家令秦官屬詹事太子稱家故曰家令漢因之有丞主倉穀飲食職似司農少府漢代太子食湯沐邑十縣家令主之後漢則屬少傅主倉穀飲食魏因之晉又兼主刑獄職比廷尉司農少府其家令率更令及僕射為太子三卿太康八年進品與中庶

珍倣宋版印

子二率同自漢至晉家令在率更下宋則居上銅印墨綬進賢兩梁冠絳朝服主內茵褥牀几諸供中之物及官奴婢月用錢庫內鹽米以三御陵替乃詔革選家令常侍率更僕視黃門陳因之後魏亦曰車牛刑獄齊因之自宋齊以來清流者不爲之至梁天監六年武帝三卿北齊詹事領家令有丞功曹主簿領食官典倉司藏等三署及領內坊令丞隋掌刑法食膳倉庫奴婢等煬帝改爲司府令唐復爲家令寺置家令一人唯不主刑法餘與隋同丞二人主簿一人領食官署典倉署司藏署署令各一人丞各二人

太子率更令 率更令秦官顏師古曰掌知漏刻故曰率更漢因之有丞主簿庶子舍人更直職似光祿勳而屬詹事後漢因之爲太子少傅屬官魏因之晉主宮殿門戶及賞罰事銅印墨綬進賢兩梁冠絳朝服宋齊因之梁陳後魏並有北齊領中盾署掌周衛禁防漏刻鐘鼓亦屬詹事隋掌伎樂漏刻有令丞錄各一人唐因之加掌皇族次序及刑法事丞主簿各一人

太子僕 僕秦官漢因之又有長丞主車馬又有太子廏長一人亦主車馬後漢因之而屬少傅職如太僕太子五日一朝其非太子朝日即與中允入問起居魏因之晉主輿馬兼主親族如太僕宗正從駕乘安車次家令而屬詹事宋齊並有之梁視黃門郎陳因之後魏亦有北齊詹事領僕寺置令丞功曹主簿領廏牧署令隋僕寺置僕一人掌皇族親疏車輿騎乘領廏牧署令丞唐因之加掌儀仗喪葬而不掌親族丞主簿各一人統廏牧署廏牧有令一人丞二人掌車馬閑廏畜牧之事

左右衛率府 衛率府秦官漢因之屬詹事後漢主門衛徼循衛士而屬少傅魏因之晉武帝建東宮置衛率初曰中衛率泰始五年分爲左右衛率各領一軍惠帝時愍懷太子在東宮又加前後二衛率晉志曰凡太子出前衛率導在前黃麾左右二率從夾導

輿車後衛率從在烏皮外並帶戟執刀成都王穎爲太弟又置中衛率是爲五率及江左省前後率孝武太元中又置宋齊止置左右二率梁二率視御史中丞銅印墨綬武冠絳朝服左率領七營右率領四營陳有一率後魏曰左右衛率北齊謂之左右衛率坊後周東宮有司戎司武司衛等員隋曰左右率兼有副率二人煬帝改左右衛率爲左右侍率兼置副率二人唐爲左右衛率府龍朔三年改其府爲左右典戎衛咸亨元年復舊置率各一人領兵宿衛督攝隊伍總判府事副率二人長史錄事史及倉兵胄曹參軍各一人親府勳府翊府中郎將

各一人

臣謹按晉劉卞爲愍懷太子左率知賈后欲害太子乃問張華華曰君欲如何卞曰東宮儁乂如林四率精兵萬人公居阿衡之任若得公命皇太子因朝使錄尚書事廢賈后於金墉兩黃門力耳華不從賈后微聞還卞雍州刺史卞乃服藥卒又按隋以大臣領其職蘇孝慈自兵部尚書拜左衛率尚書如故又按唐以李靖爲中書令行左衛率轉兵部尚書

左右司禦率府隋文帝置左右宗衛其官制如左右衛各掌以皇族爲侍衛煬帝後爲左右武侍率唐後爲左右宗衛率府龍朔二年改爲左右司禦衛後改衛爲率府焉

副率二人以長史錄事及倉兵曹參軍各一人

珍倣宋版印

左右清道率府隋有左右虞候各置開府一人掌斥候道路先驅後殿伺察姦非副率二人長史錄事及倉兵曹參軍各一人

左右監門率府隋左右監門率各置一人掌諸門禁煬帝改爲監門將軍唐復爲左右監門率擬左右監門各置率一人掌門禁之籍副率二人長史錄事參軍及兵胄二曹參軍各一人

左右內率府隋置左右率副率各一人掌領備身以上禁內侍衛供奉兵仗唐爲左右內率府各置率一人掌侍衛左右供奉兵仗副率長史錄事參軍及兵胄曹各一人千牛各十六人掌執細刀弓箭宿衛侍從備身各二十八人掌宿衛侍從

旅賁中郎將一人職如虎賁中郎將宋初置天子有虎賁習武訓也諸侯有旅賁禦災害也唐諸率府初有中郎郎將官丞徽元年以太子名忠改諸率府中郎將爲旅賁郎將其郎將改爲翊軍後或改或省

太孫官屬唐永淳元年三月立皇孫重昭爲皇太孫將置府寮高宗召吏部郎中王方慶問曰前代故事如何方慶進曰按周禮有嫡孫漢魏以來皇太子在亦不立太孫晉惠帝永寧元年立愍懷太子第三子襄陽王尚爲皇太孫太子官屬卽轉爲太孫官屬南齊永明十年立文惠太子長子南郡王昭業爲皇太孫便居東宮今皇太子在而立太孫旁求載籍未有前例上曰自我作古可乎對曰五帝不相沿樂苟不失上下之序不虧政理之道亦何事而不可詩曰貽厥孫謀以燕翼子禮曰君子抱孫不抱子孫可以爲王父尸以其昭穆同也今陛下肇建皇孫撫斯盛典所以彰子孫千億之盛福祚靈長之應也上悅使方慶詳求典故官屬員品乃奏太孫府置師

傅及文學祭酒及長史曹掾主簿管記司錄以下六曹從事等官各加王府一級後上頗以爲疑竟不被授而止

職官略第五

職官略第六 通志卷第五十六

王侯第十

歷代王侯封爵 公主弁官屬附

昔黃帝旁行天下分建萬國至于唐虞別爲五等曰公侯伯子男則虞書所謂輯五瑞脩五玉是其制也夏與唐虞同商制天子之田方千里公侯百里伯七十里子男五十里不能五十里者不合於天子附於諸侯鄭玄云此乃商所因夏爵三等之制凡四海之內九州州方千里州建百里之國三十七十里之國六十五十里之國百有二十凡二百一十國名山大澤不以封其餘以爲附庸閒田凡九州千七百七十三國千里之外設方伯五國爲屬屬有長十國爲連連有帥三十國爲卒卒有正二百一十國爲州州有伯八州八伯五十六正百六十八帥三百三十六長八伯各以其屬屬於天子之老二人分天下以爲左右曰二伯千里之內曰甸千里之外曰采周制封王者後凡有功之諸

侯大者地方五百里侯四百里伯三百里子二百里男百里方千里曰王畿其外方五百里曰侯服又其外方五百里曰甸服又其外方五百里曰男服又其外方五百里曰采服又其外方五百里曰衞服又其外方五百里曰蠻服又其外方五百里曰夷服又其外方五百里曰鎮服又其外方五百里曰藩服 周之初列爵惟五公侯伯子男分土惟三公侯方百里伯方七十里子男方五十里並因商制至周公居攝制禮作樂列爵分土凡皆五等焉公五百里侯四百里伯三百里子二百里男一百里

諸侯世子世國大夫不世爵使人以德爵人以功 謂縣內及列國諸侯爲天子大夫者不世爵而世祿所以避賢也 諸侯有上大夫卿下大夫上士中士下士凡五等諸侯之大夫不世爵祿公國孤一人 公之孤四命 大國三卿皆命於天子次國三卿二卿命於天子一卿命於其君 左傳曰管仲受下卿之禮避天子之二守國高故也明國高是天子之命卿也 小國三卿一卿命於天子二卿命於其君每國下大夫五人上士二十七人大國之卿不過三命下卿再命小國之卿與大夫一命其士不命次國之上卿位當大國之中中當其下下當其上大

夫小國之上卿位當大國之下卿中當其上大夫下當其下大夫至于周衰諸侯失制號令自己其名不一於是正卿當國謂之相而楚謂之令尹其他異同難悉數矣秦制爵二十等以賞功勞二十徹侯後漢志曰徹侯金印紫綬功大者食縣小者食鄉亭得臣其所食吏民後避漢武帝諱改曰通侯或曰列侯 十九關內侯顏師古曰言有侯號而居京畿無國邑也 十八大庶長劉昭曰自左庶長以上至大庶長皆軍將也所將庶人更卒故以一爲大庶長卽大將軍也左右庶長卽左右偏裨也 十七駟車庶長言乘駟馬之車而爲衆庶之長 十六大上造言皆主上造之士 十五少上造十四右更言主領更卒部其役事 十三中更十二左更十一右庶長言爲衆列之長 十左庶長九五大夫劉昭曰自公士至五大夫皆軍吏也 八公乘言得乘公家之車也劉昭曰自吏民爵不得過公乘過者得貰與子孫若同產然則公乘者軍吏之爵最尊 七公大夫與下同 六官大夫加官者示稍尊也亦謂之國大夫 五大夫列位從大夫 四不更言不預更卒之事 三簪褭以組帶馬曰褭簪褭者主飾此馬 二上造造成也言有成命於上 一公士言有爵命異於士卒劉昭曰步卒之有爵爲士者也戰國之際秦項之間權設班寵有加賜邑君者蓋假其位號或空受其爵耳則田嬰爲靖郭君白起爲武安君魏冉弟爲華陽君秦昭王弟爲涇陽君及高陵君蔡澤爲剛成君其後項梁爲武信君陳餘爲成安君李左車爲廣武君之類是也至漢

尤多蓋在封爵之外別加美號漢興設爵二等曰王曰侯皇子而封爲王者其實古諸侯也故謂之諸侯王王子封爲侯者謂之諸侯羣臣異姓以功封者謂之徹侯大者不過萬家小者五六百戶以爲差降而諸王國皆連城數十踰於古制其諸侯功德優盛朝廷所敬異有賜特進者其位在三公下其次列侯有功德天子命爲諸侯者謂之朝侯其位次九卿下皆平冕文衣侍祠郊廟其稱侍祠侯者但侍祠而無朝位其非朝侯侍祠侯而以下上小國或以肺腑宿親若公主子孫或奉先侯墳墓在京師者亦隨時見會謂之猥諸侯凡諸王侯皆金璽盭綬古者印璽通名今則尊卑有別漢舊儀云諸侯王金印黃金橐駝紐文刻曰某王之璽赤地綬列侯黃金印龜紐文曰某侯之印亦以紫綬掌治其國王常冠遠遊冠綬五采而多朱自稱曰寡人教曰令凡諸侯王官傅爲太傅相爲丞相又有御史大夫諸卿皆秩二千石百官皆如漢朝漢朝唯置丞相其御史大夫以下皆自置之及七國作亂之後景帝懲之遂令諸侯王不得治民令內史治之改丞相曰相

省御史大夫廷尉少府宗正博士官武帝改漢內史中尉郎中令之名（內史爲京兆尹中尉爲執金吾郎中令爲光祿勳）而王國如故職員皆不得自置又令諸王得推恩封子弟爲列侯於是齊分爲七趙分爲六梁分爲五淮南分爲三又令諸侯十月獻酎金不如法者國除作左官之律附益之法自後諸侯王唯得衣食稅租至成帝綏和元年省內史更令相治民（大司空何武奏罷內史相如太守中尉如都尉參職是後中尉爭權與王相奏常不和）太傅但曰傅漢初論功封列侯者凡百四十有三人（蕭何爲冠）外戚與定天下侯者二人凡列侯金印紫綬大者食縣小者食鄉亭得臣其所食吏民凡皇帝之女公主皆列侯尚之王國有傅（初曰太傅相本統衆官後省內史而相後除太字相理民如郡太守史記曰曹參相齊又曰石慶爲齊相舉國皆慕其家行不言而齊國大治而爲立石相社也）內史（治國民）中尉（掌武事）郎中令（秩千石墨綬）僕（本曰太僕改曰僕墨綬）文學（宋志云前漢王國已置文學）大司農衞士長太倉長列侯國亦有相餘略與王國同公主有家令門尉亦有賜重封者（顏師古曰重封謂加二號耳）成帝鴻嘉三年詔七大夫以上皆令食邑（秦本制列侯乃得食）

邑七大夫卿公大夫非七大夫以下皆復其身及戶勿事是歲又令吏民得買爵買級千錢後漢爵亦二等皇子封王其郡爲國其列侯雖鄧寇元勳所食不過四縣爲侯國舊制列侯奉朝請在長安者皆位次三公中興以來唯以功德賜位特進者次車騎將軍賜位朝侯次五校尉賜位侍祠侯次大夫其餘以胏胕及公主孫子或奉墳墓亦爲猥諸侯漢官儀曰皇后父兄率爲特進侯侯朝會位次以次三公明帝爲四姓小侯開立學校置五經師外戚樊氏郭氏陰氏馬氏諸子弟立學號曰四姓小侯以非列侯故曰小侯諸王封者受茅土歸以立社稷侯歸國不得臣吏民至獻帝建安初封曹操爲費亭侯之制自此始也二十年曹公始置名號侯置五大夫與舊列侯關內侯凡六等以賞軍功初漢制皇女皆封縣公主儀服同列侯其尊崇者加號長公主儀服同藩王諸王女皆封鄉亭翁主儀服同鄉亭侯漢諸王女亦謂之翁主漢書謂齊厲王姊爲紀公主以紀氏所生因以爲號章帝唯特封東平憲王蒼琅邪孝王京女爲縣公主其後漢安帝姊妹亦封長公主同之皇女蔡邕獨斷曰漢帝子

女曰公主儀比諸侯姊妹曰長公主儀比諸侯王也其皇女封公主者所生之子襲母封爲列
侯皆傳國于後鄉亭之封則不傳襲永初元年鄧太后封清河孝王慶女十一人皆爲鄉公主分食
邑奉王國有傳如師不臣二千石相秩二千石刁曜爲魯相行縣三老執轡學官處士皆乘馬隨後所頓亭鄉傳轂講經
內史如郡丞中尉郎中令掌五大夫郎中宿衛如光祿勳僕主車馬治書奉使至京都謁者禮
樂長衛士長醫工長永巷長祠祀長郎中其紹封削絀者中尉內史
官屬亦以率減列侯國置相其秩各如本縣主治民如令長不臣也但納租于侯以戶數爲限其官
隨國大小爲增減食邑千戶以上置家丞庶子各一人不滿千戶則
不置家丞舊置行人洗馬門大夫等官又悉省諸公主各置家令一
人魏黃初三年初制封王之庶子爲鄉公嗣王之庶子爲鄉侯公之
庶子爲亭侯其後定制凡國王公侯伯子男六等次縣侯次鄉侯次
亭侯次關內侯又置名號侯爵十八級關中侯爵十七級皆金印紫
綬又關外侯十六級銅印龜紐墨綬五大夫十五級銅印環紐亦墨
綬自關內侯皆不食租虛封爵自魏始而有保傅相常侍侍郎郎中

令中尉大農文學友謁者大夫諸雜署令丞公主有家令僕丞行夜督郵王太妃有家令僕丞晉亦有王公侯伯子男六等之封（晉令曰有開國郡公縣公郡侯縣侯伯子男及鄉亭關中關內外等侯之爵）唯安平郡公孚邑萬戶制度如魏諸王其餘縣公邑千八百戶地方七十五里大國侯邑千六百戶地方七十里次國侯邑千四百戶地方六十五里大國伯邑千二百戶地方六十里次國伯邑一千戶地方五十里大國子邑八百戶地方五十里次國子邑六百戶地方四十里男邑四百戶地方四十里武帝受禪之初泰始元年封建子弟爲王二十餘人以郡爲國邑二萬戶爲大國置上中下三軍兵五千人邑萬戶爲次國置上軍下軍兵三千人邑五千戶爲小國置一軍兵千五百人王不之國官於京師罷五等之制公侯邑萬戶以上國爲大國五千以上爲次國不滿五千戶爲小國初雖有封國而王公皆在京師咸寧三年詔徙諸王公皆歸國（時楊珧荀勖以齊王攸有時名懼惠帝有後難乃追故司空裴秀立封建之旨遂詔王公悉令歸國）乃更制戶邑

珍倣宋版印

皆中尉領兵其平原汝南琅邪扶風齊爲大國梁趙樂安燕安平義陽爲次國其餘爲小國既遣就國而諸公皆戀京師涕泣而去凡名山大澤不以封鹽鐵金銀銅錫始平之竹園別都宮室園囿皆不爲屬國其仕在天朝者與之國同皆自選其文武官諸入作卿士而其世子年已壯者皆遣蒞國其王公侯以下茅社符璽車旗命服一如泰始故事凡王金印龜紐纁朱綬遠遊三梁冠絳紗朝服佩山玄玉開國縣公郡公金章皁朱紱綬郡侯青朱綬同進賢三梁冠絳朝服佩山玄玉開國縣侯伯子男金章朱墨綬冠佩亦同初武帝踐阼封宣帝孫永爲東莞郡王始置二卿侯以下置官屬隨國大小無定制諸侯並三分食一東晉元帝太興元年始置九分食一元帝以西陽王羕屬尊元會特爲設牀明帝以羕皇室元老特爲之拜成帝詔羕依安平獻王孚故事設牀帳於殿上帝親迎拜王國有傅傅卽師也以景帝諱師故曰傅友武帝初置一人蓋因文王仲尼四友之名典書令丞掌國教令職官錄曰漢制本曰尚書改爲治書國諱又改爲典書至晉武置典書令是也文學一人郎中令中尉大農此爲三卿左右常侍大國各二人次國各一人掌贊相獻替內史改太史爲內史又晉書曰改國相爲內史將軍大國上中下軍三將軍次國上下二軍將軍各一人小國用上

軍而已典祠典衛學官令治書中尉司馬世子庶子陵廟牧長謁者中大夫舍人典府等其後省相及僕省郎中置侍郎二人公侯以下國官屬遞減晉書曰詔以壽光公鄭沖及朗陵公何曾國皆置郎中令又曰元帝初渡江即晉王位諸參軍奉車都尉掾屬者百餘人時皆謂之百六掾宋氏一用晉制唯大小國皆有三軍凡王子爲侯者食邑皆千戶諸王世子皆金印紫綬進賢兩梁冠佩山玄玉初江夏王義恭爲孝武所忌憂懼故奏革諸侯聽事不得南向坐國官正冬不得跣登國殿及夾侍障扇不得雉尾劍不得鹿盧形刀不得過銀銅爲飾詔可王國有師改傅爲之自內史相記室以下官多與晉同凡郡縣內史相並於國主稱臣去任便止孝武孝建中始革此制不得追敬不得稱臣止宜云下官而已齊封爵史闕王國有師諮議文學等官公侯置郎中令一人卿餘與晉宋同梁封爵亦如晉宋之制諸王皆假金獸符第一至第五左竹使符第一至第十左諸公侯皆假銅獸符竹使符第一至第五名山大澤不以封鹽鐵金銀銅錫及竹園別

都宮室園囿皆不以屬國諸王言曰令境內稱之曰殿下公侯封郡縣者言曰教境內稱之曰第下自第十稱皆曰寡人諸王公侯國官皆稱臣上於天朝皆稱陪臣王國置傅相公以下則臺各爲選置之皆掌知民事郎中令將軍常侍典書令典衞長伯子無典衞典祠等官若王加將軍開府則置長史司馬及記室掾屬祭酒主簿錄事官屬嗣王則唯置郎中令中尉常侍大農藩王則無常侍制與後漢同陳置九等公王有家令之制郡有王嗣王藩王開國郡縣公開國縣侯開國縣伯開國縣子開國縣男沐食侯鄉亭侯關內侯關外侯鄱陽王之封也遣度支尚書蕭睿持節兼太宰告于太廟五岳尚書王質持節兼太宰告于太社凡親王起家則爲侍中若將軍方得有佐史無將軍則無府止有國官皇太子子冢嫡者封王依諸王起家餘子並封公起家中書郎諸王子并諸侯代子起家給事王公子起家員外散騎侍郎令僕子起家祕書郎若員滿亦爲版法曹參令僕子起家著作佐郎亦爲版行參軍外有揚州主簿太學博士國常侍奉朝請嗣王行參軍並起家官皇弟皇子府置

師長史司馬從事中郎諮議參軍友掾屬記室等官其嗣王藩王府則遞減之王國置郎中令將軍常侍典祠令舍人等官其嗣王藩王則遞減其員後魏道武皇始元年始封五等至天賜元年減五等之爵始分爲四曰王公侯子除伯男之號皇子及異姓元功上勳者封王皇族及始藩王皆降爲公諸公降爲侯子於是封王者七十人公者二十二人侯者七十九人子者百有三人王封大郡公封小郡侯封大縣子封小縣其後復加伯男焉孝文太和八年詔凡王公侯伯子男開國食邑者王食半公三分食一侯伯四分食一子男五分食一舊制諸鎮將刺史假五等爵及有所貢獻而得假爵者皆得世襲延興二年詔革此類不得世襲又舊制諸以勳賜官爵者子孫世襲幷襲軍號後改降五等始革之止襲爵而已凡公主皆嫁于賓附之國朝臣子弟雖名族美彥不得尚焉後魏道武帝因見漢書婁敬說高帝欲以魯元公主妻匈奴良久故立此制矣諸王侯各亦有師友文學侍郎掾屬舍人等官時王國舍人應取八族及

猜修之門公主有家令丞高平公主薨欲使公主家令居廬制服太常博士常景曰婦人無專國之理婦人爲君男子爲臣古禮初不載則家令不得爲純臣公主不得爲正君明矣乃寢北齊有王公侯伯子男六等之爵王位列大司馬上非親王則在三公下封內之調盡以入臺三分食一公以下四分食一王置師一人餘官大抵與晉宋梁制不異公主則置家令丞等官後周制有公侯伯子男五等爵者皆加開國授柱國大將軍開府儀同者並加使持節大都督皇弟皇子置友及學士等員外餘吏闕聞隋開皇中制國王郡王國公郡公縣公侯伯子男凡九等樊子蓋進爵封爲濟公言其功濟天下特爲立名無此郡國至煬帝唯留王公侯三等餘並廢之皇伯叔昆弟皇子是爲親王及大長公主長公主皆置官屬親王置師友文學長史司馬諮議掾主簿錄事功曹記室戶倉兵騎法士等曹參軍等東西閤祭酒參軍事典籤等員嗣王無師友煬帝更名王府參軍爲諸司書佐屬參軍則直以屬爲名改國令爲家令餘以國爲名者皆去之諸公主各置家令丞主簿謁者舍人等員郡

主唯無主簿唐高祖之初以天下未定廣封宗室從弟及姪年始孩童數十人皆封爲郡王太宗卽位問侍臣曰徧封宗子於天下便乎右僕射封德彝對曰不便歷觀往古封王者今日最多兩漢以降唯封帝子及親兄弟若宗室疏遠者非有大功如周之郇滕漢之賈澤並不得濫叨名器所以別親疏也先朝敦睦九族一切封王爵命既崇多給力役蓋以天下爲私殊非至公馭物之道也太宗然之於是率以屬疏降爵唯有功者數人得王餘並封縣公貞觀二年十二月太宗謂公卿欲使子孫長久社稷永安其理如何右僕射蕭瑀對曰臣觀前代國祚所以長久者莫不建諸侯以爲磐石之固秦倂六國罷侯置守二代而亡漢有天下參建藩屏年踰四百魏晉廢之不得永久封建之法實可遵行始議裂土之制禮部侍郎李百藥上議曰自古皇王君臨寓內莫不受命上玄飛名帝籙祚之長短必在天時政或盛衰有關人事而述著之家多守常轍莫不情忘今古理蔽澆

珍倣宋版印

淳欲以百王之季行三代之法也中書侍郎顏師古論曰臣愚以爲當今之要莫如量其遠近分置王國均其戶邑疆弱相濟畫野分疆不得過大閒以州縣雜錯而居互相維持永無傾奪使各守其境而不能爲非協力同心則足扶京室特進魏徵又陳五不可之議六年監察御史馬周上牋大略如李百藥且謂宜賦以茅土疇其戶邑必有材行隨器方授十一年六月詔荊王元景等二十一王爲諸州都督刺史咸令子孫代代承襲非有大故無或黜免其後並不願行迺止後定制皇兄弟皇子爲王皆封國之親王（龍朔二年制諸王王子嫡者封郡王任職從四品下敘其衆子封郡公從五品上敘貞觀中王珪奏曰三品以上遇親王於塗皆降乘違法中敬有乖儀准太宗曰卿皆自尊而卑吾子乎魏徵曰自古迄今親王班次三公之下今三品者皆天子公卿及八座之長爲王降乘非王所宜當也詔從之）親王府各置官屬（凡府官國官王未出閤則不置）太子男封郡王其庶姓卿士功業特盛者亦封郡王（自至德元年至大曆三年封異姓之人爲王者凡百十二人）其次封國公其次有郡縣開國公侯伯子男之號亦九等並無官土其加實封者則食其封分食

諸郡以租調給自武德至天寶實封者百餘家自至德二年至大歷三年食實封者二百六十五家凡食四萬四千八百有六十戶十六年置王府官以四考爲限嗣聖二年初置公府官員武太后天授二年又置皇孫官員皇姑爲大長公主後亦謂之長長公主姊爲長公主女爲公主皆封國視正一品太子女爲郡主封郡視從一品親王女爲縣主封縣正二品凡諸王及公主皆以親爲尊皇之昆弟妹先拜於皇子上書稱啓神龍初下詔革之開元四年三月制下詔封諸國自始封至曾孫其封戶三分減一十年加永穆公主封千戶初永穆等各封五百戶左右云太薄上曰戰士出萬死不顧一生所賞賜纔不過一二十疋此輩何功於人頓食厚封約之使知儉嗇不亦可乎左右以長公主皆二千戶請與比上曰吾嘗讀後漢書見明帝曰朕子不敢望先帝子車服下之吾未嘗不廢卷歎息如何欲令此輩望長公主乎左右不敢復言至是公主等車服殆不給故加焉自後公主皆封千戶遂成其例凡諸王及公主以下所食封邑皆以課戶充州縣與國官邑官共執文帳准其戶數收其租調均爲三分其一入官其二入國公所食邑則全給焉二十年五月敕諸食邑實封並以三丁爲限不須一分入官其物仍令封隨租調

珍倣宋版印

送入京親王府置傅一人師範輔導參議可否初置王師景雲二年改為傅諮議參軍一人弼政幕府諮謀庶事友一人陪隨左右拾遺補闕文學二人脩撰文章讐校經史東西閤祭酒各一人接引賓客長史司馬各一人通判掾一人通判公曹戶三曹屬一人通判兵騎法士四曹主簿一人覆省教命記室參軍二人掌表啓書疏宣行教命錄事參軍一人受事勾檢功曹倉曹戶曹兵曹騎曹法曹士曹等參軍各一人各有所主參軍二人行參軍四人掌出使及雜檢校典籤二人宣傳教命親事府致典軍副典軍各二人掌守衛陪從執仗親事執弓刀衛仗執乘親事各十六人供進騎乘親事三百三十三人帳內府置典軍副典軍各二人掌儀衛陪從兼知鞍馬等司事帳內六百六十七人親王國國令一人大農二人通判國司尉三人分判丞一人監印勾稽小吏有差若府主薨則諸府佐視事帳內過葬追退雖無妻子亦准此其國官聽終喪若有襲爵者聽其迴事諸公主邑司有家令丞錄事各一人並隸宗正寺出降者不置

州郡第十一上

司隸校尉司隸周官也掌五隸之法帥其民而捕盜賊漢武帝征和四年初置司隸校尉持節從中都官徒千二百人捕巫蠱

督大姦猾後罷其兵察三輔三河弘農晉志曰漢武帝初置十三州刺史各一人又置司隸察三輔三河弘農七郡元帝初元四年去節四年省綏和二年哀帝復置但爲司隸除校尉字冠進賢冠屬大司後諸葛豐爲司隸又加節尋復去之司隸去節自豐始也成帝元延空比司直司隸掌察皇太子以下行馬內事皆主之專道而行專席而坐初除皆謁兩府謂丞相御史也後漢復爲司隸校尉所部河南尹河內右扶風左馮翊京兆尹河東弘農凡七郡始河南洛陽無所不糾唯不察三公廷議處九卿上朝賀處公卿下凡司隸屬官有從事史十二人其都官從事史特爲雄劇主察百官之犯法者魏晉司隸與二漢同司隸於端門外坐在諸卿上絕席其入殿按本品秩在諸卿下不絕席鍾會爲司隸雖在外司時政損益當世與奪無不畢綜初以司隸官屬制置如州儀而俗稱司州及晉魏乃以京輔所部定名置司州以司隸校尉統之及東晉渡江罷司隸校尉官變其職爲揚州刺史後魏北齊爲司州牧後周有司隸下大夫掌五隸及徒者捕盜賊囚執之事屬大司寇隋初有雍州牧後煬帝置司隸臺有大夫一人掌諸巡察薛道衡爲司隸大夫別駕二人分察畿內一人按東都一人按京師後又罷司隸臺而留司隸從事之名不爲常員臨時選京官清明者權攝以行唐無司隸校尉而有京畿採訪使亦其職也

州牧刺史

黃帝立四監以治萬國唐有九州舜置十二州有牧夏爲九州牧商周八命曰牧秦置監察御史漢興省之至惠帝三年又遣御史監三輔郡察詞訟所察之事凡九條監者二歲更之常以十月奏事十二月還監其後諸州復置監察御史文帝十三年以御史不奉法下失其職乃遣丞相史出刺并督監察御史武帝元封元年御史止不復監至五年乃置部刺史掌奉詔六條察州凡十

二州焉居部九歲舉爲守相成帝綏和元年以爲刺史位下大夫而臨二千石輕重不相準乃更爲州牧秩眞二千石位次九卿九卿缺以高第補哀帝建平二年復爲刺史元壽二年復爲牧後漢光武建武十八年復爲刺史外十二州各一人其一州屬司隸校尉漢刺史乘傳周行郡國無適所治中興所治有定處舊常以八月巡行所部錄囚徒考殿最歲盡詣京都奏事中興但因計吏不復自詣京師雖父母之喪不得去職或謂州府爲外臺謝夷吾爲荆州刺史第五倫薦之曰尋功簡能爲外臺之表聽察聲實爲九伯之冠靈帝中平五年改刺史唯置牧是時天下方亂豪傑各欲據有州郡而劉焉劉虞並自九卿出領州牧州牧之任自此重矣舊制州牧奏二千石長吏不任位者事皆先下三公三公遣掾史按驗然後黜退光武即位以來不用舊典時用法明察不復委任三府故權歸舉刺之吏魏晉爲刺史任重者爲使持節都督輕者爲持節皆銅印墨綬進賢兩梁冠絳朝服而領兵者武冠西晉罷司隸置司州江左則揚州刺史自魏以來庶姓爲州而無將軍者謂之單車刺史凡單車刺史加督進一品都督進二品不論持節假節晉制刺史三年一入奏宋與魏同梁刺史受之明日辭宮廟而行皆持節後魏天賜二年又制諸州置三刺史皇室一人異姓二人比古之上中下三士也郡置三太守縣置三令長自後魏北齊則司州曰牧而北齊制州爲上中下三等每等又有上中下之差自上上州上下州凡九等後周則雍州曰牧而制刺史初除奉辭之日備列鹵簿凡總管刺史則加使持節諸軍事以此爲常及蘇綽爲六條之制初文帝秉魏政令百官誦習其牧守令長非通六條及計帳者不得居官靜帝大象元年詔總管刺史及行兵者加持節餘悉罷之隋雍州置牧餘州並置刺史亦同北齊九等之制總管刺史加使持節至開皇三年罷郡以州統縣自是刺史之名存而職廢刺史縣令三年一遷諸有兵處則刺史帶軍事以統

之十四年改九等州縣爲上中下凡三等煬帝大業初復罷州置郡爲司隸臺大夫一人巡察畿內其刺史十四人巡察畿外諸郡亦有六條之制與漢六條不同從事四十人副刺史巡察每年二月乘軺巡郡縣十月入奏唐武德元年罷郡置州而雍州置牧至神龍二年二月分天下爲十道置巡察使二十人以左右臺及外內官五品以下堅明清勁者爲之兼按郡縣再朞而代至景雲二年改置按察使道各一人開元十年省十七年復置二十二年改置採訪處置使治於所部之大郡其有戎旅之地卽置節度使仍各置印天寶九年三月勑本置採訪使令舉天下大綱若大小必由是一人兼理數郡自今已後採訪使但考察善惡舉其大綱自餘郡縣所有奏請並委郡守不須干及至德之後改採訪使爲觀察幷領都團練使其僚屬隨事增置分天下爲四十餘道大者十餘州小者二三州各因其山川區域爲制諸道增減不常員額自天寶以後因十五事再置措置使訪察河東西及京師以來運司採訪各以其職再建屯田使又使名沿革不一其職事攝置運使司又至開元敕錄令諸道置隨軍監察御史各守司隸政事又自建中元年定矣

臣謹按漢制刺史以六條問事非條所問卽不省一條彊宗豪右田宅踰制以彊陵弱以衆暴寡二條二千石不奉詔書遵承典制背公向私旁緣牟利侵漁百姓聚斂爲姦三條二千石不卹疑獄風厲殺人怒則任刑喜則任賞煩擾刻暴剝截黎元爲百姓所疾山崩石裂妖祥訛言四條二千石選辟不平苟阿所愛蔽賢寵頑

珍倣宋版印

五條二千石子弟恃怙榮勢請託所監六條二千石違公下比阿附豪彊通行貨賂割損正令又按後周六條之制其略曰其一先治心心不清淨則思慮妄生見理不明是以治民之要在於清心而已其二敦教化其三盡地利其四擢賢良其五䘏獄訟其六均賦役

總論州佐

別駕　治中　主簿
功曹書佐　部郡國從事　典郡書佐
祭酒從事史　中正
都督　都護

州之佐吏漢有別駕治中主簿功曹書佐簿曹（簿曹從事史主錢穀簿書）兵曹（兵曹從事史有軍事則置之以主兵事）部郡國從事史典郡書佐等官（又有孝經師主監試經月令師主時節祠祀律令師主平法律）皆州自辟除通為百石（又後漢書或云秩六百石）職與司隸官屬同唯無都官從事漢魏之際復增祭酒文學從事員晉又有武猛從事員（其州邊遠有山險寇賊者置弓馬從事五十人）歷代職員互相因襲雖小有更易而大抵不異自魏晉已後刺史多帶將軍開府則州與府各置僚屬州官理

民別駕治中以下是府官理戎長史司馬等官是後魏舊以州牧親民班九條之制使前政選吏以待後人獻文帝革制刺史守宰到官之日仰自舉擇以爲選官若簡任失所以罔上論自孝明孝昌以後四方多難刺史太守皆爲當部都督雖無兵事皆立僚佐頗爲煩擾高隆之乃表請自非實在邊要見有兵馬者悉皆斷之北齊上上州刺史屬官佐吏合三百九十三人以下州遞減十人其州郎佐吏皆州府辟除及後主失政賜諸佞幸賣官分州郡下逮鄉官多降中旨故有敕用州主簿郡功曹者後周刺史府官則命於天朝州刺史並牧守自置至隋以州爲郡無復軍府則州府之吏變爲郡官矣唐無州府之名而有採訪使及節度使節度使說見都督篇採訪使有判官二人分判尚書六行支事及州縣簿書使二人分節吏出入職如節度使之隨車推官一人推鞫獄訟皆使自辟召然後上聞未奉報者稱攝其節度防禦等使寮佐辟奏之例亦如之今舉州之舊職以列于左舊職謂隋以前

州職

別駕從事史一人從刺史行部別乘一乘傳車故謂之別駕漢制也歷代皆有之隋唐並爲郡佐

臣謹按庾亮答郭豫書云別駕與舊刺史別乘同流宣王化於萬里其任居刺史之半

治中從事史一人居中治事主衆曹文書漢制也歷代皆有隋爲郡官唐改爲司馬

主簿一人錄門下衆事省事文書漢制也歷代隋皆有之

功曹書佐一人主選用漢制也其司隸功曹從事史兼錄衆事晉以來改功曹爲西曹書佐宋有別駕西曹主史及選舉即漢之功曹書佐也

部郡國從事史每郡國各一人漢制也主督促文書舉非法

典郡書佐每郡國各一人漢制也各主一郡文書以郡吏補歲滿一更

祭酒從事史漢魏以來置宋世分掌諸曹兵賊倉戶水鎧之事自江左揚州無祭酒而以主簿代之也

中正陳勝爲楚王以朱房爲中正而不言職事兩漢無聞魏司空陳羣以天臺選用不盡人才擇州之才優有照鑒者除爲中正自拔人才銓定九品州郡皆置吳有大公平亦其任也晉宣帝加置大中正故有大小中正其用人甚重齊梁亦重焉後魏有之北齊郡縣皆有其本州中正以京官爲之隋有州都其任亦重唐以來無之

臣謹按晉劉毅年七十已告老後舉爲青州大中正尚書以毅致

仕不宜勞以碎務孫尹表曰司徒魏舒司隸嚴詢與毅年齒相近管四十萬戶州兼董司百僚總攝機要舒所統既廣兼執九品銓十六州議者不以爲劇昔鄭武公年過八十入爲司徒毅志氣聰明一州品第不足勞其思慮毅遂爲州都銓正人流清濁區別其所彈貶自親貴始

都督總管節度團練都統等使附後漢光武建武初征伐四方始權置督軍御史事後罷建安中魏武爲相始遣大將軍督之而袁紹分沮授所統諸軍以授郭圖淳于瓊爲三都督魏武征孫權還又使夏侯惇督二十六軍魏文帝黃初三年始置都督諸州軍事或領刺史又上軍大將軍曹真都督中外諸軍假黃鉞則總統外內諸軍矣明帝太和四年司馬懿征蜀加號大都督高貴鄉公正元二年司馬昭都督中外諸軍尋加大都督及受晉禪則都督諸軍爲上監諸軍次之督諸軍爲下使持節爲上持節次之假節爲下使持節得殺二千石以下持節殺無官位人若有軍事則與使持節同假節唯軍事得殺犯軍令者及伐吳之役以賈充爲使持節假黃鉞大都統統領六師兼給羽葆鼓吹緹幢兵萬人騎二千置左右司馬長史左右中郎增參軍騎車馬司馬各十人帳下司馬二十人大車官騎各三十人太康中都督知軍事刺史治民各用人也至惠帝末乃并任非要州則單爲刺史江左以來都督中外尤重唯王導等權重者乃居之宋氏人臣無居者唯江夏王義恭得假黃鉞則專戮節將非人臣常器又有都督諸州諸軍事者則爲常職舊曰監某州諸軍事文帝

一珍倣宋版印

即位改監爲都督後魏有都督中外諸軍永安以後遠近多事置京畿大都督總攝軍民立府置佐後周改都督諸軍爲總管則總管爲都督之任矣又有大都督帥都督都督至隋三都督並以爲散官煬帝改大都督爲校尉帥都督爲旅帥都督爲隊正按此都督之名微矣隋文帝以幷益荆揚四州置大總管其餘總管府置於諸州列爲上中下三等加使持節煬帝悉罷之唐諸州復有總管亦加號使持節刺史持節武德元年諸州總管亦加號使持節五年以洛荆幷幽交等州爲大總管府七年改隋上大都督爲驍騎尉大都督爲飛騎尉帥都督爲雲騎尉都督爲武騎尉又改大總管府爲大都督府總管府爲都督府舊洛州已置都督府武德四年廢府置大行臺復有行軍大總管者蓋有征伐則置於征伐所之道以督軍事自武德以來亦有元帥之號太宗爲秦王加西討元帥中宗爲周王爲洮河道元帥睿宗爲相王爲幷州道行軍元帥安祿山反後天寶十五年哥舒翰爲諸道兵馬元帥其後李光弼郭子儀復爲副元帥太極初幷益荆揚爲四大都督府開元十七年加潞州爲五焉其餘都督並爲上中下等上都督府五中都督府十三下都督府十六前後置制改易不常難可備敘凡大都督府置都督一人掌所管都督諸州城隍兵馬甲仗食糧鎮戍等親王爲之多遙領其任亦多爲贈官長史居府以總其事分天下州縣制爲諸道每道置使治於所部即採訪防禦等使也其邊方有寇戎之地則加以旌節謂之節度使自景雲二年四月始以賀拔延嗣爲涼州都督充西河節度使其後諸道因同此號得以軍事專殺行則建節府植六纛外任之重莫比焉本皆兼度支營田使開元九年十一月敕其河東河北不須別置並令節度使兼充有副使一人行軍司馬一人申習法令判官二人分判倉兵騎胄四曹事副使及行軍司馬通署掌書記一人掌表奏書檄參謀無員或一人或二人參預謀畫隨軍四人分使出入開元中凡八節

度使磧西河西隴右朔方河東幽州劍南嶺南是也後更增加兼改名號蓋古之都督持節江左四中郎將近代行軍總管之任凡將帥出行兵滿萬人以上則置長史司馬倉兵等曹參軍若萬人以下員數遞減至德以來天下多難諸道皆聚兵增節度使爲二十道其非節度使者謂之防禦使以採訪使并領之採訪理州縣防禦理軍事初節度與採訪各置一人天寶中始一人兼領之代宗爲廣平王時充天下兵馬元帥親總軍旅討定禍亂以大臣宿將郭子儀李光弼隨其方面以爲副謂之副元帥以督諸道事及德宗踐阼以雍王爲之王升儲宮而元帥闕乾元中又置都統使監總管諸道或領三道或領五道皆古方岳牧伯之任也上元末省都督後又改防禦使爲團練守捉使皆主兵事而無旌節僚屬省減有副使一人掌貳使事判官二人分判軍事自永泰以來都團練使守捉使皆主兵事稍有加置而任使則擇之

臣謹按宋武帝起義兵討桓玄既平京口向建鄴以孟昶爲長史總攝後事及討司馬休之伐荆州以中軍將軍劉道憐監留府事皆留後之任也自後無代無之不復遍舉

都護漢宣帝地節二年初置西域都護爲加官也或以騎都尉諫議大夫使護西域三十六國有副校尉始以鄭吉爲之後廢至後漢永平十七年復置班超爲西域都護大破焉耆尉黎斬其主自是西域降服納質者五十餘國晉宋以後有都護之官亦其任也齊書曰廣州西南有二江川源深遠別置都護專征討之陳伯超爲江西都護沈顗爲江南都護唐永徽中始於邊方置安東安西安南安北

四大都護府後又加單于北庭都護府府置都護一人掌所統諸蕃征討斥候安輯蕃人及諸賞罰總判府事副都護二人掌貳都護事長史司馬各一人錄事功曹倉曹戶曹兵曹法曹參軍各一人參軍事三人

州郡第十一下

京兆尹　左馮翊　右扶風
河南尹　留守附

京兆周官有內史秦因之掌治京師漢景帝二年分置左右內史武帝太初元年更名右內史為京兆尹絕高曰京十億曰兆大衆所聚故曰京兆更名左內史為右馮翊馮輔翊佐也秦官有主爵中尉掌列侯漢景帝中元六年更名都尉武帝太初元年更名右扶風扶助風化也與左馮翊京兆尹是為三輔治長安城中三輔黃圖曰長安以東為京兆尹長陵以北為左馮翊渭城以西為右扶風皆治在城中故趙廣漢歎曰亂吾治者二輔也誠得兼之直差易耳銀章青綬進賢兩梁冠絳朝服佩水蒼玉九州所監都為京師置尹一人丞一人漢初三輔治長安後漢都雒陽置河南尹以三輔陵廟所在不改其號但減其秩與太守同後漢左馮翊右扶風屬司隸尋省魏晉為京兆太守後周都關中又為京兆郡隋京兆郡置尹併佐吏合二百四十四人唐京兆府本為雍州置牧一人以親王為之太宗為秦王中宗為英王睿宗為相王時並居其任多以長史治民開元元年改雍州為京兆府置牧如故掌宣導風俗肅清所部或以親王居閤而遙領焉初雍州置別駕以貳牧守事永徽中改別駕為長史開元中改雍州長史為京兆府尹總理衆務凡前代帝王所都皆曰尹南朝曰丹陽尹後魏初曰代尹東魏曰魏尹齊曰清都尹河南尹其地在周為王城成王命君陳分正東郊成周曰尹茲東郊蓋今河南牧之任亦留守之始也秦兼天下置三川守三川河洛伊也漢興更名三川為河南後增守為太守王莽改太守為大尹改河南大尹為

保忠信卿光武中興徙都洛陽改太守爲尹章綬服秩與京兆尹同
特奉朝請魏晉皆爲河南尹後魏太和中遷都洛陽又置河南尹東
魏置洛州刺史後周置洛州總管尋罷之隋初爲洛州刺史後爲河
南內史大業初爲荆河州刺史又爲河南太守尋爲河南尹與京兆
同唐武德四年置洛州都督貞觀十七年改爲刺史顯慶二年置東
都改刺史爲長史而洛州置牧一人以親王爲之中宗爲周王時及
衞王重俊並居其任多以長史治民至開元元年改洛州爲河南府
改長史爲尹其牧尹之制一如京兆諸曹寮佐亦如之各有少尹二
員通判府事按京兆少尹魏晉以來治中之任隋文帝改爲司馬煬
帝又改爲贊治後又改爲丞武德初復爲治中永徽元年又以太皇
帝諱改爲司馬本一員太極元年雍洛二州各加司馬一員分爲左
右開元元年並改爲少尹開元以後增置太原府爲北京官屬制置
悉同兩京初武太后長壽元年以幷州后之故里改爲北都神龍初
廢開元十一年又以幷州高祖起義之始復置太原府號曰北京初
開元元年正月於蒲州置中都改州爲河中府至六月而罷後上元
元年復置峽州爲鳳翔府又以益州爲成都府留守周之君陳則其
任也此後無聞後漢和帝南巡祠園廟張禹以太尉兼衞留守晉張
方刼惠帝幸長安僕射荀藩等與其遺官在洛陽爲留臺承制行事
號東西臺至安帝時劉裕置留臺具百官又後魏孝文南伐之
時以太尉元丕廣陵王羽爲留守京師加持節留守因此始也

郡太守郡守秦官秦滅諸侯以其地爲郡置守丞尉各一人守治民
丞佐之尉典兵漢景帝中元二年更名郡守爲太守凡在郡
國皆掌治民進賢勸功決訟檢姦常以春行所主縣秋冬遣無害吏
按訊諸囚平其罪法論課殿最歲舉孝廉漢制歲盡遣上計掾史各
一人條上郡內衆事謂之計偕簿郡爲諸侯王國者置內史以掌太
守之任宣帝以爲太守吏民之本數變易則下不安民知其將久不

珍倣宋版印

可欺罔乃服從其教化每拜刺史守相輒親見問觀其所由退而考察以質其言嘗稱曰與我共治者唯良二千石乎是以漢世良吏於斯爲盛稱中興焉成帝綏和元年省內史以相治民則相職爲太守王莽改太守曰大尹後漢亦重其任或以尚書令僕射出爲郡守鍾離意黃香桓榮胡廣是也或自郡守入爲三公虞延第五倫桓虞鮑昱是也三國時有郡守國相內史晉郡守皆加將軍無者爲恥晉宋守相內史並銀章青綬進賢兩梁冠後魏初郡置三太守孝文初二千石能靜二郡至三郡者遷爲刺史太和中次職令太守內史相縣令並以六年爲限北齊制郡爲上中下三等每等又有上中下之差自上上郡至下下郡凡九等後周郡太守各以戶多少定品命隋郡太守如北齊之制至開皇三年罷天下諸郡以州統縣時楊尚希上表曰當今郡縣倍多於古十羊九牧人少官多請存要去閑併小爲大帝嘉之遂罷諸郡大業三年又改州爲郡郡置太守唐武德元年改郡爲州改太守爲刺史加號持節後加號爲持節諸軍事而實無節但頒銅魚符而已天寶元年加州爲郡刺史爲太守自是州郡史守更相爲名其實則一也太宗初理天下重親民之任疏督守之名于屏俯仰視焉其人善惡必書其下是以州郡無不率理逮貞觀之末升平既久羣士多慕省閣不樂外任其折衝果毅有才力者先入爲中郎郎將以補郡守其輕也如是武后垂拱二年諸州都督刺史宜准京官帶魚長安四年納言李嶠同平章事唐休璟奏曰切以物議重內官而輕外職凡所出守多因貶累非所以澄風俗安萬民臣請擇材於臺閣省寺之中分典大州共康庶政臣等請輟近侍率先具寮太后乃令書名探之中者當行於是鳳閣侍郎韋嗣立御史大夫楊再思二十人中之皆以本官檢校刺史後二十人中政績可稱者獨常州刺史薛光謙徐州刺史司馬鍾二人而已當時復有爲員外刺史者不領州務開元中定天下州府自京都都督及都護府之

外以近畿之州同華岐蒲爲四輔鄭陝汴絳懷魏爲六雄宋亳滑許汝晉洛虢衞相十州爲十望又有十緊州後入緊者甚多不復具列及有上中下之差都督刺史品卑者借緋魚按武德令三萬戶以上爲上州永徽令二萬戶以上爲上州開元十八年三月敕太平時久戶口日盛宜以四萬戶以上爲上州二萬五千戶爲中州不滿二萬戶爲下州亦有不滿戶口以別勅爲上州者六千戶以上爲上縣三千戶以上爲中縣不滿二千戶爲下縣天寶中通計天下凡上州一百九州中州二十九州下州一百八十九州總三百二十七州是也

自至德之後州縣凋弊刺史之任大爲精選諸州始各有兵鎮者刺史皆加團練使故其所責任重矣

臣謹按漢文帝二年初與郡守爲銅虎符竹使符至隋開皇七年又別頒青龍符於東方總管刺史西方以騶虞南方朱雀北方玄武九年又頒木魚符於總管刺史雌一雄三至十年悉頒木魚於五品以上官義寧二年罷竹使符頒銀菟符於諸郡唐武德元年又改銀菟符爲銅魚符

總論郡佐

郡丞　別駕　長史　司馬　錄事　參軍
司功　司倉　司戶　司兵　司法　司士
參軍　博士　醫博士　中正　通守
五官掾　督郵　郡尉　縣令

郡之佐吏秦漢有丞尉員外以佐守尉典武職後漢諸郡各置諸曹

掾史略如公府曹無東西曹晉宋以來雖官曹名品互有異同大抵略如漢制北齊上郡太守屬官合二百一十二人以下郡遞減之隋初以州爲郡無復軍府則州府之職參爲郡官故有長史司馬錄事參軍功戶兵法等七曹開皇三年詔佐官以曹爲名者並改爲司十二年諸州司從事爲名者並改爲參軍又制刺史二佐每歲暮更入朝上考課煬帝置通守贊持東西曹掾主簿司功倉戶兵法士等書佐各因郡之大小而爲增減改行參軍爲行書佐唐州府佐吏與隋制同有別駕長史司馬一人大都督府有司馬左右二員凡州別駕長史司馬通謂之上佐錄事參軍京府謂之司錄參軍置二人餘並名爲錄事參軍大都督府亦有二人其餘郡止各一人司功司倉司戶司兵司法司士等六參軍景龍三年諸州加置司田開元中省乾元之後又分司戶置參軍一員位在司戶下諸府則曰田曹開元中省乾元之後又分置司戶焉以其廢置不常故田曹不列在府爲曹在州爲司府曰功曹倉曹州曰司功司倉大與上府置二員州置一員自司功以下通謂之判司參軍事各有差京府參軍事有六員餘府州或四或三博士一員醫博士一員凡以州

府大小而為增減

郡丞秦置之以佐守漢因而不改晉成帝咸康七年省諸郡丞唯丹陽丞不省宋文帝元嘉四年復置齊梁有之至隋開皇三年改別駕治中為長史司馬至煬帝又罷長史司馬又置贊治者一人後又改郡贊治為丞位在通守下及郡丞廢其職分為別駕長史司馬自隋為郡府之官去從事史唐永徽二年改為長史上元元年復置別駕多以皇族為之神龍中廢至開元初復置始通用庶姓天寶八年以明皇由潞州別駕入定內難遂登大位乃廢別駕官至德中復置諸州府各一人而大都督府不置通判其事以都督刺史各兼之共職其事

長史秦置郡丞其郡當邊戍者丞為長史掌兵馬漢因而不改古今注曰有守相病丞長史司馬行事後罷邊郡太守丞而長史領丞職其後長史遂為軍府官至隋為郡官唐初無永徽二年有別駕刺史及長史之名其後二職並置州府各一人五府長史理府事餘通判而已

司馬本主武之官自魏晉以後刺史多帶將軍開府者則置府寮司馬為軍府之官理軍事至宋司馬銅印墨綬絳朝服武冠至隋廢州府之任無復司馬而有治中焉治中乃舊州之職也州廢遂為郡官開皇三年改治中為司馬煬帝又改司馬及長史併置贊治一人尋又改贊治為郡丞唐武德初復為治中貞觀二十三年高宗即位遂改諸州治中並為司馬長安元年洛雍并荊揚益六州置左右司馬各一員四年復舊太極元年又制大都督府各置左右司馬一員

錄事參軍晉置本爲公府官非州郡職也掌總錄衆曹文簿舉彈善惡後代刺史有軍而開府者並置之自後漢有郡主簿官職與州主簿官同隋初以錄事參軍爲郡官則并州郡主簿之職矣煬帝又置主簿唐武德元年復爲錄事參軍開元中改京兆尹屬官曰司錄參軍掌府事勾稽省署抄目糾彈部內非違監印給紙筆之事乾元元年加進一品仍升一資又置尹司凡縣令及判司與錄事及州郡別置司功曹參異禮尊其任也

司功參軍兩漢有功曹史王選署功勞歷代皆同北齊諸州有功曹參軍隋亦然及罷郡置州以曹爲名者皆改曰司煬帝罷州置郡又改曰司功書佐唐改曰司功參軍開元初京尹屬官及諸州都督府並曰功曹參軍而列郡則曰司功參軍令掌管園廟祭祀及學校禮樂選舉表疏醫筮考課及喪葬之事也

司倉參軍兩漢有倉曹史掌倉庫北齊以下並同功曹唐亦掌倉廩庖廚及財物等廛市之價一切之事

司戶參軍漢魏以下有戶曹掾主民戶北齊以下與功曹同唐掌戶口籍帳婚嫁田宅弁雜徭道路一切之事

司兵參軍漢司隸屬官有兵曹從事史蓋有軍事則置之以主兵事至北齊以後同功曹唐掌軍防烽火驛馬傳送門禁田獵及儀仗之雜事

司法參軍兩漢有決曹賊曹掾主刑法歷代皆有或謂之賊曹或謂法曹或謂墨曹隋以後與功曹同唐掌律令定罪及緝盜賊之事

司士參軍兩漢無聞北齊以後與功曹同唐
掌管河津營造橋梁及廨宇之事

參軍事後漢靈帝時陶謙以幽州刺史參司空車騎張温軍事晉時
軍府乃置官員歷代皆有至隋置州為郡又有郡官為之書
佐唐改為參軍掌直侍督守無常職有事則出使前代又有行參軍
者晉河間王顒以太宰輔政始置之掌使命歷代皆有唐唯王府有
之餘則
無矣

經學博士漢郡國皆有文學掾後漢光武問功臣曰諸卿不遭際會
自度爵祿何所至乎鄧禹曰臣少嘗學問可充郡文學歷
代多闕隋潘徽為州博士唐府郡置經學博士各一人
掌以五經教授學生多寒門鄙儒為之助教各有差

醫博士一人唐開元十一年七月置制每州寫本草百一集驗方與
經史同貯其年九月御撰廣濟方五卷頒行天下貞元十二
年二月御撰廣利方五卷頒天下自今後諸州府應闕醫博士宜令
長史各自訪求選試取人藝業優長堪效者即以具名申聞請行已
出身人及有前資官與正授未出身人宜令
權知四考後州司與正授吏部更不須選集

中正魏置晉諸中正率一國所推臺閣取信後魏孝明正光元年罷
諸郡中正北齊郡縣各皆有之他史多闕隋初有後罷而有州
都唐並無此官每歲貢士於所在之處又符
書所闕及鄉飲酒之禮則司功參軍主其事

通守隋煬帝置郡各一人位次太守
京兆府及河南皆謂之內史人

五官掾後漢有之主功曹
及諸曹主事後無

督郵漢有之掌監屬縣各有東西南北中部謂之五部督郵也故督郵功曹之極位

臣謹按漢尹翁歸爲河東督郵時太守田延年分河東二十八縣爲兩部閎孺部汾北翁歸部汾南舉法皆得其罪屬縣長吏雖中傷莫有怨者又有孫寶爲京兆尹以立秋日用故吏侯文爲東部督郵敕之曰今日鷹隼始擊當順天氣取姦惡以成嚴冬之誅

郡尉京輔屬國等都尉附秦官有郡尉掌佐守典武職甲卒漢凡郡口二十萬舉一人典兵禁備盜賊景帝更名曰都尉武帝元鼎四年又置三輔都尉各二員譏出入邊境置農都尉主屯田殖穀又置屬國都尉主蠻夷降者中興建武七年省諸郡都尉幷諸太守每有劇賊郡臨時置都尉事訖罷又省關都尉唯邊郡往往置都尉及屬國都尉宋志曰光武省郡都尉後往往置東南西北四部都尉稍有分縣治民比郡安帝以西羌盛三輔有陵園之守乃復置右扶風都尉於雍京兆虎牙都尉於長安自後無聞至隋煬帝時別置都尉領兵與郡不相知又京輔都尉立府於潼關主兵鎮唐無其制

縣令周官有縣正各掌其縣之政令而賞罰之春秋時列國相滅多以其地爲縣縣大而郡小故傳云上大夫受縣下大夫受郡又周書作雒篇曰千里百縣縣有四郡縣邑之長晉謂之大夫魯衞謂之宰楚謂之公謂之尹其職一也至于戰國則郡大而縣小矣故甘茂謂秦武王曰宜陽大縣名曰縣其實郡也漢制列侯所食縣曰國皇太后公主所食曰邑有蠻夷曰道凡縣萬戶以上爲令減萬戶爲

長侯國為相秩次亦如之皆秦制也漢因之漢書曰凡縣大率方百里民稠則減稀則曠成帝綏和元年長相墨綬哀帝建平二年復黃綬秋冬集課上計於所屬郡國其郡有鹽官鐵官工官都水官者隨事廣狹置令長及丞秩次皆如縣道無分上給均吏後漢凡郡縣出鹽多者置鹽官主鹽稅出鐵多者置鐵官主鼓鑄有工多者置工官主稅物有水池及魚利多者置水官主平水收魚稅所在諸縣均差吏更給之補吏隨事不具縣員晉制大縣令有治績官報以大郡不經宰縣不得入為臺郎宋諸縣令銅印墨綬進賢兩梁冠自晉宋以後令長國相皆如漢制後魏縣置三令長孝文初制縣令能靜一縣刼盜者兼理二縣即食其祿能靜二縣者兼理三縣三年遷為郡守二千石能靜二郡者兼理至三郡亦如之三年遷為刺史太和中次職令其祿甚厚故孝文以北平府長史裴聿中書侍郎崔亮並清貧欲以俸祿優之乃以亮帶野王令聿帶溫縣令時人榮之其後令長用人益雜但選勳舊令史為之而縉紳之流恥居其位北齊制縣為上中下三等復於每等又有上中下之差自上上縣至下下縣凡九等然猶因循後魏用人濫雜至於士流恥居之元文遙遂奏武成帝請革之乃密令搜揚世胄子弟恐其辭訴總召集神武門宣旨慰諭而遣自此縣令始以士人為之隋縣有令有長煬帝以大興長安河南洛陽四縣令並增正五品諸縣皆以所管閑劇及衝要之處以為等級唐縣有赤畿望緊上中下六等之差京都所治為赤縣京之旁邑為畿縣其餘則以戶口多少之資地美惡為差凡六赤八十二畿七十八望百一十一緊四百四十六上二百九十六中五百五十四下一千五百七十三縣

總論縣佐 丞 主簿 尉 五百附

珍倣宋版印

漢縣有丞尉及諸曹掾後漢縣諸曹略如郡員又五官爲廷掾監鄉五部春夏爲勸農掾秋冬爲制度掾晉縣有主簿功曹廷掾法曹金倉賊曹掾兵曹賊捕掾等員煬帝改尉爲縣正尋改正爲戶曹法曹分司以丞郡之六司其京四縣則加置功曹爲三司司各二人唐縣有令而置七司一如郡制丞爲副貳如州上佐主簿上轄加錄事參軍其曹謂之錄事弁司功以下謂之六事七司尉分理諸曹如州判司錄事省受符歷佐史行其簿書

臣謹按漢縣丞尉及諸曹掾多以本郡人爲之三輔則兼用他郡及隋氏革選盡用他郡人又按後漢外黃令牛述禮請爰延爲廷掾范甯爲功曹濮陽潛爲主簿常共言談而已

丞漢諸縣皆有兼主刑獄囚徒後漢令長國相各置丞一人主文書典倉獄署諸曹掾史凡諸縣丞皆銅印黃綬進賢一梁冠自晉以後並無丞宋時唯建康府有獄丞及至隋唐則縣各有丞丞各一人兼通判縣事有赤縣各置丞二人

主簿漢晉各有之他史多闕唐赤縣置二人他縣各一人掌付事勾稽省署抄目糺正縣內非違監印及給紙之用

臣謹案主簿自漢以來皆令長自調用至隋始自上置又按後漢

繆彤仕縣爲主簿時縣令被章見考吏皆畏懼自誣而彤獨證據掠考苦毒至乃體生蟲蛆因轉換五獄踰涉四年令卒以自免又寧陽主簿詣闕訴其縣令之枉積六七歲不省乃復上書曰臣爲陛下子陛下爲臣父臣章百上終不見省臣豈可北詣單于以告寃乎帝大怒劾以大逆虞詡駮之曰主簿所訟乃君父之怨百上不達是有司之過

尉 漢諸縣皆有之長安有四尉分爲左右部後漢令長國相亦皆有尉大縣二人小縣一人主追捕盜賊按察姦宄署諸曹掾史邊縣有鄣塞尉掌禁備羌夷犯塞洛陽有四尉東南西北四部曹公爲北部尉是也魏因之晉洛陽建康皆置六部尉宋齊梁陳並因之餘縣如漢制諸縣道尉銅印黃綬朝服武冠江左止單衣介幘北齊郡縣置三尉隋改爲正後置尉又分爲戶曹法曹唐初因隋制武德中復改爲正七年三月復改爲尉赤縣置六員他縣各有差分判諸司事又上縣二員萬戶以上者又增一員中縣一員各以四千戶以上者又增置一員亦以上上縣中中縣下下縣中下一員佐史各有差別

五百 宋志曰謂官府州郡都各置五百又韋曜曰五百字本爲伍伯伍當也伯道也使之導引當道陌中以驅除也今州縣官有雜職者掌行鞭撻每官出則執楚導引呵闢行路殆其職也

鄉官

周禮有鄉師鄉老卿大夫之職其任大矣鄉大夫管萬二千五百家以上次有州長二千五百家爲州黨正五百家爲黨族師百家爲族閭胥二十五家爲閭鄙師五鄼爲鄙鄼長四里爲鄼里宰五鄰爲里鄰長五家爲鄰皆不命之士爲之皆鄉里之官也大凡各掌其鄉黨州里之政治云秦制十里一亭亭有長十亭一鄉鄉有三老有秩嗇夫游徼三老掌教化嗇夫職聽訟收賦稅游徼循禁盜賊漢鄉亭及官皆依秦制也縣大率方百里其人稠則減稀則曠鄉亭亦如之高后元年初置孝悌力田二千石者一人特置孝悌力田官以尊其秩欲以勸厲天下令敦行務本後廢至文帝十二年又置三老及孝悌力田無常員平帝又置外史閭師後漢鄉官與漢同有秩郡所置秩百石鄉戶五千則置有秩掌一鄉人其鄉小者縣置嗇夫一人爰延爲鄉嗇夫仁化大行民但聞嗇夫不知郡縣也皆主知民善惡爲役先後知民貧富爲賦多少平其差品三老掌教化凡有孝子順孫貞女義婦推財救患及學士爲民式者皆扁表其門以興善行又有鄉佐屬鄉主民以十里一亭五里一郵郵間相去二里半司姦盜亭收稅賦亭有亭長持二尺板以劾賊索繩以收執賊亭吏舊名負弩

後改爲長或爲亭負主禁盜賊先賢傳曰逢萌爲縣亭長時尉行過亭萌候迎謁拜既而擲楯歎曰大丈夫安能爲人役哉遂去之至王莽時逢萌解冠掛於東都門而遁里有里魁民可什伍里魁主一里百家什主十家伍主五家以相檢察民有善惡以告監官晉縣五百戶以上皆置一鄉三千戶以上置二鄉五千戶以上置三鄉萬戶以上置四鄉鄉置嗇夫一人縣率百里戶置里吏一人其土廣人稀聽隨宜置里吏限不得減五十戶戶千以上置校官掾一人縣皆置方略吏四人宋五家爲伍伍長主之二伍爲什什長主之什十爲里里魁主之十里爲亭亭長主之十亭爲鄉鄉有鄉佐三老有秩嗇夫游徼各一人所職與秦漢同隋以周齊郡縣職自州都郡正縣正以下皆州郡將縣令而自調用理時事至開皇初不知時事直謂之鄉官官別置品皆吏部除受每歲考殿最開皇十五年罷州縣鄉官唐凡百戶爲一里里置正一人五里爲一鄉鄉置耆老一人以耆年平謹者縣補之亦曰父老貞觀九年每鄉置長一人佐二人至十五年省太極元年

一珍倣宋版印

初令老人年九十以上版授下州刺史朱衣執象笏八十以上版授
上州司馬綠衣執木笏天寶七年詔父老六十版授本縣丞七十以
上授縣令三十里置一驛其非通途大路則曰館驛各有將以州里富彊之家
主之以待行李自至德之後民貧不堪命遂以官司掌焉凡天下水陸驛一千五百八十七處

職官略第六

文散官

開府儀同三司

漢文帝元年始用宋昌爲衞將軍位亞三司後漢章帝建初三年始使車騎將軍馬防班同三司同三司之名自此始也殤帝延平元年以鄧騭爲車騎將軍儀同三司儀同之名自此始也魏黃權以車騎將軍開府儀同三司開府之名自此始也齊開府儀同三司如公梁開府儀同位次三公諸將軍左右光祿大夫優者則加之同三公置官屬自晉以來又有加開府如儀同三司之名者自羊祜始焉江左多有之後魏普泰初特以爾朱世隆爲儀同三司位次上公北齊亦有儀同三司者後周建德四年改開府儀同三司爲儀同大將軍仍增置上開府儀同大將軍又改儀同三司爲儀同大將軍仍增置上儀同大將軍隋文帝並以爲散官又諸衞各置開府府置開府一人

又有儀同府儀同以下置員與開府同初開府儀同三司爲四品散實官至煬帝又改爲從一品同漢魏之制位次三公唐武德七年改上開府儀同三司爲上輕車都尉開府儀同三司爲輕車都尉儀同三司爲騎都尉後又以開府儀同三司爲文散官開元以前舊例開府特進雖不帶職事皆給俸祿得與朝會班列依本品之次皆崇官盛德罷劇就閑者居之天寶六載正月制內外文武以上五品官以上父祖貲廕者其所用官同子孫用廕之例

特進

漢制諸侯功德優盛朝廷所欽異者賜位特進位在三公下故成都侯王商以特進領城門兵置幕府得舉吏如將軍是也後漢皇后父兄率爲特進侯朝會位次三公隋志曰特進舊位從公光武以鄧禹列侯就第特進奉朝請是特進引見之稱無定官之實也而竇篤進位特進得舉吏見禮依三公自二漢及魏晉以爲加官從本官車服無吏卒太僕羊琇遜位拜特進加散騎常侍無餘官故給吏卒車服其餘加特進者唯食其祿賜列其班位而已晉

惠帝元康中定令特進位次諸公在開府驃騎上冠進賢兩梁冠黑介幘五時朝服佩水蒼玉食俸日四斛太康二年始賜春絹五十疋秋絹百五十疋綿百五十斤元康元年給采田八頃田騶八人立夏後不及田者食俸一年置主簿功曹史門亭長門下書佐各一人給安車黑耳駕駟一人乘軺車施耳後戶一乘無章綬齊時班位從公陳因之後魏北齊用人皆以舊德就閑居者居之隋文帝以爲散官不理事煬帝卽位廢特進官唐改爲文散官

光祿大夫以下

秦時光祿勳屬官有中大夫漢武帝太初元年更名光祿大夫銀章青綬掌議論屬光祿勳門外特施行馬以旌別之無常事唯顧問應對詔命所使無員後漢光祿大夫三人凡諸國嗣王之喪則掌弔問多以爲拜假賵贈之使及監護喪事魏氏以來無員轉優重不復以爲使命之官其諸公告老者皆家拜此位及在朝顯職復用加之魏文帝以楊彪爲光祿大夫賜几杖衣服因朝會引見令彪著布單衣鹿皮冠杖而入待以賓客之禮及晉受命置左右

光祿大夫假金章紫綬而光祿大夫如故着進賢兩梁冠黑介幘五時朝服佩水蒼玉弁祿賜班位吏卒皆與特進同復以爲優崇之制而諸公遜位不復加之其以爲加官者唯假章綬祿賜班位而已不別給車服吏卒也或更拜上公或以本封食公祿其諸卿尹中朝大官年老致仕者及內外之職加此者前後甚衆由是或因得開府或進加金章紫綬又復以爲禮贈官其假銀章青綬者位在金紫將軍下諸卿上泰始中唯太子詹事楊珧加給事中光祿大夫加兵之制諸所供給依三品將軍（晉宣帝子平原王幹拜光祿大夫加侍中以特進假金章紫綬章服班次三司）其餘皆如舊制終於武惠孝懷三世（秩食俸日二斛太康二年給春絹五十疋秋絹百疋綿百斤至惠帝元康元年始給采田六頃田騶六人又置主簿功曹門史亭長等及門下書佐各一人）宋氏因之齊左右光祿大夫皆據舊制位從公開府置佐吏如公年重加親信二十人魏晉以來無有定員以左右光祿三大夫光祿三大夫皆銀章青綬其重者詔加金章紫綬則謂之金紫光祿大夫樂安任遐爲光祿卿就王晏乞

一片金晏乃啓轉爲金紫是也猶屬光祿勳梁又有左右金紫光祿
大夫視吏部尚書左右光祿大夫視諸曹並養老病陳因之自晉以
後多爲兼官後魏有光祿大夫金紫銀青光祿大夫北齊皆以舊德
就閑者居之與特進同後周有左右金紫左右銀青四光祿大夫隋
有光祿大夫左右光祿大夫皆爲散官不理事唐初猶有左右之名
貞觀以後唯曰光祿大夫金紫光祿銀青光祿並爲文散官按前代光祿大
夫始加金章紫綬及銀章青綬並尊之合在光祿之上後魏定令遂因仍不改正
正議大夫通議大夫皆隋
置散官蓋取秦大夫掌論議之義唐並因之太中大夫秦官亦掌論
議漢因之後漢置二十人後漢張堪拜太中大夫居中東門候舍故人號爲中東門君又隗囂廣置職位以自
尊高鄭興止之曰夫太中大夫使持節官皆王者之器非人臣所當制也胡廣云諫議光祿中大夫及中散大夫此四等者於古禮皆爲
天子之下大夫列國之上卿也魏以來無員晉視中丞吏部絳朝服進賢一梁冠介
幘泰始末詔除王覽爲太中大夫祿賜與卿同梁北齊皆有唐亦有
之中大夫秦官漢武改爲光祿大夫自後無聞北齊有之唐又置之

龍朔二年七月制諸王承嫡封郡王者出身從四品下敘中散大夫王莽所置後漢因之置三十人漢官儀曰光武中興置魏晉無員齊梁視黃門侍郎品服冠幘與太中同陳亦有之唐又置朝議大夫隋置散官以取漢諸大夫得上奉朝議爲名唐因之朝請大夫隋置散官取漢將軍公卿年高德重者以列侯就第特進奉朝請之義唐因之龍朔制諸王衆子封郡公者出身從五品上敘朝散大夫隋置散官唐因之自王議以下並爲文散官朝議郎承議郎並隋置散官唐因之顯慶五年八月制郡公出身正六品下敘通議郎隋置散官隋文帝於吏部別置朝議通議朝請朝散給事承奉儒林文林等八郎武騎屯騎驍騎游騎飛騎旅騎雲騎羽騎八尉其品則正六品以下從九品以上上皆爲郎下皆爲尉散官番直常出使監檢至隋煬帝皆罷唐改通議爲奉議郎顯慶制縣公出身從六品上敘隋置通直郎三十人蓋採晉宋以來諸官皆有通直謂官高下而通爲宿直者也因此爲名唐因之朝請郎隋置散官蓋採晉宋齊梁陳並有奉朝請員爲名唐因之顯慶制侯出身正七品上敘宣德郎朝散郎並隋置散官唐因之顯慶制伯出身正七品下敘子出身從七品上敘游騎尉隋置散官唐改爲宣義郎蓋取

珍倣宋版印

梁宣義將軍之名顯慶制男出身從七品以下敘承事郎承奉郎並隋置散官唐因之承務郎蓋因隋尚書省二十四司承務郎之名也儒林郎隋置散官蓋取前史儒林傳之義唐因之登仕郎唐置文林郎隋置散官蓋取北齊文林館召徵文學之士以充之義唐因之將仕郎隋置散官唐因之自朝議郎以下並爲文散官其散官自五品依本品衣服而無俸祿不朝會自六品以下黃衣執笏於尚書省分番上下兩番以上即便隨番許練之時務者始得參選武德令職事高者解散官欠一階不至者爲兼職事卑者不解散官貞觀十一年改令以職事高者爲守職事卑者爲行其欠一階依舊爲兼與當階者皆解散官官階相當無行無守其子孫用廕皆依其後散官類例紛錯難可悉舉乾封元年正月制內外官九品以下加一階七品以上加二階八品以下更加勳轉乾封以來未有泛階應入三品皆以恩舊特拜入五品多因進敘計階至朝散大夫以上奏取進止每年量多少進敘餘依本品授官若滿三計至郎一切聽入乾封以後始有由泛階入五品三品

武散官

驃騎將軍

漢武帝元狩二年始用霍去病爲驃騎將軍定令令驃騎將軍祿秩

與大將軍等光武中興以耿丹爲驃騎大將軍位在三公下明帝初即位以弟東平王蒼有賢才以爲驃騎將軍以王故位在公上（蒼爲驃騎輔政開東閤延英雄及蒼歸國有驃騎時吏丁牧周相以芬敬賢下士不忍去之遂爲王家大夫數十年事祖及孫後帝又問襃衣之）數年復罷魏晉位有之梁雜號中亦有陳後主以蕭摩訶爲侍中驃騎大將軍加左光祿大夫特開黃閤施行馬聽事寢堂置鴟尾如三公制後魏初加大則在三司上太和中制加大則在都督中外諸軍之下後周亦有之隋開皇中置驃騎將軍府每府置驃騎將軍車騎將軍各二人十七年頒銅獸符於驃騎車騎府煬帝改驃騎將軍爲鷹揚郎將改車騎爲鷹揚副郎將唐復改爲車騎驃騎其制如開皇而復益微矣故武德元年詔以軍頭爲驃騎將軍軍副爲車騎將軍（又詔太子諸率府各置驃騎將軍五員車騎將軍一十員）後皆省之顯慶元年仍置復以驃騎將軍大將軍爲武散官

輔國將軍

珍倣宋版印

後漢獻帝置輔國將軍以伏完爲之晉王濬平吳後拜輔國大將軍有司奏輔國依比未爲達官不置司馬不給官騎詔依征鎮給大車增兵五百人爲輔國營親騎百人官騎十人置司馬宋明帝太始四年改爲輔師將軍後廢帝元徽二年復故梁後魏後周隋並有之唐輔國大將軍爲武散官

鎮軍將軍以下

鎮軍大將軍魏置文帝以陳羣爲之晉則楊駿胡奮並領鎮軍將軍齊後周隋亦有之唐因之冠軍將軍魏置以文欽爲之此因史記楚義帝以宋義爲卿子冠軍漢武帝以霍去病功冠三軍封冠軍侯之義也晉亦有之金章紫綬給五時服武冠佩水蒼玉歷代並有隋文帝置翊軍等四十三號將軍品九十六等爲散號將軍以加汎授居曹有職務者爲執事官無職務者爲散官武官以上柱國以下爲散實官將軍各爲散號官至煬帝時定令罷之唐因之雲麾將軍梁置雜號陳及唐並有之忠武將軍壯武將軍梁置雜號陳有之唐因之宣威將軍唐置明威將軍

軍梁置雜號後魏亦有之唐因之定遠將軍梁置雜號唐因之寧遠
將軍晉置唐因之游騎將軍魏置陳有之唐因之游擊將軍漢武帝
置以蘇建韓說爲之後漢鄧晨亦爲之晉及陳並有之唐因之又置
懷化大將軍歸德將軍以授蕃官

諸校尉

漢武帝初置中壘屯騎步兵越騎長水胡騎射聲虎賁等校尉爲八
校各有司馬後漢以屯騎越騎步兵長水射聲爲五校皆掌宿衛兵
蔡質漢儀曰五營司馬見校尉執版不拜並屬北軍中候時五校官顯職閑而府寺寬敞
輿服光麗伎巧必給故多以皇族肺腑居之至靈帝又置西園八校
尉其名上軍中軍下軍典軍助軍佐軍以及左右二校尉自魏晉以下五校之名與後漢同唯
後魏五校各置二十人中壘校尉漢掌北軍營壘門內又外掌西域後漢省中壘但置北門中候掌監
五營門屯騎校尉漢掌騎士後漢初改爲驍騎建武十五年如舊步兵校尉漢掌上林苑門屯兵晉阮籍聞步兵
騎營人善醸有貯酒三百斛乃求爲之又至隋時列屬鷹揚府越騎校尉漢掌越人內附以爲騎也後漢初改爲青巾右校尉

一珍倣宋版印

至建武十五年復如舊制長水校尉漢掌長水宣曲胡騎宣曲觀名胡騎之屯宣曲者宋志引韋昭曰長水校尉典胡騎廄近
長安水亭之左故以為名又為宣曲之稱長水蓋關中小水名也又主烏桓騎胡騎校尉漢掌池陽胡騎不常置胡騎之屯池
陽後漢并長水射聲校尉漢掌待詔射聲士工射者冥冥中聞聲射則中因以名也須待所命而射故曰待詔射聲虎賁
校尉漢掌輕車至後漢并射聲城門校尉漢掌京師城門屯兵凡八屯後漢以掌雒陽城門十二所若周禮司門晉干寶
注曰如今校尉也驃姚校尉漢武以霍去病為之護烏桓校尉漢武帝時烏桓屬漢始於幽州部置之擁節監
領後漢亦謂之領烏桓校尉主領烏桓胡并領鮮卑李膺為此官也戊己校尉漢元帝初元元年置甲乙丙丁庚辛壬癸皆有
正位唯戊己寄治耳此所置校尉亦無常居故取戊己為名一說戊己居中鎮覆四方漢所置校尉亦處域之中而撫諸國也護羌
校尉後漢在涼州部持節職主西羌元康元年改為涼州刺史儒林校尉蜀先主以周羣為之南蠻校尉晉武
帝於襄陽置之元康中改為荊州刺史及江左初省尋又置於江陵齊書曰齊宋之際刺史多不領南蠻別以重人居之唯齊豫章郡王
嶷為南蠻校尉又改為荊襄二州刺史南夷校尉晉武帝於寧州置之江左改曰鎮蠻校尉西戎校尉晉武帝於
長安置之元康中改為雍州刺史安帝義熙中又置治於漢中寧蠻校尉晉安帝置治襄陽以授魯宗之護三巴校
尉宋置齊建元二年改為刺史武騎尉屯騎尉驍騎尉游騎尉飛騎尉旅騎尉雲
騎尉羽騎尉建節尉奮武尉宣惠尉綏德尉懷仁尉守義尉奉誠尉

立信尉都十六尉並隋置以爲武散官昭武振威致果翊衛宣節禦侮仁勇倍戎八校尉各有副尉並唐採前代諸校尉以下舊名置自鎮軍將軍以下爲武散官次

勳官第十三

上柱國柱國皆楚之寵官楚懷王使柱國昭陽將兵攻齊陳軫問楚國之法破軍殺將者何以貴之昭陽曰其官爲上柱國是也陳勝爲王蔡賜爲上柱國歷代無聞至後魏孝莊以爾朱榮有翊戴之功拜爲柱國大將軍位在丞相上又拜大丞相天柱大將軍增佐吏及榮敗後天柱及柱國將軍官遂廢至大統中始以宇文泰爲之其後功參佐命聲實俱重者亦居此職自大統十六年以前任者凡有八人宇文泰元欣李弼獨孤信趙貴于謹侯莫陳崇時宇文泰任總百揆督中外軍事元欣以魏氏懿戚從容禁闥而已其餘六人各督二人將軍凡十二大將軍當時榮盛莫與爲比其稱門閥者咸推八柱國家其後功臣位至柱國者衆矣咸是

珍倣宋版印

散秩無復統御也後周建德四年增置上柱國大將軍隋置上柱國柱國以酬勳勞並爲散官實不理事唐改爲上柱國及柱國秦有護軍都尉漢因之高帝時以陳平爲護軍中尉盡護諸將然則復以都尉爲中尉陳平爲護軍中尉人讒之曰平受諸將金多者得善處少者得惡處武帝元狩四年以護軍都尉屬大司馬于時復爲都尉矣成帝綏和元年居大司馬府比司直也哀帝元壽元年更名曰司寇平帝元始元年更名護軍初韓安國以護軍將軍擊匈奴趙充國以大將軍都尉擊武都漢東京省班固爲大將軍中護軍隸將軍幕府非漢朝列職魏武帝爲丞相以韓浩爲護軍史奐爲領軍亦非漢官也建安十二年改護軍爲中護軍領軍爲中領軍魏初因置護軍將軍主武官選隸領軍晉世則不隸矣元帝永昌元年省護軍幷領軍明帝太寧二年復置魏晉江右領護各領營兵江左以來領軍不復別置營總管二衞驍騎材官諸營護軍猶有別營也周顗庾亮王羲之謝安王彪之等並爲中護軍宋護軍將軍一人掌外軍領護資重者爲領軍將軍護軍將軍資輕者爲中

領軍護軍（其官屬有長史司馬功曹主簿五官其官受命出征則置參軍）齊梁陳並有之北齊護軍府統四中郎將皆置佐史隋煬帝十二衞每衞置護軍四人以副將軍將軍無則一人攝尋改護軍爲虎賁郎將唐採前代舊名置上護軍護軍輕車將軍漢武帝置以公孫賀爲之又有輕車校尉梁陳後魏北齊亦有輕車將軍唐採舊名置上輕車都尉輕車都尉騎都尉漢武帝置以李陵爲之更始初亦有故時謠云爛羊胃騎都尉晉以後歷代皆有之唐採舊名置上騎都尉騎都尉驍騎尉飛騎尉雲騎尉武騎尉並隋置爲文散官唐採置之自上柱國以下並爲勳官

命婦第十四

凡皇帝嬪妃及太子良娣以下爲內命婦公主及王妃以下爲外命婦公主及縣主之制已附見后妃傳今所載者王公以下之妻耳凡三代之制諸侯之婦曰夫人大夫曰孺人士曰婦人庶人曰妻公侯有夫人有世婦有妻有妾邦君之妻君自稱之曰夫人夫人自稱於

珍倣宋版印

天子曰老婦自稱於天子謂畿內諸侯之夫人自稱於諸侯曰寡小君謂饗來朝諸侯之時自稱於其君曰小童邦人稱之曰君夫人異邦人稱之亦曰君夫人自世婦以下自稱曰婢子凡婦人無爵從夫之爵坐以夫命之齒爵爲夫命也夫爲大夫則以妻爲命婦至秦漢婦人始有封君之號公主有邑司之制唐外命婦之制諸王母妻及妃文武官一品及國公其非始封者帶三品以上亦同母妻爲國夫人三品以上母妻爲郡夫人四品母妻爲郡君若勳官二品有封亦同四品五品母妻爲縣君若勳官三品有封者亦同散官同職事若勳官四品有封母妻爲鄉君其母邑號皆加太字視夫子之品若夫子兩有官及爵或一人有官及爵者皆從高蔭其不因夫子別有邑號者夫人云某品夫人郡君云某品郡君縣君鄉君准此諸庶子有五品以上官封者若嫡母在所生之母不得爲太妃以下無者聽之其承重者不合中宗時韋皇后表請諸婦人不因夫子而加邑號許同見任職事聽子孫用蔭門施棨戟制從之武太后時契丹寇平州刺史鄒保英妻奚氏率城內女子助守賊遂退封爲成節夫人開元八年五月敕准令王妻爲妃文武官及國公妻爲夫

人母加太字一人有官及爵者聽從高敘但王者名器殊恩或須異
姓妻合從夫授秩甲令更無別條率循舊章須依往例自今已後郡
嗣及異姓王母妻並宜准令爲妃貞元六年太常卿崔縱奏諸國王
母未有封號請遵典故爲某國太妃吏部郎中柳冕等狀稱歷代故
事及六典無公主母稱號伏請降於王母一等命爲太儀各以公主
本封加太儀云上從之
臣謹按如淳曰列侯之妻稱夫人列侯死子復爲列侯乃得稱太
夫人子不爲列侯則不得稱之晉亦有之羊祜卒二歲而平吳武
帝流涕曰羊太傅之功因以策告祜廟仍依蕭何故事封其夫人
夏侯氏爲萬歲鄉君食邑五千戶又泰始詔太傅壽光公鄭沖太
保朗陵公何曾皆假夫人
世子印綬食本秩三分之一皆如郡公侯比又王導妻卒贈金章
紫綬又虞潭母亦拜爲武昌侯太夫人加金章紫綬潭立養堂於

珍倣宋版印

家王導以下皆就拜謁
臣又按宋鄱陽侯孟懷玉上母檀拜國夫人有奏許之御史中丞袁豹以爲婦人從夫之爵懷玉父導見任大司農其妻不宜從子奏免尚書右僕射劉柳左丞徐羨之郎何邵之官詔並贖論又按後周宣帝令內外命婦皆執笏其拜廟及天臺皆俛伏

祿秩第十五

祿秩（幹力 白直 仗身 庶僕 親事 帳內 執衣 防閤 邑士 士力 門夫等附）

周班爵祿之制孟子言其略而王制亦言之矣上至天子下至庶人之在官者各有差焉漢制祿秩自中二千石至百石各有等差宣帝又益天下吏百石以下奉十五至成帝陽朔二年除八百石五百石秩（除八百就六百 除五百就四百）綏和二年又益吏三百石以下奉凡吏比二千石以上年老致仕者三分故祿一以與之終其身（其時亦有俸錢之差但本史不具文耳故元帝時禹貢上書曰臣爲諫議大夫秩八百石俸錢月九千二百廩食太官又拜爲光祿大夫秩二千石俸錢月萬二千祿賜愈多家室

日益富矣中二千石月俸百八十斛二千石百二十斛比二千石百斛千石八十斛六百石
七十斛四百石五十斛比四百石四十五斛三百石四十斛比三百石三十七斛二百
石三十斛比二百石二十七斛百石十六斛自四百石至二百石爲長吏百石
以下有斗食佐史之秩顏師古曰漢官名秩簿云斗食月俸一十斛佐史月俸八斛也一說云斗食者一歲俸不
滿百石計日而食日一斗二升故謂之斗食也是爲小吏本史王莽詔曰自公卿以下一月之祿十斛纔布二疋帛一疋予每
念之令俸祿一歲六十斛稍以差增上至四輔而爲萬斛孟康曰纔八十纔也舊祿及穀粟及布帛又至已上增爲三分之一舊令再從
月俸增之後漢大將軍三公俸月三百五十斛風俗通曰漢制三公一歲共食萬石按此則有出蓋
舉大數也至建武二十六年增百官俸其千石以上減於西京舊制六百
石以下增於舊秩本史永初四年又減百官及州縣俸各有差凡諸受俸皆取半錢穀延
平中定制中二千石月俸錢九千米七十二斛眞二千石錢六千五百米三十六斛比二千石
錢五千米三十四斛千石錢四千米三十二斛六百石錢三千五百米二十一斛四百石錢二千五百米十五斛
三百石錢二千米一十二斛二百石錢一千米九斛一百石錢八百米四斛八斗凡中二千石丞
比千石眞二千石丞長史六百石比二千石丞比六百石令相千石

珍倣宋版印

者丞尉皆四百石其六百石者丞尉皆三百石長相四百石及三百石者丞尉皆二百石諸侯公主家丞秩皆比三百石諸邊障塞尉諸陵校尉長皆二百石有常例者不署秩（本志例同）大將軍三公臘賜錢各二十萬牛肉二百觔粳米二百石（特進侯以下各有差）立春之日遣使者賜文官司徒司空帛三十疋九卿十五疋武官太尉大將軍各六十疋執金吾諸校尉各三十疋武官倍文官（漢官儀）獻帝建安八年頒賜三公以下金帛由是三年一賜以爲常制（本史）宋氏以來州郡秩俸及雜供給多隨土所出無有定准其郡縣田祿以芒種爲斷前去官者則一年秩祿皆入前人此後去者悉入後人元嘉末又改此制計月分祿（武帝初即位制凡中二千石祿者加公田一頃）齊氏衆官有僮幹之役而不詳其制（幹者若門僕之類也）梁武帝天監元年定九品令帝於品下注一品秩爲萬石第二第三品爲中二千石第四第五品爲二千石及侯景之亂國用常褊京官文武月得廩食多遙帶一郡縣官而取其祿秩焉北齊官秩一品

每歲八百疋二百疋為一秩從一品七百疋一百七十五疋為一秩二品六百疋一百五十疋為一秩從二品五百疋一百二十五疋為一秩三品四百疋一百疋為一秩從三品三百疋七十五疋為一秩四品二百四十疋六十疋為一秩從四品二百疋五十疋為一秩五品一百六十疋四十疋為一秩從五品一百二十疋三十疋為一秩六品一百疋二十五疋為一秩從六品八十疋二十疋為一秩七品六十疋十五疋為一秩從七品四十疋十疋為一秩八品三十六疋九疋為一秩從八品三十二疋八疋為一秩九品二十八疋七疋為一秩從九品二十四疋六疋為一秩祿率一分以帛一分以粟一分以錢事繁者優一秩平者守本秩閑者降一秩長兼試守者亦降一秩官非執事不朝拜者皆不給祿州郡縣制祿之法刺史守令下車各前取一時之秩上上州刺史歲秩八百疋與司州牧同上中上下各以五十疋為差中上降上下一百疋中中及中下亦以五十疋為差下上降中下一百疋下中下下亦各以五十疋為差上郡太守歲秩五百疋降清都尹五十疋上中上下各以五十疋為差中上降上

珍倣宋版印

下四十疋中中及中下各以三十疋爲差下上降中下四十疋下中
下下各以三十疋爲差上上縣歲一百五十疋與鄴臨漳成安三縣
同上中上下各以十疋爲差中上降上下三十疋中中及中下各以
五疋爲差下上降中下二十疋下中下下各以十疋爲差州自長史
下逮于史吏部縣自丞以下逮于掾佐亦皆以帛爲秩郡有尉者尉
減丞之半皆以其所出常調課給之自一品以下至流外勳品各給
士力一品至三十人以下流外勳品或以五人爲等或以四人三人
二人一人爲等繁者加一等平者守本力閑者降一等諸州刺史守
令以下幹及力皆聽敕乃給其幹出所部之人一幹輸絹十八疋幹
身放之力則以其州郡縣白直充後周制祿秩下士一百二十五石
中士以上至於上大夫各倍之上大夫是爲四千石卿二分孤三分
公四分各益其一公因盈數爲萬石凡頒祿視年之上下畝至四釜
爲上年上年頒其正三釜爲中年中年頒其半二釜爲下年下年頒

其一無年爲凶荒不頒祿隋京官正一品祿九百石其下每以百石爲差至正四品是爲三百石從四品二百五十石其下每以五十石爲差至正六品是爲一百石從六品九十石以下每以十石爲差至從八品是爲五十石食封及官不判事者幷九品皆不給祿其給皆以春秋二季刺史太守縣令則計戶而給祿各以戶數爲九等之差大州六百二十石其下每以四十石爲差至於下下則三百石大郡三百四十石其下每以三十石爲差至於下下則一百石大縣百四十石其下每以十石爲差至於下下則六十石其祿唯刺史二佐及郡守縣令本志文帝時嘗以百僚供費不足臺省府寺咸置廨錢收息取給工部尚書蘇孝慈以爲官人爭利非興化之道上表請罷從之公卿以下及給職田各有差義寧二年唐王爲相國罷外官給祿每十斛給地二十畝也唐武德中外官無祿貞觀二年制有上考者乃給祿其後遂定給祿俸之制以民地租充之京官正一品七百石從一品六百石

正二品五百石從二品四百六十石正三品四百石從三品三百六十石正四品三百石從四品二百六十石正五品二百石從五品一百六十石正六品一百石從六品九十石正七品八十石從七品七十石正八品六十七石從八品六十二石正九品五十七石從九品五十二石諸給祿者三師三公及太子三師三少若在京國諸司文武官職事九品以上并左右千牛備身左右太子千牛並依官給其春夏二季春給秋冬二季秋給在京文武官每歲給祿總一十五萬一千五百三十三石二斗自至德後不給其在外文武官九品以上准官皆降京官以上一等給其文武官在京長上者則不降諸給祿應降等者正從一品各以五十石爲一等二品三品皆以三十石爲一等四品五品皆以二十石爲一等六品七品皆以五石爲一等八品九品皆以二石五斗爲一等其俸錢之制在京諸司官初置公廨及蕃官興易以充其俸貞觀十二年罷公廨置胥士七千人取諸川上戶爲之准防閤例而收其課三歲一更計員少多而分給焉十五年以府庫尙虛敕在京諸司依舊置公廨給錢充本置令史府史胥士等令迴易納利以充官人俸諫議大夫褚遂良上

疏曰國家制令憲章三代商賈之人不居官位陛下近許諸司令史捉公廨本錢諸司取此色人號爲捉錢令史不簡性職寧論書藝但令身能買販家足貲財錄牒吏部即依補擬輸錢於官以獲品秩苟得無恥豈蹈廉隅太宗納之停諸司捉錢依舊本府給月俸二十一年復依故制置公廨給錢爲之本置令史府胥士等職買易收息以充其俸永徽元年悉發胥士等更以諸州租調脚直充之其後又令賦簿百姓一年稅錢依舊令高戸及典正等掌之每月收息錢以充官俸其後又以稅錢爲之而罷其息利凡在京文武正官每歲供給俸食等錢(幷防閤庶僕及雜息等錢)總一十五萬三千七百二十貫(員外官不在此數外)官則以公廨田收及息錢等常食公用之外分充月料先以長官定數其州縣少尹長史司馬及丞各減長官之半尹大都督府長史及副都督別駕及判司准二佐以職田數爲加減其參軍及博士減判司主簿縣尉減縣丞各三分之一儀鳳二年制內外官俸食邑防閤

珍倣宋版印

邑士白直等宜令王公以下率口出錢充給焉調露元年九月職事五品以上准舊給仗身開元十年正月省王公以下視品官參佐及京官五品以上官仗身職員凡在京司文武職事官五品以上給防閤一品九十六人二品七十二人三品四十八人四品三十二人五品二十四人六品以下給庶僕六品五人七品四人八品三人九品二人公主邑主八十人郡主六十人縣主四十人特封縣主三十四人京官仕兩職者從多給凡州縣官皆有白直二品四十人三品三十二人四品二十四人五品十六人六品十人七品六人八品五人九品四人凡諸親王府屬並給士力數如白直其防閤庶僕白直士力納課者每年不過二千五百執衣元不過一千文防閤庶僕舊制季分月俸食料雜用即有分諸官應月給開元二十四年六月乃撮而同之通謂之俸料一品月俸八千食料千八百雜用千二百防閤十五千通計二十六千自二品而下各有差二品通計二十四千二百三品通計十七千四百四品通計十一千五百六十七五品通計九千二

百六品月俸二千食料四百雜用四百庶僕二千五百通計五千三百自六品而下皆用庶僕亦各有差七品通計四千五十八品通計二千五百五十九品通計千九百其數自唐初以來卽有中間色目或有加減此方爲定制諸州倉庫門須守護者謂之門夫後亦舉其名而收其資以給郡縣官

致仕官祿

唐令諸職事官年七十五品以上致仕者各給半祿謂如元制依開元五年十月勑致仕應請物令所由送至所居之宅

職田　公廨田

古者自卿以下必有圭田圭田五十畝餘夫二十五畝故王制曰公田籍而不稅秦漢之間不詳其制至晉公卿猶各有采田及田騶多少之級後魏孝文太和五年州刺史郡太守幷官節級給公田隋文帝開皇中以百僚供費不足咸置廨錢收息取利蘇孝慈上表請罷於是公卿以下內外官給職分田一品給五頃至五品則爲三頃其

珍倣宋版印

下每以五十畝爲差又給公廨田以供用唐凡應在京諸司各有公廨田司農寺給二十六頃殿中省二十五頃少府監二十二頃太常寺二十頃京兆府河南府各十七頃太府寺十六頃吏部戶部各十五頃兵部內侍省各十四頃中書省將作監各十三頃刑部大理寺各十二頃尚書都省門下省太子左春坊各十一頃工部十頃光祿寺太僕寺秘書省各九頃禮部鴻臚寺都水監太子詹事府各八頃御史臺國子監各七頃其京縣亦准此左右衞太子家令寺各六頃衞尉寺左右驍衞左右武衞左右威衞左右領軍衞左右金吾衞左右監門衞太子左右春坊各五頃太子左右衞率府太史局各四頃宗正寺左右千牛衞太子僕寺左右司禦率府左右清道率府左右監門率府各三頃內坊左右內率府率更府各二頃在外諸司公廨田亦各有差大都督府四十頃中都督府三十五頃下都督府都護府上州各三十頃中州二十官總監下州各十五頃上縣十頃中縣八頃下縣六頃上牧監上鎮各五頃下縣及中下牧司竹監中鎮諸軍折衝府各四頃諸治監諸倉監下鎮上關各三

頃五市監諸屯監上戍中關及津各二頃其津隸都水使者不給下關一頃十五畝中戍
下戍岳瀆各一頃 諸京官文武職事各有職分田一品十二頃二品十頃三
品九頃四品七頃五品六頃六品四頃七品三頃五十畝八品二頃五十畝九品二頃並去
京城百里內給其京兆河南府及京縣官人職分田亦准此即百里內地少
欲於百里外給者亦聽之諸州及都護府親王府官人職分之田亦各有差二品
十二頃三品十頃四品八頃五品七頃六品五頃京畿縣亦准此七品四頃八品三頃九品二
頃五十畝 鎮戍關津岳瀆及在外監官五品五頃六品二頃五十畝七品三頃八品
二頃九品一頃五十畝 三衛中郎將上府折衝都尉各六頃中府五頃五十畝下府
及諸郎將各五頃 上府果毅都尉四頃中府三頃五十畝 下府二頃上府長史別
將各三頃 中府下府各二頃五十畝親王府典軍五頃副典軍四頃千牛備身左右
太子千牛備身各三頃 諸軍上折衝府兵曹二頃十畝中府下府各一頃五十畝其
外軍校尉二頃二十畝 旅帥一頃隊正副各八十畝皆於領側州縣界內給其校
已下在本家及去家百里內領者不給其田亦借民佃植至秋冬受數而已諸職分陸

珍倣宋版印

田限三月三十日稻田限四月三十日以前上者並入後人以後上者入前人其麥用田以九月三十日爲限若前人自耕未種後人酬其功直已自種者准租分法開元十年六月勑所置職田本非古法爰自近制是以因循事有變通應須刪改其內外所給職田從今年九月以後並宜停給十八年六月京官職田特令准令給受復用舊制（自大曆以來關中匱竭時物騰踊內官不給仍減外官職田三分之一以給京官俸每歲通計給文武官正員外員及內侍省閑厩五坊南北宿衛使幷教坊人家雜糧等凡給田米前後可約七十萬石數）

官品第十六

書言唐虞建官惟百夏商倍之明堂位言虞官五十夏官百商官二百然其秩命則未之聞周始分九命以官人秦制爵二十等以賞功勞（見王侯封爵篇）二漢亦因秦二十等以爲差功之賞而不爲常秩其官秩自二千石至百石有等降魏之祿秩差次亦遵漢制以定九品焉晉宋因之梁之祿秩不異於魏而易品爲班更定十八班陳復舊制仍

遵九品後魏建官初有九品又有從品每一品之中分上中下三等至孝文太和二年十二月改次職令除其中等自第四品以下正從又分上下階北齊因之後周效成周建六官亦以九命官人其六官之外兼用秦漢等官然於九命之中而分正命猶下上階也謂王朝之官爲內命諸侯及州縣官爲外命隋開皇中削周用齊而以九品定流內分正從自第四品以下又分上下階其流外官又置視流內品至煬帝除上下階惟留正從九品又定朝之班敘以品之高卑爲列品同則以省府爲前後省府同則以局寺爲前後唐有四品以下亦分上下階大抵因隋制然自魏定九品之後與今不殊惟漢制異於是後漢守前漢之規而有加焉其閒亦小有升降不爲差異今獨存西京之故制云

漢官秩差次

丞相太尉司徒司空諸將軍及諸侯王國官不在此目後漢則太傅三公大將軍驃騎大將軍亦不在此目

中二千石（月百八十斛王莽改曰卿）御史大夫太常光祿勳衛尉太僕大鴻臚廷尉宗正大司農少府執金吾二千石（月百二十斛王莽亦曰真二千石上大夫）太子太傅少傅將作大匠太子詹事大長秋典屬國水衡都尉京兆尹左馮翊右扶風司隸校尉城門校尉中壘校尉屯騎校尉步兵校尉越騎校尉長水校尉胡騎校尉射聲校尉虎賁校尉州牧郡太守比二千石（月百斛王莽亦改爲中大夫）丞相司直光祿大夫光祿中郎五官左右三將光祿虎賁中郎將光祿中郎將騎都尉西域都護副校尉奉車都尉駙馬都尉郡尉千石（月八十斛王莽改爲下大夫）丞相長史大司馬長史御史中丞（更名御史長史）前後左右將軍長史太常丞光祿勳丞衛尉丞太僕丞廷尉左右監大鴻臚丞宗正丞大司農丞少府丞執金吾丞太子衛率萬戶以上縣令而其次比千石光祿太中大夫光祿郎中車戶騎三將光祿謁者僕射光祿虎賁郎八百石（成帝除八百石秩）太子家令下比八百石光祿勳諫大夫六百石（月七十斛王莽改曰元士）衛尉公車司馬令衛士令旅賁

令廷尉左右平太子門大夫太子庶子將作大匠丞太子詹事丞水衡都尉丞京兆尹丞左馮翊丞右扶風丞州刺史郡丞郡長史郡尉丞次萬戶以上縣令比六百石月六十斛太常太博士光祿議郎中郎光祿謁者掌賓讚受事員西域都護丞司馬候五百石成帝除五百石秩王莽復置故以爲命士減萬戶縣長四百石月四十五斛自四百石至二百石爲刺史王莽改曰中士太子中盾萬戶以上縣丞次萬戶以上縣丞減萬戶縣丞比四百石光祿侍郎三百石月四十斛王莽改爲下士次減萬戶縣長比三百石月三十七斛光祿郎中二百石月三十斛萬戶以上縣尉次萬戶以上縣尉減萬戶縣尉百石自百石已有計食佐史之秩爲少吏王莽改百石秩曰庶士

選舉略第一　通志卷第五十八

歷代制　周　秦　漢　後漢　魏　晉　東晉　宋　齊　梁　陳　後魏　北齊　後周　隋　唐

周官大司徒之職以鄉三物教萬民而賓興之一曰六德二曰六行三曰六藝詩書禮樂謂之四術四術既修九年大成凡士之有善鄉老論士之秀者升諸司徒曰選士司徒論選士之秀者而升諸學曰俊士既升而不征者曰造士大樂正論造士之秀者升諸司馬曰進士司馬論進士之賢者及鄉老羣吏獻賢能之書于王王再拜受之登于天府藏于祖廟內史書其貳而行焉在其職也則鄉大夫鄉老舉賢能而賓其禮司徒教三物而興諸學司馬辨官材以定其論太宰詔廢置而持其柄內史贊與奪而貳於中司士掌其版而知其數論定然後官之任官然後爵之位定然後祿之蓋擇材取士如此之詳也秦自孝公納商鞅策富國彊兵爲務仕進之途唯闢田與勝敵

而已以至始皇遂平天下漢高祖初未遑立制至十一年乃下詔曰賢士大夫既與我定有天下而不與吾共安利之可乎其有稱明法者御史中執法郡守必身勸駕遣詣丞相府署其行義及年有其人而不言者免官又制諸侯王得自除內史以下漢獨為置丞相也惠帝四年詔舉民孝弟力田者復其身高后元年初置孝悌官二千石者一人文帝因晁錯言務農貴粟詔許民納粟得拜爵及贖罪至于景帝後元二年詔曰有市籍貲多不得官廉士寡欲易足今貲算十以上乃得官貲少則不得官朕甚憐之減至四算得官有市籍謂賈人有財不得為吏貲萬錢算百二十七也算十萬時疾吏之貪以為衣食足知榮辱故限貲十萬乃得為吏廉士無貲減至四算乃得官也武帝建元初詔天下舉賢良方正直言極諫之士其治申商韓非蘇秦張儀之言亂國政皆罷之元光元年舉賢良董仲舒對曰今之郡守縣令民之師帥所使承流而宣化也故師帥不賢則主德不宣恩澤不流夫長吏多出於郎中中郎吏二千石子弟選郎吏又以富貲未必

珍倣宋版印

賢也且古所謂功者以任官稱職爲差非謂積日絫久也故小材雖
絫日不離於小官賢材雖未久不害爲輔佐是以有司竭力盡智務
治其業而以赴功今則不然絫日以取貴積久以致官是以廉恥貿
亂賢不肖混殽也請令諸侯列卿郡守二千石擇其吏民之賢者歲
貢各二人以給宿衞且以觀大臣之能所貢賢者有賞不肖者有罰
夫如是諸侯吏二千石皆盡心於求賢天下之士可得而官使也無
以日月爲功實試用賢能爲上量材而授官錄德而定位則廉恥殊
路賢不肖異處矣帝於是令郡國舉孝廉各一人又制郡國口二十
萬以上歲察一人四十萬以上二人六十萬三人八十萬四人百萬
五人百二十萬六人不滿二十萬二歲一人不滿十萬三歲一人限
以四科一曰德行高妙志節清白二曰學通行修經中博士三曰明
習法令足以決疑能按章覆問文中御史四曰剛毅多略遭事不惑
明足決斷材任三輔縣令至五年又詔吏民有明當世之務習先聖

之術者縣次給食令與計偕至元朔元年又詔曰十室之邑必有忠信三人並行厥有我師今或至闔郡而不薦一人是化不下究而積行之君子壅於上聞也且進賢受上賞蔽賢蒙顯戮古之道也其與中二千石禮官博士議不舉者罪是時天下慎法莫敢謬舉而貢士蓋鮮故有斯詔有司奏請議曰古者諸侯貢士壹適謂之好德再適謂之賢賢三適謂之有功迺加九錫不貢士一則黜爵再則黜地三則黜爵削地畢矣其不舉孝不奉詔當以不敬論不察廉爲不勝任也當免奏可凡郡國之官非傅相其他旣自辟置又調屬僚及部民之賢者舉爲秀才廉吏而貢於王庭多拜爲郎居三署無常員或至千人屬光祿勳故卿校牧守居閑待詔或郡國貢送公車徵起悉在焉光祿勳復於三署中詮第郎吏歲舉秀才廉吏出爲他官以補缺員元封五年又詔州縣察吏民有茂材異等可爲將相及出使絶國初公孫弘以儒術爲丞相天下之學士靡然嚮風時太常孔臧等曰

珍倣宋版印

請太常博士官置弟子五十人復其身太常擇民年十八以上儀狀端正者補博士弟子郡國縣道邑有好文學敬長上肅政教順鄉里出入不悖所聞者二千石謹察可者常與計偕詣太常得受業如弟子一歲皆輒試能通一藝以上補文學掌故缺其高第可以為郎中者太常籍奏即有秀才異等輒以名聞其不事學若下材及不能通一藝輒罷之而請諸不稱者罰時外事四夷內闕用度仍募人入羊穀奴婢得授官增秩復役除罪大至封侯卿大夫小者郎吏繇是吏雜而多端官職復耗廢矣孝昭始元初遣故廷尉王平等五人持節行郡國舉賢良至孝宣帝時諫議大夫王吉上言曰今使吏得任子弟率多驕驁不通古今至於積功治民無益於人此伐檀所為作也宜明選求賢除任子弟之令黃龍初制凡官秩六百石者不得舉為廉吏孝元帝永光元年春二月詔丞相御史舉質朴敦厚遜順有行者光祿歲以此科第郎從官後又詔列侯舉茂才諫大夫張勃舉太

官獻丞陳湯湯有罪勃坐削戶二百會薨故賜謚曰繆侯其爲勸勵也如是故官得其才位必久安爲吏者長子孫居官者以爲姓號三代以降斯之爲盛也建昭中因西羌反及日蝕京房奏百官各試其功災異可息遂詔房作考課吏法成帝建始四年初置常侍曹尚書一人主公卿又有二千石曹尚書一人掌郡國二千石蓋選曹之所由起也漢諸帝凡日蝕地震山崩川竭天地大變皆詔天下郡國舉賢良方正極言直諫之士率以爲常又其有要任使皆標其目而令舉之科（王莽時太常學官子弟歲課甲科四十人爲郎中乙科二十人爲太子舍人丙科四十人爲文學掌故）後漢光武十二年詔三公舉茂才各一人廉吏各一人左右將軍歲察廉吏各二人光祿歲舉茂才四行各一人察廉吏三人中二千石歲察廉吏各一人廷尉大司農二人將兵將軍歲察廉吏各二人監御史司隸州牧歲舉茂才各一人改前漢常侍曹尚書爲吏部尚書其時選舉於郡國屬功曹於公府屬東西曹於天臺屬吏曹尚書亦曰選部而

珍倣宋版印

尚書令總之其所進用加以歲月先後之次凡郡國守相視事未滿歲不得察舉孝廉廉吏以其未久不周知也所徵舉率皆特拜不復簡試士或矯飾則謗議漸生章帝建初元年詔曰夫鄉舉里選必累功勞今刺史守相不明真僞茂才孝廉歲以百數既非能著而當授之政事甚無謂也每尋前代舉人貢士或起畎畝不繫閥閱敷奏以言則文章可採明試以功則治有異迹文質彬彬朕甚嘉之始復用前漢丞相故事以四科辟士武帝因董仲舒之言立制故事在丞相府今復用之第一科補西曹南閤祭酒二科補議曹三科補四辭八奏四科補賊決凡所舉士先試之以職乃得充選其行尤異不宜試職者疏於他狀舉非人兼不舉者罪舊制大郡口五六十萬舉孝廉二人小郡二十萬幷有蠻夷者亦舉二人和帝以爲不均下公卿議司徒丁鴻司空劉方上言凡口率之科宜有階品蠻夷雜錯不得爲數自今郡國率二十萬口歲舉孝廉一人四十萬二人六十萬三人八十萬四人百萬五人百二十萬六人不滿二十萬二歲一

人不滿十萬三歲一人帝從之又制緣邊郡口十萬以上歲舉孝廉一人不滿十萬二歲舉一人五萬以下三歲一人推校當時戶口而一歲所貢不過二百餘人安帝永初二年詔王官屬墨綬下至郎謁者經任博士居鄉里有廉清孝順之稱才任治民者國相歲移名與計偕上尚書公府通調令得外補順帝又增甲乙科員十人除郡國耆儒皆補郎舍人焉陽嘉元年尚書令左雄議改察舉之制限年四十以上儒者試經學文吏試章奏如有顏回子奇之類不拘年齒雄又言郡國孝廉古之貢士出則宰民宣協風教若其面牆則無所施用孔子曰四十不惑禮稱強仕請自今孝廉年不滿四十不得察舉皆先詣公府諸生試家經文吏課牋奏副之端門練其虛實以觀異能以美風俗有不承科令者正其罪法若有茂才異行自不拘年齒乃班下郡國明年有廣陵孝廉徐淑年未及舉臺郎疑而詰之對曰詔書有如顏回子奇不拘年齒是故本郡以臣充選郎不能屈雄詰之昔顏回聞一知十

孝廉聞一知幾淑無以對乃遣還郡於是濟陰太守胡廣等十餘人皆坐謬舉免黜唯汝南陳蕃頴川李膺下邳陳球等三十餘人得拜郎中自是牧守畏慄莫敢輕舉雄在尚書迄于永嘉十餘年閒察選清平故多得其人雄又奏徵海內名儒為博士使公卿子弟為諸生有志操者加其俸祿及汝南謝廉河南趙建年始十二各能經通雄並奏拜童子郎自是負書來學雲集于京師侍中張衡上疏曰自初舉孝廉到今三百年必先孝行行有餘力乃草文法耳今詔書一以能誦章句結奏案為限雖有至孝不當其科所謂損本而求末者也自改試以來累有妖星霞裂之災是天意不安於此法也後黃瓊為尚書令以雄前所上孝廉之選專用儒學文吏於取士之義猶有所遺乃奏增孝弟及能從政者為四科范曄曰漢初詔舉賢良方正州郡察孝廉秀才斯古諸侯貢士之方也中興以後復增敦朴有道仁賢能直言獨行高節質直清白敦厚之屬榮路旣廣自是竊名偽服浸以流競權門貴士請謁繁與自左雄任事限年試才雖頗有不密固亦因識時宜而黃瓊胡廣張衡崔瓊之徒泥滯舊方互相詭駮循名者屈其短算實者挺其效雄

在尚書天下不敢謬舉十餘年間稱爲得人斯亦效實之徵乎舊典選舉委任三府三府有選參議掾屬咨其行狀度其器能受試任用責以成功名無可察者然後付之尚書尚書舉刺請下廷尉覆案虛實得以行其誅罰 桓帝建和初詔諸學生年十六以上比郡國明經試次第上名高第十五人上第十六人爲中郎中第十七人爲太子舍人下第十七人爲王家郎至永壽二年甲午詔復課試諸生補郎舍人其後復制學士滿二歲試通二經者補文學掌故其不能通二經者須後試復隨輩試試通二經者亦得爲文學掌故其已爲文學掌故者滿二歲試能通三經者擢其高第爲太子舍人其不得第者後試復隨輩試第復高者亦得爲太子舍人已爲太子舍人滿二歲試能通四經者擢其高第爲郎中其不得第者後試復隨輩試第復高者亦得爲郎中已爲郎中滿二歲試能通五經者擢其高第補吏隨才而用其不得第者後試復隨輩試第復高亦得補吏其後綱紀隳紊凡所選用莫非親故時議以州郡相阿人情比周乃制婚姻之家及兩州之人不得相臨遂復有三互法三互

珍倣宋版印

謂婚姻之家及兩州不得交互爲官吏時史弼遷山陽太守其妻鉅野薛氏女以三互自上轉拜平原相是也禁網益密選用彌艱幽冀二州久闕而公府限以三互經時不補議郎蔡邕上言曰伏見幽冀舊壤鎧馬所出比年兵饑漸至空耗闕職經時吏民延屬而三府選舉逾月不定以避三互十一州有禁當取二州而已又二州之士或復限以歲月狐疑淹遲以失事會愚以爲三互之禁禁之薄者但申以威靈明其憲令在任之人豈不戒懼而坐設三互自生留閡邪昔韓安國起自徒中朱買臣出於幽賤並以才宜還守本邦豈復顧循三互繼以末制者乎臣願蠲除近禁其諸州刺史器用可授者無拘日月三互以差厥中靈帝不省是時諸博士試甲乙科爭第高下更相告訟頗行賄賂改蘭臺漆書之經以合其私文者帝乃詔諸儒讎定五經而鐫石以刊其文使蔡邕等書爲古文篆隸三體立於太學門謂之石經由是爭者乃息凡學士不得有金痍痼疾督郵書其版舉主保之其督郵版狀曰生事愛敬喪沒如禮如治易尚書孝經論語兼綜載籍窮微闡奧師事某

官見授門徒五十人以上隱居樂道不求聞達身無金痍痼疾三十六屬不與妖惡交通王侯賞賜行應四科經任博士下署某官某甲保舉魏文帝爲魏王時三方鼎立士流播遷四民錯雜詳覈無所延康
元年吏部尚書陳羣以天朝選用不盡人才乃立九品官人之法州
郡皆置中正以定其選擇州郡之賢有識鑒者爲之區別人物第其
高下又制郡口十萬以上歲察一人其有秀異不拘戶口其武官之
選則俾護軍主之黃初三年始除漢限年之制令郡國貢舉勿拘老
幼儒通經術吏達文法則皆試用焉自明帝太和之後俗用浮靡遞
相標目而夏侯諸葛何鄧之儔有四聰八達之稱帝深忌嫉之於是
惡士大夫之有名聲者或禁錮廢黜以懲之吏部尚書盧毓奏曰古
者敷奏以言明試以功今考績之法廢而以毀稱相進退故真僞混
雜也帝遂詔散騎常侍劉劭作都官考課之法以考覈百官馬齊王
嘉平初曹爽既誅司馬懿秉政乃詳求治本中護軍夏侯玄言曰夫
官才用人國之柄也故銓衡專於臺閣上之分也孝行考乎閭巷優

劣任之鄉人下之敘也奚必使中正干銓衡之機於下而執機柄者有所委仗於上上下交侵以生紛錯哉且衆職之屬各有官長但使官長各以其屬能否獻之臺閣如其不稱責負在外則內外相參得失有所庶可靜風俗而審官才矣懿固辭不能改請俟於他賢按九品之制初因後漢建安中天下兵興衣冠士族多離本土欲徵源流慮難委悉魏氏革命州郡縣俱置大小中正各取本處人任諸府公卿及臺省郎吏有德充才盛者爲之區別所管人物定爲九等其有言行修著則升進之或以五升四以六升五儻或道義虧缺則降下之或自五退六自六退七矣是以吏部不能審定覈天下人才士庶故委中正銓第等級憑之授受以免乖失及法弊也唯能知其閥閱非復辨其賢愚所以劉毅云下品無高門上品無寒士南朝至于梁陳北朝至于周隋選舉之法雖互相損益而九品及中正至隋開皇中方罷之晉依魏氏九品之制內官吏部尚書司徒左長史外官州有大中正郡國有小中正皆掌選舉若吏部選用必下中正問其人居及父祖官名武帝太始初又議考課散騎常侍傅玄皇甫陶以爲政教頹弊風俗不淳各言其故玄之議以散官衆而學校未設遊手多而親農者少工器不盡其宜臣以爲宜亟定其制陶之議欲令賜拜散官

皆課使親耕今文武之官既衆而賜拜不在職者又多加服役爲兵不得耕稼當農者之半南面食祿者參倍於前使冗散之官爲農而收其租稅家得其實而天下之穀可以無乏矣虞書曰三載考績三考黜陟幽明是爲九年之後乃有遷敘也故居官久則念立愼終之化不久則競爲一切之政六年之限日月淺近不周黜陟武帝甚善其議而終不能用于時雖風教頽失而無典制然時有清議尙能勸俗陳壽居喪使女奴丸藥積年沈廢郄詵篤孝以假葬違常降品一等其爲懲勸也如是其後中正任久愛憎由己而九品之法漸弊遂計官資以定品格天下唯以居位者爲貴尙書僕射劉毅以九品者始因魏初喪亂是軍中權時之制非經久之典也因用土斷復古鄉舉里選之法上疏陳八損之義謂職名中正實爲姦府事名九品而有八損臣以爲宜罷中正除九品棄魏氏之弊法立一代之美制司空衞瓘又表請除九品復古鄉議里選及劉頌爲吏部尙書復建九

珍倣宋版印

班之制令百官在職少遷時賈郭專朝仕者務速進故皆不行及東晉元帝制楊州歲舉二人諸州各一人以天下喪亂務存慰勉遠方孝秀不復策試到即除授既經略粗定乃詔試經有才不中舉者免其太守其後孝秀莫敢應命有送至京師皆以疾辭太興三年尚書孔坦議請普延五歲許其講習乃詔孝廉申至七年而秀才如故宋初制丹陽吳會稽吳興四郡歲舉二人餘郡各一人凡州秀才郡孝廉至皆策試天子或親臨之及公卿所舉皆屬于吏部敘才銓用凡舉得失各有賞罰失者其人加之禁錮年月多少隨郡議制文帝元嘉中限年三十而仕郡縣以六周而代刺史或十有餘年及孝武即位仕者不拘老幼守宰以三周為滿左衞將軍謝莊以其時搜才路狹又上表曰九服之曠九流之難提鈞懸衡委之選部一人之鑒易限而天下之材難源以易限之鑒照難源之才使國罔遺授野無滯器其可得乎請普令大臣各舉所知以付尚書銓用不從帝又不欲

重權在下乃分吏部置兩尚書以散其權裴子野曰官人之難先王言之尚矣居家視其孝友鄉黨察其誠信出入觀其志義憂難取其智謀煩之以事以求其理臨之以利以察其廉周禮始於學校論之州里告諸六事而後貢于王庭其在漢家尚猶然也州郡積其功能然後為五府所辟五府舉其掾屬而升之於朝三公參其得失除署尚書奏之天子一人之身所閱者衆一賢之進其課也詳故能官得其才鮮有敗事魏晉易是而所失弘多夫厚貌深衷險如谿壑擇言觀行猶懼弗同況今萬品千羣俄折乎一面庶僚百位專斷於一司於是囂風遂行不可止齊也孝武雖分選曹為兩不能反之於周漢朝三暮四其病愈甚尚書都令史駱宰議策秀才格五問並得為上四三為中二為下詔從之因習宋代限年之制然而鄉舉里選不覈才德其所取進以官婚冑籍為先遂令甲族以二十登仕後門以三十試吏故有增年矯貌以圖進者其時士人皆厚結姻援奔馳造請浸以成俗焉至和帝時梁武帝為丞相上表曰前代選官皆立選簿應在貫魚自有銓次冑籍升降行能臧否或素定懷抱或得之餘論故得簡通賓客無俟埽門頃代陵夷九流乖失其有勇退忌進懷質抱真者選部或以未經朝謁難於進用或有晦善藏聲自埋衡蓽者又以名不表著絕其

階緒必須書刺投狀然後彈冠則是驅迫廉隅獎成澆競遂依舊例
立簿梁初無中正制年三十有五方得入仕天監中又制凡九流常
選年未三十不通一經者不得爲官若有才同甘顏勿限年次至七
年州置州重郡置郡崇鄉置鄉豪各一人專典搜薦無復膏粱寒素
之隔普通七年詔凡州歲舉二人大郡一人至敬帝太平二年復令
諸州各置中正仍舊訪選舉皆須中正押上然後量授不然則否陳
代依梁制凡年未三十不得入仕唯經學生策試得第諸州迎主簿
西曹左奏及嘗爲挽郎得未壯而仕諸郡唯正王爲丹陽尹經迎得
出身者亦然庶姓尹則否有高才異行殊勳別降恩旨敘用者不在
常例凡選無定時隨缺則補官有清濁以爲升降從濁得清則勝於
遷若有遷授吏部先爲白牒列十數人名尚書與參掌者共署奏勑
或可或否其可者則下於選曹量貴賤別內外隨才補用以黃紙錄
名八座通署奏可乃出以付於典名典名書其名帖鶴頭版修容整

儀送所授之家其別發詔除者即宣付詔局詔局草奏聞勑可黃紙寫出門下門下荅詔請付外施行又書可付選司行名得官者不必皆待名到但聞詔出明日即入謝後詣尚書上省拜受若拜王公則臨軒凡拜官皆在午後初武帝承侯景喪亂之後綱維頹壞制度未立百官無復考校殿最之法但更年互遷驟班進秩法無可稱者後徐陵孔奐繼爲吏部尚書差有其序焉後魏州郡皆有中正掌選舉每以季月與吏部銓擇可否其秀才對策第居中上表敘之文成帝和平三年詔曰今選舉之官多不以次令班白處後晚進居先豈所謂彝倫攸敘者也諸曹選補宜各書勞舊才能初崔浩爲冀州大中正薦冀定相幽并五州士數十人各起家爲郡守景穆帝謂浩曰先召之人亦州郡選也在職已久勤勞未荅令先補前召外任郡縣以新召者代爲郎吏又守宰人使更事者浩固爭而遣之高允聞之謂東宮博士管恬曰崔公其不免乎苟逞其非而校勝於上何以能濟又李孝伯趙郡人父曾治鄭氏禮左氏春秋郡三辟功曹不就門人勸之曾曰功曹之職雖曰鄉選高第猶是郡吏耳北面事人亦何容易仕郡主簿到官月餘日乃歎曰梁叔敬有云州郡之職徒勞人耳道之不行身之憂也遂還家又郭祚爲吏部尚書特潔清重惜官位至於銓授假令得人

必俳佪久之然後下筆即云此人便已貴矣由是事頗爲稽滯當時每招怨讟然所拔用者量才稱職時又以此歸之其後中正所銓但在門第吏部彝倫仍不以才舉至孝文帝勵精求治內官通班以上皆自考覈以爲黜陟宣武帝詔庶族子弟年十五不聽入仕任城王澄從幸鄴宮除吏部尚書及幸代輦駕自北巡留澄銓簡舊臣初魏自公侯以下迄于選臣動有萬數冗散無事澄品爲三品等量其優劣盡其能否之用遂無怨者又韋伯昕兄子瑒爲吏部郎性貪婪鬻賣吏官皆有定價自太和以前精選中正德高鄉國者充其邊州小郡人物單鮮者則併附他州其在選陋者則闕而不置當時稱爲簡當頗謂得人及宣武孝明之時州無大小必置中正既不可悉得其人故或有蕃落庸鄙操銓覈之權而選敘頹紊至正始元年冬乃罷諸郡中正時有以雜類冒登清流遂令在位者皆五人相保無人任據者則奪官還役初孝明嗣位幼沖靈太后臨朝征西將軍冀州大中正張彝之子仲瑀上封事請銓別選格排抑武夫不使在清品於是武夫怨怒聲諠道路乃牓於衢會期屠害彝父子靈太后於是乃命武官得依資入選既而官員少而

應調者多選曹無以處之及崔亮爲吏部尚書乃奏爲格制官不問賢愚以停解日月爲斷雖復官須此人停日後者終不得取庸才下品年月久者則先擢用時沉滯者皆稱其能時亮外甥司空諮議劉景安書規亮曰商周以鄉塾貢士兩漢由州郡薦才魏晉因循又置中正諦觀在昔莫不審舉雖未盡美足應十收六七朝廷貢才止求其文不取其理察孝廉唯論章句不及理道立中正不考人才行業空辨姓氏高下至於取士之途未溥沙汰之理未精而舅屬當銓衡宜須改張易調如之何反爲停年之格以限之天下士誰復修厲名行哉後甄琛元修義城陽王徽相繼爲吏部尚書利其便己踵而行之自是賢愚同貫涇渭無別魏之失才從亮始也及辛雄爲尚書右丞轉吏部郎中上疏曰自神龜以來專以停年爲選士無善惡歲久先敘職無劇易名到授官執案之吏以差次日月爲功能銓衡之人以簡得老舊爲平直且庸劣之人莫不貪鄙委斗筲以共理之重託頑鼠以百里之命可乎蓋助陛下理天下者唯在守令今最須簡置以康國道但郡縣選舉由來所輕貴遊儁才莫肯居此宜改其弊以定官方請上等郡縣爲第一清中等爲第二清

下等爲第三清不得拘以停年三載黜陟有稱者補在京各官如前代故事不歷郡縣不得爲內職則人思自勉書奏會明帝崩及孝莊帝初詔求德行文藝政事彊直者縣令郡守刺史皆敍其志業具以表聞得三人以上縣令太守刺史賞一階舉非其人者黜一階凡官郡守縣令六年爲滿滿之後六年乃敘之北齊選舉多沿後魏之制凡州縣皆置中正其課試之法中書策秀才集書策考貢士考功郎中策廉良天子常服乘輿出坐於朝堂中楹秀孝各以班草對字有脫誤者呼起立席後書有濫劣者飲墨水一升文理孟浪者奪席脫其容刀初東魏元象中文襄王高澄秉政攝吏部尙書乃革後魏崔亮年勞之制務求才實自遷鄴以後掌大選知名者不過數四文襄年少高爽其弊也疎袁聿修沈密謹厚所傷者細楊遵彥風流辨給所取失於浮華唯辛雄學術精明簡習新舊參舉管庫必擢門閥不遺衡鑑之美者一人而已至孝昭帝皇建二年詔內外執事官從五

品以上三府主簿錄事參軍諸王文學侍御史廷尉三官尚書郎中
中書舍人每在三年之內各舉一人或夙在朝倫沈屈未用或先官
後進今見停散或白屋之人巾褐未釋其高才良器允文允武理識
深長幹具通濟操履凝峻學業宏贍諸如此輩隨取一長無待兼資
方充舉限所薦之文指論事實隨能量用必陳所堪不得高談謬加
褒飾所舉之人止在一職三周之內有犯死罪以下刑年以上舉主
準舉人犯各罰其金自鞭以下舉主勿論凡所舉人主事立功裨益
時政舉主之賞亦當非次被舉之人別當擢授其違限不舉依式罰
金又擁旄作鎮任總百城分符共治職司千里凡其部統理宜悉委
刺史於所綰之內下郡太守縣令丞尉府佐錄事參軍以降州官州
官都主簿以下但霑在吏職並聽表薦太守則曹掾以下及綰內之
人亦聽表舉其大州中州下州畿內上郡中郡並三年之內各舉一
人其不入品州幷自餘郡守不在舉限昔三代以前天下列國有三

卿五大夫二十七士大國三卿二卿命於天子一卿命於其君小國三卿一卿命於天子二卿命於其君公侯伯之大夫再命子男之大夫一命其士以下不命皆國君專之漢初王侯國百官皆如漢朝唯丞相命於天子其御史大夫以下皆自置及景帝懲吳楚之亂殺其制度罷御史大夫以下官至武帝又詔凡王侯吏職秩二千石者不得擅補其州郡佐吏自別駕長史以下皆刺史太守自辟歷代因而不革洎北齊武平中後主失政多有佞倖乃賜其賣官分占州郡下及鄉官多降中旨故有敕用州主簿郡功曹者自是之後州郡辟士之權浸移於朝廷以故外吏不得精覈皆由此起也後周以吏部中大夫一人掌選舉小吏部下大夫一人以貳之初霸府時蘇綽爲六條詔書其四曰擢賢良綽深思本始懲魏齊之失罷門資之制其所察舉頗加精愼焉及武帝平齊廣收遺逸乃詔山東諸州舉明經幹理者上縣六人中縣五人下縣四人至宣帝大成元年詔州舉高才

博學者爲秀才郡舉經明行修者爲孝廉上州上郡歲一人其刺史僚佐州吏則自署府官則命於朝廷至隋文帝開皇七年制諸州歲貢三人工商不得入仕開皇十八年又詔京官五品以上及總管刺史並以志行修謹清平幹濟二科舉人牛弘爲吏部尚書高構爲侍郎最爲稱職當時之制尚書舉其大者侍郎銓其小者則自六品以下官吏咸吏部所掌自是海內一命以上之官州郡無復辟署矣自後魏末北齊以來州郡僚佐多爲吏部所授至隋一切歸在省司牛弘嘗問劉炫曰按周禮士多而府史少今吏百倍於前判官減則不濟其故何也炫對曰古人委任責成歲終考其殿最案不重校文不繁悉府史之掌要目而已今之文簿常慮覆理鍛鍊若不密萬里追證百年舊案故諺云老吏抱案死今古不同若此之相遠也事繁政弊蓋職此之由弘又問魏齊之時令吏從容而已今則不遑寧捨其事何由炫曰往者州唯置綱紀郡置守丞縣唯令而已其寮屬則長官自辟受詔赴任每州不過數十今則不然大小之官悉是吏部纖介之迹皆屬考功所以繁也省官不如清心官事不省而欲從容其可得乎弘甚善其言而不能用自後周以降選無清濁初盧愷攝吏部尚書與侍郎薛道衡陸彥師甄別物類頗爲清簡而譖愬紛紜愷及道衡皆除名焉煬帝始建進士科又

珍倣宋版印

制百官不得計考增級其功德行能有昭然者乃擢之大業三年始置吏部侍郎一人分掌尚書職事時武夫參選多授文職大業八年詔曰頃自班朝治人乃由勳敘拔之行陣起自勇夫蠹政害民實由於此自今以後諸授勳官者並不得因授文官職事唐人貢士之法多循隋制上郡歲三人中郡二人下郡一人有才能者無常數其常貢之科有秀才有明經有進士有明法有書有算自京師郡縣皆有學焉每歲仲冬郡縣館監課試其成者長吏會僚屬設賓主陳俎豆備管絃牲用少牢行鄉飲酒禮歌鹿鳴之詩徵者艾敘少長而觀焉既餞而與計偕其不在館學而舉者謂之鄉貢舊令諸郡雖一二三人之限而實無常數到尚書省始由戶部集閱而關于考功課試可者爲第武德舊制以考功郎中監試貢舉貞觀以後則考功員外郎專掌之律曰諸貢舉非其人及應貢舉而不貢舉者一人徒一年二人加一等罪止徒三年初秀才科等最高試方略策五條有上上上中上下中上凡四等貞觀中有舉

而不第者坐其州長由是廢絕開元二十四年以後復有此舉其時以進士漸難而秀才本科無帖經及
雜文之限反易於進士主司以其科廢久不欲收獎應者多落之三十年來無及第者至天寶初禮部侍郎韋陟始奏請有堪此舉者令
官長特薦其常年舉送者並停自是士族所嚮趣唯明經進士二科而已其初
止試策貞觀八年詔加進士試讀經史一部至調露二年考功員外
郎劉思立始奏二科並加帖經後又加老子孝經使兼通之高宗永
隆二年詔明經帖十得六進士試文兩篇識文律者然後試策武太
后載初元年二月策問貢人於洛城殿數日方了殿前試人自此始
長壽三年制始令舉人獻歲元會列於方物之前以備充庭長壽二
年太后自製臣軌兩篇令貢舉習業仍停老子長安二年教人習武
藝每歲如明經進士之法行鄉飲酒禮送于兵部開元十九年詔武貢人與明經進士
同行鄉飲酒禮其課試之制畫帛爲五規置之於埒去之百有五步列坐引
射名曰長垛弓用一石力箭重六錢又穿土爲埒其長與垛均綴皮爲兩鹿歷
置其上馳馬射之名曰馬射鹿子長五寸高三寸弓用七斗以上力又斷木爲人戴方

版於頂凡四偶人互列埒上馳馬入埒運槍左右觸必版落而人不
蹄名曰馬槍槍一丈八尺徑一寸五分重八斤其木人上版方三寸五分皆以儇好不失者爲上
兼有步射穿札翹關負重身材言語之選通得五上者爲第其餘復
有平射之科不拘色役高第者授以官其次以類升又制爲土木馬
於里閭間教人習騎天寶六載正月置文武之道既惟並用宗敬之儀不可獨闕其鄉貢武舉人上省先令拜謁太公廟每拜大將及行師克捷亦宜告廟神龍二年二月制貢舉人停臣軌依舊習老子
開元八年七月國子司業李元瓘上言三禮三傳及毛詩尚書周易
等並聖賢微旨生民教業必事資經遠則斯道不墜今明經所習務
在出身咸以禮記文少人皆競讀周禮經邦之軌則儀禮莊敬之楷
模公羊穀梁歷代崇習今兩監及州縣以獨學無友四經殆絕事資
訓誘不可因循其學生請停各量配作業并貢人參試之日習周禮
儀禮公羊穀梁並請帖十通五許其入策以此開勸卽望四海均習
九經該備詔從之二十一年明皇新注老子成詔天下每歲貢士減

尚書論語二策而加老子焉二十四年制移貢舉於禮部以侍郎掌之因考功員外郎李昂詆訶進士李權文章大爲權所陵折朝議以郎官地輕故移之於禮部遂爲永例二十五年二月制明經帖十取通五以上免舊試一帖仍按問大義十條取六以上免試經策十條令答時務策三道取粗有文理者與及第其進士停小經準明經帖大經十帖取通四以上然後準例試雜文及策考通與及第其明經中有明五經以上試無不通者進士中兼有精通一史能試策十條得六以上者奏聽進止其應試進士等唱第訖具所試雜文及策達中書門下詳覆禮部侍郎姚奕奏明皇方弘道化至二十九年始於京師置崇玄館諸州置道學生徒有差京郡各百人諸州無常員習老莊文列謂之四子蔭第與國子監同謂之道學舉送課試與明經同凡舉司課試之法帖經者以所習經掩其兩端中間開唯一行裁紙爲帖凡帖三字隨時增損可否不一或得四得五得六者爲通後舉人積多故其法益難務欲落之至有帖孤章絕句疑似參互者以惑之甚者或上抵其注下餘一二字使尋之難知謂之倒拔既甚難矣而舉人則有驅聯孤絕索幽隱爲詩賦而誦習

之不過十數篇則難者悉詳矣其於平文大義或多面牆焉天寶元年明經停老子加習爾雅十一載禮部侍郎楊浚始開爲三行不得帖斷絕疑似之言也而明經所試一大經及孝經論語爾雅帖各有差帖既通而口問之一經問十義得六者爲通問通而後試策凡三條三試皆通者爲第進士所試一大經及爾雅舊制帖一小經并注開元二十五年改帖大經其爾雅亦并令帖注帖既通而後試文試賦各一篇文通而後試策凡五條三試皆通者爲第經策全通爲甲第通四以上爲乙第通三帖以下及策全通而帖經文不通四或帖經通四以上而策不通四皆爲不第明法試律令各十帖試策共十條律七條令三條全通爲甲通八以上爲乙自七以下爲不第書者試說文字林凡十帖說文六帖字林四帖口試無常限皆通者爲第算者試九章海島孫子五曹張丘建夏侯陽周髀五經綴術緝古帖各有差九章三帖五經等七部各一帖綴術六帖緝古四帖兼試問大義皆通者爲第凡衆科有能兼學則加超獎不在常限按令文科第秀才與明經同爲四等進士與明法同爲二等然秀才之科久廢而明經雖有甲乙丙丁四科進士有甲乙

二科自武德以來明經唯有丁第進士唯乙科而已於先試之期命舉人謁于先師有司卜日宿張於國學宰輔以下皆會而觀焉博集羣議講論而退之禮部閱試之日皆嚴設兵衞薦棘圍之搜索衣服譏訶出入以防假濫者焉其進士大抵千人得第者百一二明經倍之得第者十一二其制誥舉人不有常科皆標其目而搜揚之試之日或在殿庭天子親臨觀之試已糊其名於中考之文策高者特授以美官其次與出身開元以後四海晏清士無賢不肖恥不以文章達其應詔而舉者多則二千人少猶不減千人所收百纔有一武后頗涉文史好雕蟲之藝永隆中始以文章選士及永淳之後太后君臨天下二十餘年當時公卿百辟無不以文章達因循遐久浸以成風寶應二年六月禮部侍郎楊綰奏諸州每歲貢人依鄉舉里選察秀才孝廉敕旨州縣每歲察孝廉取在鄉閭有孝悌廉恥之行薦焉委有司以禮待之試其所通之學五經之內精通一經兼能對策達於治體者並量行業授官其明經進士道舉並停旋復其故矣貞元二

年詔習開元禮者舉同一經例明經習律以代爾雅至六年詔禮部侍郎親故移試考功謂之別頭十六年中書舍人高郢奏罷議者是之元和十三年權知禮部侍郎庾承宣奏復考功別頭之試初開元中禮部考試畢送中書門下詳覆其後中廢是歲侍郎錢徽所舉送覆試多不中選由是貶官而舉人雜文復送中書門下長慶三年侍郎王起言故事禮部已放牓而中書門下始詳覆今請先詳覆而後放牓議者以起雖避嫌疑然失貢職矣諫議大夫殷侑言三史爲書勸善懲惡亞於六經比來史學都廢至有身處班列而朝廷舊章莫能知者於是立史科及三傳之科先是進士試詩賦及時務策五道明經策三道建十二年中書舍人趙贊權知貢舉乃以箴論表贊代詩賦而皆試策三道太和八年禮部復罷進士議論而試詩賦文宗從內出題以試進士謂侍臣曰吾患文格浮薄昨自出題所試差勝乃詔禮部歲取登第者三十人苟無其人不必充其數是時文宗好

學嗜古鄭覃以經術位宰相深嫉進士浮薄屢請罷之文宗曰敦厚浮薄色色有之進士科取人二百年矣不可遽廢武宗即位宰相李德裕尤惡進士嘗論公卿子弟艱於科舉武宗曰向聞楊虞卿兄弟朋黨貴勢妨仕進之路昨黜楊知至鄭朴等抑其太甚耳有司不識朕意不放子弟即過矣但取實藝可也德裕曰鄭肅封傲子孫皆有才不敢應舉臣無名第不當非進士然臣祖天寶末以仕進無他岐勉強隨計一舉登第自後家不置文選蓋惡其不根藝實然朝廷顯官須公卿子弟爲之何者少習其業目熟朝廷事臺閣之儀不教而自成寒士縱有出人之才固不能閑習也則子弟未易可輕及唐之季世進士之科尤爲浮薄時皆知其非而不能更革也凡旨授官悉由于尚書文官屬吏部武官屬兵部謂之銓選唯員外郎御史及供奉之官則否供奉官若起居補闕拾遺之類唯是六品以下官而皆敕授不屬選司開元四年始有此制凡吏部兵部文武選事各分爲三銓尚書典其一侍郎分其二文選舊制尚

書掌六品七品選侍郎掌八品九品選景雲初宋璟爲吏部尚書始通其品員而分典之遂以爲常凡選始於孟冬終於季春先時五月頒格於郡縣示人科限而集之初皆投狀於本郡或故任所述罷免之由而尚書省限十日至省乃考覈資緒郡縣鄉里名籍父祖官名內外族姻年齒形狀優劣課最譴負刑犯必具焉以同流者五五爲聯以京官五人爲保一人爲識皆列名結款不得有刑家之子工賈殊類及假名承僞隱冒升降之徒應選者有知人之詐冒而糾得三人以上其者優以授之其試之日除場摠棘譏察防檢如禮部舉人之法擇人有四事一曰身取其體貌豐偉二曰言取其詞論辯正三曰書取其楷法遒美四曰判取其文理優長四事可取則先乎德行德均以才才均以勞其六品以降計資量勞而擬其官五品以上不試列名上中書門下聽制敕處分凡選始集而試觀其書判已試而銓察其身言已銓而注詢其便利乃擬其官已注而唱示之不厭者得反通其辭他日更其官而告之如初又不厭者亦如之三唱而不服聽冬集服者以類相從攢之爲甲先簡僕射乃上門下省給事中讀之黃門侍郎省之侍中審之不審者皆得駁下既審然後上聞主者受旨而奉行焉各給以符而印

其上謂之告身其文曰尚書吏部告身之印自出身之人至于公卿皆給之武官則受於兵部兵部武選亦然課試之法如舉人之制取其軀幹雄偉應對詳明有驍勇材藝及可爲統帥者若文吏求爲武選取身長六尺以上籍年四十以下彊勇可以統人者武夫求爲文選取書判稱工有治民之材而無殿犯者凡官已受成皆殿廷謝恩其黔中嶺南閩中郡縣之官不由吏部以京官五品以上一人充使就補御史一人監之四歲一往謂之南選凡居官以年爲考六品以下四考爲滿（武德初因隋舊制以十一月起選至春則停至貞觀二年劉林甫爲吏部侍郎以選限既促多不究悉遂奏四時聽選隨到注擬當時以爲便十九年十一月馬周爲吏部尚書以吏部四時提衡略無休暇遂請取所由文解十月一日起到三月三十日畢）自高宗麟德以後承平既久民康俗阜求進者衆選人漸多總章二年裴行儉爲司列少常伯始設長名姓歷牓引銓注之法又定州縣官資高下升降以爲故事其後莫能革焉至于明皇開元中行儉子光廷爲侍中以選人既無常限或有出身二十餘年而不獲祿

者復作循資格定爲限域凡官罷滿以若干選而集各有差等卑官多選高官少選賢愚一貫必合乎格者乃得銓授自下升上限年躡級不得踰越久淹不收者皆便之謂之聖書雖小有常規而掄材之方失矣此起於後魏崔亮停年之制也其有異才高行聽擢不次然有其制而無其事有司但守文奉式循其資例而已初吏部選才將親其人覆其吏事始取州縣按牘疑議試其斷割而觀其能否此所以爲判也按顯慶初黃門侍郎劉祥道上疏曰今行署等勞滿唯曹司試判不簡善惡雷同注官此則試判之所起也後日月浸久選人猥多案牘淺近不足爲難乃採經籍古義假設甲乙令其判斷既而來者益衆而通經正籍又不足以爲問乃以僻書曲學隱伏之義問之唯懼人之能知也工者登於科第謂之入等其甚拙者謂之藍縷各有升降選人有格限未至而能試文三篇謂之宏詞試判三條謂之拔萃亦曰超絕詞義者得不拘限而授職焉初州縣混同無等級之差凡所拜受或自大而遷小或始近而後遠無有定制其後選人

既多敘用不給遂累增郡縣等級之差郡自輔至下凡八等縣自赤至下凡八等其折衝府亦有差等按格令內外官萬八千八十五員而合入官者自諸館學生以降凡十二萬餘員弘文崇文館學生五十員國子太學四門律書算凡二千二百一十員州縣學生六萬七百一十員兩京崇玄館學生二百員諸州學不計太史曆生三十六員天文生百三十員太醫藥童科呪諸生二百一十一員太卜卜筮生三十員千牛備身八十員備身二百五十六員進馬十六員齋郎八百六十二員諸三衛監門直長三萬九千四百六十二員諸屯主副千九百八十四員諸折衝府錄事府史千七百八十二員校尉三千五百六十四員執杖執乘每府六十四員親事帳內一萬員集賢院御書手一百員翰林藥童數百員諸臺省寺監軍坊府之胥吏及上州市令錄事省司補授者約六十餘員其外文武貢士及應制挽郎輦脚軍功使勞徵辟奏薦神童陪位諸以親蔭并藝術百司雜直或恩賜出身受職不爲常員者不可悉數大率約八九人爭官一員初武德中天下兵革方息萬姓安業士不求祿官不充員吏曹乃移牒州府課人應集至則授官無所退遣四五年間求者漸多方稍有沙汰貞觀京師穀貴始分人於洛州選集參選者七千人而得官者六千人是時太宗謂吏部尚書杜如晦曰今吏部取

珍倣宋版印

人獨取其言辭刀筆而不詳其才行或授職數年然後罪彰雖刑戮繼及而人已弊矣如之何對曰昔兩漢取人必本於鄉閭選之然後入官是以稱爲多士今每歲選集動踰數千人厚貌飾辭何可知也選曹但校其階品而已若掄材辨行未見其術上由是將依漢法令本州辟召會功臣議行封建事乃寢他日上又曰夫古今致治在於得賢今公不能知朕不偏識日月其逝而人遠矣吾將使人自舉如之何魏徵曰知人則哲自知者明知人誠難矣而自知豈易乎且自媒自衒士女之醜行是長澆競也故復寢是時吏部之法行始二十餘年雖已爲弊矣而未甚滂流故公卿輔弼或有未之覺者貞觀十七年吏部侍郎高季輔知選凡所銓綜時稱允愜十八年獨知選事太宗賜金背鑑一面以表其清鑒焉太宗初知其微而未及更因循至於永徽中官紀已紊迨麟德之後不勝其弊焉及武太后臨朝務悅人心不問賢愚選集者多收之職員不足乃令吏部大置試官以處之故當時有車載斗量之謠又以鄧玄挺許子儒爲

侍郎無所藻鑒委成令史依資平配其後諸門人仕者猥衆不可禁止有僞立符告者有接承他名者有遠人無親而買保者有試判之日求人代作者如此假濫不可悉數武太后又以吏部選人多不實剗革其弊神功元年敕自今以後本色出身解天文者進官不得過太史令音樂者不得過太樂鼓吹令醫術者不得過尚藥奉御陰陽卜筮者不得過太卜令解造食者不得過司膳令有從勳官品子流外國官參佐視品等出身者自今以後不得任京清安等官若累限應至三品不須進階每一階酬勳兩轉而乃繁設等級遞立選防多方以抑之及神龍以來復置員外官二千餘人兼超授閹官爲員外官者又千餘人時中宮用事恩澤橫出除官有不由宰司特敕斜封便拜於是內外盈溢居無廨宇時人謂之三無坐處言宰相御史及員外官也時以鄭愔爲吏部侍郎大納貨賄留人過多無闕注擬逆用三年闕員於是綱統大紊焉及先天以後宋璟爲尙書李乂盧從愿爲侍郎方革前弊量闕留人雖資高考深而非才實者並罷選當時選者十不收一由是吏曹之職復理矣自有唐以來居吏部者唯馬載裴行儉

珍倣宋版印

崔玄暐韋嗣立四人最爲稱職開元十三年明皇又以吏部選試不公乃置十銓試人禮部尚書蘇頲刑部尚書韋抗工部尚書盧從愿右常侍徐堅御史中丞宇文融朝集使蒲州刺史崔琳魏州刺史崔沔荆州長史韋虛心鄭州刺史賈曾懷州刺史王丘各掌其一時左庶子吳兢上表諫仍停此十銓分選依舊以三銓爲定也明年仍行故至天寶八載六月敕旨授官宜立攢符下諸郡府十一載楊國忠爲吏部尚書以肺腑爲相懼招物議取悅人心乃以選人非超絕當留及藍縷當放之外其餘常選從年深者率留故淹愚廢滯者咸荷焉其明年三銓注官皆自專之於尚書都堂與左相相偶唱注二旬而畢不復再經門下考審舊制中書門下便除授貞元四年正月制春秋薦舉至五年六月敕在外者委諸道觀察使及州府長吏其在京城者委中書門下尚書省御史臺常參清官幷諸使三品以上官左右庶子少詹事少卿監司業少尹諭德國子博士長安萬年縣令著作佐郎郎中中允中舍人祕書太常丞贊善洗馬等每年一度薦聞至八年正月敕比來所舉人數頗多自今以後中

書門下兩省及御史臺五品以上尚書省四品以上諸司三品以上應合舉人各令每人薦不得過兩人餘官不得過一人至九年十一月敕每年冬薦官吏部準式檢勘成者宜令尚書左右丞本司侍郎引於都堂訪以治術兼商量時務狀考其理識通者及考第事疏定爲三等兼舉主名錄奏試日仍令御史一人監試

考績　周　漢　魏　晉　後魏　唐

周制三載考績三考黜陟其訓曰三歲而小考其功也小考者正職而行事也九歲而大考有功也大考者黜無職而賞有功也漢元帝建昭中西羌反日蝕又久青無光召京房問對曰古帝王以功舉賢則萬化成瑞應著末代以毀譽取人故功業廢而致災異宜令百官各試其功災異可息詔房作其事房奏考功課吏法晉灼曰令丞尉治一縣崇教化無犯法者輒遷有盜賊滿三百不覺者尉事也令覺之自除二尉負其辠率相準如此法也帝令公卿與房會議皆以房言煩碎令上下相司不可許上意嚮之時部刺史奏事京師

珍倣宋版印

帝召見令房曉以課事諸刺史復以爲不可唯御史大夫鄭弘光祿大夫周堪言善是時中書令名顯專權顯友人五鹿充宗爲尙書令與房同經議論相非時充宗嫉房出爲魏郡太守唯許房至郡自行考課法魏明帝時以士人毀譽是非混雜難辨遂令散騎常侍劉卲作都官考課之法七十二條考覈百官其略欲使州郡考士必由四科皆有効然後察舉或辟公府爲親民長吏轉以功次補郡守者或就秩而加賜爵焉至于公卿及內職大臣亦皋考之事下三府由是大議考課之制後亦不行晉武帝泰始初務崇治本詔河南尹杜預爲黜陟之課其略曰臣聞上古之政因循自然虛己委誠而信順之道應神感心通而天下之理得及至末代不得紀遠而求於密微疑諸心而信耳目疑耳目而信簡書簡書愈繁而官方愈僞法令滋彰巧飾彌多昔漢之刺史亦歲終奏事不制算課而清濁粗舉魏氏考課卽京房之遺意其文可謂至密然由於累細故歷代不能通也豈若

申堯舜之舊典去密就簡而易從也今科舉優劣莫若委任達官各
考所統在官一年以後每歲優者一人爲上第劣者一人爲下第因
計偕以名聞如此六載主者總集採按其六歲處優舉者超用之六
歲處劣舉者奏免之其優多劣少者敘用之劣多優少者左遷之今
考課之品所對不均誠有難易若以難取優以易而否主者固當準
量輕重微加降殺不足復曲以法書也後魏孝文帝太和中詔曰三
載考績自古通經三考黜陟以彰能否今若三考然後黜陟可黜者
不足爲遲可進者大成賒緩朕今三載一考考卽黜陟欲令愚滯無
妨於賢者才能不擁於下位各令當曹考其優劣爲三等六品以下
尙書重問五品以上朕將親與公卿論其善惡上上者遷之下下者
黜之中中者守其本任時臧否必舉賞罰大行其薄賞者猶錫車馬
器服以申獎勸後帝臨朝堂顧謂錄尙書兼廷尉卿廣陵王羽曰凡
考績上下二等可爲三品中等但爲一品所以然者上下是黜陟之

科故旌絲髮之美惡中等守本事而已帝又謂尙書等曰卿等在任年垂三周未嘗進一賢退一不肖此二事罪之大者謂羽曰汝居樞端之任在職以來功勤之績不聞於朝阿黨之音頻干朕聽今黜汝錄尙書廷尉但居特進太保自尙書令僕射以下凡黜退二十餘人皆略舉遺闕諸如此黜官者令一年之後仕官如初宣武帝時徐州刺史蕭寶夤論曰方今守令厥任非輕及考課悉以六載爲程既而限滿代還復經六年而敘是則歲周十二始得一階於東西兩省文武閑職公府散佐無事冗官或數旬方應一直或弦朔止於暫朝及其考日更得四年爲限是則一紀之內便登三級彼以實勞劇任而還貴之路至難此以散官虛名而升陟之方甚易何內外之相遠令厚薄之如是孝明帝延昌二年又將大考百寮散騎常侍領三公郎中崔鴻以考令於體例不通乃建議曰古者爲官求才朝升夕進豈拘一階半級閡以同寮等位者哉二漢以降太和以前苟必官須此

人人稱其職或超騰轉陟數歲而至公卿或長兼試守稱允而遷進
者披卷則人人而是舉目則朝貴皆然故能時收多士之稱國號豐
賢之美竊見景明以來考格三年成一考轉一階貴賤內外萬有餘
人自非犯罪不問賢愚莫不上中才與不肖比肩同轉雖有善政如
龔黃儒學如王鄭才史如班馬文章如張蔡得一分一寸必爲常流
所攀選曹亦抑爲一概不曾甄別琴瑟不調改而更張雖明旨已行
猶宜消息時不從唐考課之法有德義清慎公平勤恪各一善自近
侍至于鎭防並據職事目爲之最凡二十七焉一最以上有四善爲
上上一最以上有三善或無最而有四善爲上中一最以上有二善
或無最而有三善爲上下一最以上有一善或無最而有二善爲中
上一最以上或無最而有一善爲中中職事粗理善最弗聞爲中下
愛憎任情處斷乖理爲下上背公向私職務廢闕爲下中居官諂詐
及貪濁有狀爲下下若於善最之外別有可嘉尚及罪雖成殿而情

狀可矜或雖不成殿而情狀可責者省校之日皆聽考官臨事量定諸州縣官人撫育有萬戶口增益者各準見戶爲十分論每加一分刺史縣令各進考一等增戶口謂課丁率一丁同一戶法增不課口者每五口同一丁例其有破除者得相折其州戶口不滿五千縣戶不滿五百者各準五千五百戶法爲分若撫養乖方戶口減損者各準增戶法亦每減一分降一等其勸課農田能使豐殖者亦準見地爲十分論每加二分各進考一等此爲永業口分之外別能墾起公私荒田者其有不加勸課以致減損者謂永業口分之內有荒廢者每損一分降考一等若數處有功並應進考者並聽累加神龍中御史中丞盧懷慎上疏曰語云三年有成書謂三載考績子產賢者也其爲政尚累年而化成況其常材乎竊見比來州縣官佐下車布政有多者一二年少者三五月遽卽遷除不論課考或歷時未改便傾耳而聽企踵而覩爭求冒進不顧廉恥亦何暇宣風布化求瘼恤民哉戶口流散百姓凋弊職爲此也何則人知吏之不久則不從其吏吏知遷

之不遙又不盡其能偷安苟且脂韋而已又古之爲吏者長子孫倉
氏庾氏即其後也臣請都督刺史上佐兩畿縣令等在佐未經四考
不許遷除察其課効尤異或錫以車裘或就加祿秩或降使臨問并
璽書慰勉若公卿有闕則擢以勸能政績無聞抵犯貪暴者放歸田
里以明賞罰致治救弊莫過於此開元二十五年十二月命諸道採
訪使考課官人善績三年一奏永爲常式至二十七年二月敕文三
載考績黜陟幽明允叶大猷以勸天下比來諸道所通善狀但優仕
進之輩與爲選調之資責實循名或乖古義自今以後諸道使更不
須通善狀每至三年朕自擇使臣觀察風俗有清白政治著聞者當
別擢用之

選舉略第二　通志卷第五十九

雜議論上

漢哀帝初立欲匡成帝之政多所變動時丞相王嘉上疏曰古者繼世立諸侯象賢也雖不能盡賢天子爲擇臣立命卿以輔之居是國也累代尊重然後士民之衆附焉是以教化行而治功立今之郡守重於古諸侯而輕易之可乎孝文帝時吏居官者或長子孫以官爲氏倉氏庾氏則倉庾吏之後也其二千石長吏亦安官樂職然後上下無苟且之意其後稍稍變易公卿以下轉相促急又數以改更政事司隸部刺史察過悉劾發揚陰私吏或居數月而退送故迎新交錯道路中材苟容求全下材懷危內顧一切營私者多二千石益輕賤吏民慢易之孝宣愛良吏有常劾事留中會赦一解故事尙書希下章爲煩擾百姓徵驗繫理或死獄中章文必有敢告之字迺下陛下留神擇賢記善忘過容忍臣子勿責以備二千石部刺史三輔縣

令有材任職者人情不能不有過差宜可闕略令盡力者有所勸此
方今急務國家之利也嘉因薦儒者公孫光滿昌及能吏蕭咸薛循
等皆故二千石有名稱天子納而用之後漢光武時陳事者多言郡
國貢舉率非功次故守職益懈而吏事寖疎咎在州郡有詔下公卿
朝臣議韋彪上議士宜以才行爲先不可純以閥閱然其要歸於選
二千石二千石賢則貢舉得其人矣帝深納之張衡上疏曰古者取
士諸侯歲貢孝武之代郡舉孝廉又有賢良文學之選於是名臣皆
出文武並興漢之得人數路而已夫書畫辭賦才之小者游意篇章
當代博弈以此取士諸生競利作者鼎沸其高者頗引經訓風喻之
言下則連偶俗語有類俳優或竊成文虛冒名氏臣每受詔於盛化
門差次錄第其未及者亦復隨輩皆見拜擢既加之恩難復收改但
守俸祿於義已加不可復使理民及仕州郡魏文帝時詔曰選舉莫
取有名名如畫地作餅不可啖也吏部尚書盧毓對曰名不足以致

異人而可以得常士常士畏教慕善然後有名其後士人多務進趨廉遜道缺時劉寔乃著崇讓論以矯之晉始平王文學李重以爲等級繁多又外官輕而內官重議曰秦采古制漢仍秦舊倚丞相任九卿雖置五曹尙書令僕射之職始於掌封奏以宣外內事任尙輕而郡守牧人之官重漢宣所與爲治唯良二千石其有殊政者或賜爵進秩諒得爲治大體所以遠比三代也及于東京尙書雖漸優重然令僕出爲郡守便入爲三公虞延第五倫桓虞鮑昱是也近自魏朝名守杜畿滿寵田豫胡質等居郡或十餘年或二十年或加秩假節而不去郡此亦古人苟善其事雖沒世不徙官之義也漢魏以來內官之貴於今最崇而百官等級遂多遷補轉徙如流能否無以著黜陟不得彰此爲治之大弊也夫階級繁多而冀官久官不久而冀治功成不可得也帝雖善之而不能行齊左僕射王儉請解領選謂褚彥回曰選曹之始近自漢末今若反古使州郡貢計三府辟士與衆

共之猶賢一人之意古者選衆今則不然奇才絶智所以見遺於草澤也彥回曰誠如卿言但行之已久卒難爲改也梁尚書左僕射沈約論曰漢末喪亂魏武始創軍中倉卒權立九品蓋以論人才優劣非謂世族高卑因此相沿遂爲成法自魏至晉莫之能改州都郡正以才品人而舉世人才升降蓋寡徒以憑藉世資用相凌駕都正俗士斟酌時宜品目少多隨事俯仰劉毅所云下品無高門上品無賤族也歲月遷訛斯風漸篤天監中約又上疏曰頃自漢代本無士庶之別自非仕宦不至京師罷公卿牧守並還鄉里小人瞻仰以成風俗且橫校棋布傳經授業學優而仕始自鄉邑本於小吏幹佐方至文學功曹積以歲月乃得察舉人才秀異始爲公府所辟遷爲牧守入作台司漢之得人於斯爲盛當今士子略以萬計常患官少才多假使秀才對五問可稱孝廉答一策能過此雕蟲小道非關治功得失以此求才徒虛語耳後魏孝文帝時高祐上疏云今之選舉不採

識理之優劣專簡年勞之多少斯非盡才之謂宜停此薄藝棄彼功勞唯才是取官方斯穆又勳舊之臣雖年勤可錄而才非撫民則可加之以爵賞不宜委之以方任所謂王者可私人以財不私人以官帝善之薛淑爲吏部郎中先是崔亮奏立停年之格不簡人才專問勞舊淑乃上書曰若使選曹唯取年勞不簡賢否便卽義均行雁次若貫魚勘簿呼名一吏足矣數人而用何謂銓衡今請郡縣之職吏部先盡擇才募取廉平淳直素行有聞弁學通古今曉達治體者以應其選不拘入職遠近年勳多少其積勞之中有才堪牧民者先在用之限其餘不堪者既壯藉其力豈容老而棄之將佐丞尉去民積遠小小當否未爲失宜依次補序以酬其勞書奏不報徐因引見復陳言曰漢朝常令三公大臣舉賢良方正有道直言之士以爲長吏監撫黎元自晉以來此風遂替今四方初定務在養民臣請依漢氏更立四科令三公宰輔各薦時賢以補郡縣明立條格防其阿黨之

端詔下公卿議之事亦寢隋文帝開皇中治書侍御史李諤以選才
失中上書曰自魏之三祖更尚文詞忽君人之大道好雕蟲之小藝
下之從上有同影響競騁文華遂成風俗江左齊梁其弊彌甚貴賤
賢愚唯務吟咏遂復遺理存異尋虛逐微競一韻之奇爭一字之巧
連篇累牘不出月露之形積案盈箱唯是風雲之狀世俗以此相高
朝廷據茲擢士祿利之路既開愛尚之情愈篤是以開皇四年普詔
天下公私文翰並宜實錄其年十月泗州刺史司馬幼之上表華豔
付所司治罪由是公卿大臣咸知正路莫不鑽仰墳素棄絕華綺擇
先王之令典行大道於茲代如聞在外州縣仍踵弊風選吏舉人未
遵典則臣既忝憲司職當糾察若聞風卽劾恐挂網者多請勒諸司
普加搜訪有如此者具狀送臺唐貞觀八年三月詔進士讀一部經
史二十二年九月考功員外郎王師明知舉時冀州進士張昌齡王
公謹並有俊才聲振京邑而師明考其文策全否舉朝不知所以及

奏等第太宗怪無昌齡等名因召師明問之對曰此輩誠有詞華然其體輕薄文章浮豔必不成令器臣若擢之恐後生相倣傚有變陛下風雅帝以爲名言後並如其言高宗顯慶初黃門侍郎劉祥道以選舉漸弊陳奏其一曰吏部比來取人傷多且濫每年入流數過千四百人是傷多永徽五年一千四百三十人六年一千一百十八人顯慶元年一千四百五十人不簡雜色人即注官是傷濫雜色解文三衞內外行署內外番官親事帳內品子任雜掌伎術直司書手兵部品子兵部散官勳官記室及功曹參軍檢校官屯副驛長校尉牧長經學時務等比雜色人三分不居其一經明行修之士猶罕有正人多取胥徒之流豈可皆求德行其雜色應入流人請令曹司試判訖簡爲四等奏聞量有材用兼有景行者爲一等身品彊壯及第八上弁兵部所送人不沾第一等及準例合送兵部者爲第二等餘量簡爲第三第四等第一等付吏部第二等付兵部第三等付主爵第四等付司勳並準例處分其二曰古之選者爲官擇人不爲人擇官今之選者亦擇人但人多而官員少擇之無準約官員有數入流無限以有數供無限人隨歲積豈得不贍其三曰

雜色人請與明經進士通充入流之數以三分論每二分取明經進士一分取雜色人嶺南及瘴癘之所四考不得替者不在此限例若計至五品及有中上以上私犯中下公坐下上以下考者四考滿依舊置替得替入依式聽選奉敕付所司集羣臣詳議議者多難於改作

乾封二年八月上列侍臣責以不進賢良宰相李安期進曰比來公卿有所薦引卽遭囂謗以爲朋黨沈屈者未申而在位者已損所以人思苟免競爲緘默若陛下虛己招納務於搜訪不忌親讎唯能是用讒誨不入誰不竭誠此皆事由陛下非臣等所能致也上深然之

武太后臨朝垂拱中納言魏元同以爲吏部選舉未盡得人之術上疏曰昔之列國今之州縣士無常君人有定主自求臣佐各選英賢大臣乃命于王朝耳秦幷天下罷侯置守漢氏因之有沿有革諸侯得自置吏四百石以下其傳相大官則漢爲置之州郡掾史督郵從事悉任之於牧守爰自魏晉始歸吏部遞相因循以迄于今以刀筆求才以簿書察行法之弊久矣今諸色入流年以千計羣司列位無

復新加官有常員人無定限選集之始霧積雲屯擢敘於終十不收一淄澠混淆玉石不分用舍去留得失相半旣卽事爲弊致後來滋甚按成周之制諸侯之臣不皆命於天子王朝庶官亦不專於一職故穆王以伯冏爲太僕正命之曰愼簡乃僚無以巧言令色便辟側媚其唯吉士此則令其自擇下吏之文也太僕正中大夫耳尙以僚屬委之則三公九卿亦然矣周禮太宰內史並掌爵祿廢置司徒司馬別掌興賢詔事當是分任於羣司而統之以數職各自求其小者而王命其大者也疏奏不納天授三年右補闕薛謙光以其時雖有學校之設禁防之制而風俗流弊皆背本而趨末矯飾行之以請託奔馳爲務上疏曰自七國以來雖雜以縱橫而漢興求士以行爲先旣爲閭里推高然後爲府寺所辟而魏氏取人好其放達晉宋之後祇重門資梁陳之間特好詞賦故其俗以詩酒爲重未嘗以修身爲務降及隋室餘風尙存文筆日煩政事日靡文帝於是禁浮詞而罪

司馬幼之風俗始改政化大行及煬帝又變前法置進士等科故後生復相倣傚皆以浮華爲貴今之舉人有乖事實或明制適下試令搜揚則驅馳府寺請謁權貴陳詩奏記希咳唾之澤摩頂至足冀提攜之恩故俗號舉人爲覔舉夫選曹授職諠囂於禮闈州郡貢士諍訟於階闥謗議紛紜浸成風俗今夫舉人詢於鄉閭歸於里正而已設如才應經邦唯令試策武能制敵只驗彎弧文擅清奇則登甲科藻思小減則爲不第以此收人恐乖事實何者樂廣假筆於安仁靈運詞高於穆之平津文劣於長卿子建藻麗於荀彧若以射策爲官則潘謝曹馬必居荀樂之右協贊機猷則安仁靈運亦無裨附之益由此言之固不可一概而取也其武藝亦然故謀將不長於弓馬良相寧資於射策伏願陛下降明制頒峻刑文則試以理官武則令其守禦使僥名濫吹之正無所藏其庸謬又按漢法所舉之主終身保任楊雄之坐田儀責其冒薦成子之居魏相酬於得賢賞罰之令行

珍倣宋版印

則請謁之心絕辭遜之義著則貪競之路塞矣仍請寬立年限容其採訪簡汰堪用者令試守以觀能否參檢行事以是非稱職者受薦賢之賞濫舉者抵欺罔之罪自然舉得才行而君子之道長矣聖曆三年二月武太后令宰相各舉尚書郎一人狄仁傑獨薦男光嗣由是拜地官尚書郎莅事有聲太后謂仁傑曰祁奚內舉果得人也長安二年武太后下求賢令狄仁傑曰荆州長史張柬之其人雖老真宰相才也乃召爲洛州司馬他日又求賢仁傑曰臣前言張柬之太后曰已遷之矣對曰臣薦之謂爲相也今爲洛州司馬非用之又遷秋官侍郎開元三年左拾遺張九齡上書曰夫元元之衆莫不懸命於縣令宅生於刺史宜重其選而今刺史縣令除京輔近處之州刺史猶擇其人縣令或備員而已其餘江淮隴蜀三河諸處除大府之外稍稍非才但於京官之中出爲州縣者或是緣身有累在職無聲用於牧宰之間以爲斥逐之地因勢附會遂忝高班比其勢衰亦爲

刺史至於武夫流外積資而得官成於經久不計有才諸若此流盡爲刺史其餘縣令以下固不可勝言今朝廷卿士入而不出在外者又技癢求入臣愚以爲宜立科條定其資歷凡不歷都督刺史有高第者不得入爲侍郎列卿不歷縣令有善政者亦不得入爲臺郎給舍雖遠處都督刺史至於遠縣令遞次差降以爲出入亦不十年頻任京職又不得十年盡任外官如此設科以救其失則內外通理萬姓獲安又古之選用賢良取其稱職或遙聞而辟召或一見而任之是以士修素行不圖僥倖今吏部條章動盈千萬刀筆之吏辨析毫釐始造簿書以備用人之遺忘耳今反求精於案牘不急於人才亦何異遺劍中流而刻舟以記去之彌遠可爲傷心凡稱吏部之能者則曰從縣尉與主簿從主簿與縣丞斯選曹執文而善知官次者也惟據其合與不合而多不論賢與不肖陛下若不以吏部尚書侍郎爲賢必不授以職事尚書侍郎既以賢而授委豈復不能知人人之

難知雖自古所慎而拔十得五其道可行今則執以格條貴於謹守其能自覺者每選所拔亦有三五人若又專固者則亦一人不拔據資配職自以爲能爲官擇人初無此意故使時人有平配之議官曹無得賢之實故臣以爲選部之法弊於不變法變法甚易在陛下渙然行之今若刺史縣令精覈其人即每年當管之內應有合選之色且先委曲考其才行堪入品流然後送臺臺又推擇據所用之多少爲州縣之殿最一則州縣慎於所舉必取入官之才二則吏部因其有成無多庸人干冒十七年三月國子祭酒楊瑒上言伏聞承前之例每年應舉常有千數及第兩監不過一二十人臣恐三千舉徒虛費官廩兩監博士濫糜天祿臣竊見入仕諸色出身每歲向二千餘人方於明經進士多十餘倍臣之微誠實所未曉今監司課試十已退其八九考功及第十又不收一二長以此爲限恐儒風漸墜小道將興若以出身人多應須諸色都減豈在獨抑明經進士也上然之

左監門衛錄事參軍劉秩論曰商鞅說秦孝公曰利出一孔者王利出二孔者彊利出三孔者弱於是下令非戰非農不得爵位秦卒以是能并吞六國漢室干戈以定禍亂貴尙淳質高后舉孝悌力田文景守而不變故下有常業而朝稱多士及孝武察孝廉置五經博士弟子雖門開二三而未失道德也逮至晚歲務立功名銳意四夷故權譎之謀設荊楚之士進軍旅相繼官用不足是以聚斂計料之政生設險興利之臣起番係嚴熊羆等經淮造渠以通漕運東郭偃孔僅建鹽鐵諸利策富者冒爵射官免刑除罪公用彌多而爲官者徇私上下並求百姓不堪命弊由是精通秀穎之士不遊於學遊於學者率章句之儒也是以昭帝之時霍光問民疾苦不本之於太常諸生徵天下賢良文學以訪之是常道不足以取人也漢氏失馭曹魏僭竊中正取士權歸著姓雖可以鎮伏甿庶非尙賢之術洎乎晉宋齊梁遞相祖習謂善賦者廊廟之人雕蟲者台鼎之器下以此自負

珍倣宋版印

上以此選材上下相蒙持此爲業周書曰以言取人人竭其言以行取人人竭其行取人之道不可不愼也隋氏罷中正擧選不本鄉曲故里閭無豪族井邑無衣冠人不土著萃處京畿士不飾行人弱而愚夫古者任人之制以勳賞功以才莅職是以職與人宜近則以職賞功是以官與人乖古者計人而貢士計吏而用人故士無不官官無乏吏近則官倍於古士十於官求官者又十於士故士無官官乏祿吏擾人古者王畿千里千里之外封建諸侯諸侯之吏自卿以降各自擧任當乎漢室除保傅將相餘盡專之州縣佐史則皆牧守選辟夫公卿者主相之任也甸外之官吏者又諸侯牧守之事也然則主司之所選者獨甸內之吏公卿府之屬耳豈不寡哉所選既寡則焉得不精近則有封建而無國邑五服之內政決王朝一命拜免必歸吏部按名授職猶不能遣何暇採訪賢良搜覈行能邪又曰三代之制家有世業國有世官孔子曰醫不三世不服其藥史墨曰古之

爲官世守其業朝夕思之一朝失業死則及焉是知業不世習則其事不精此周之所以得人也昔羲氏和氏世掌天地劉氏世擾龍籍氏世司民庾氏庫氏世司出納制氏世司鑄鐘卽其事也至後代以世卿執柄益私門卑公室齊奪於田氏魯弱於三桓革世卿之失而不復世業之制醫工筮數其道浸微蓋爲此也洋州刺史趙匡舉選議曰三代建侯與今事異請自漢言之漢朝用人自詔舉之外其府寺郡國屬吏皆令自置故天下之士修身於家而辟書交至以此士務名節風俗用修魏氏立九品之制中正司之於是族大者第高而寒門之秀屈矣國朝舉選用隋氏之制歲月既久其法益訛夫才智因習而就固然之理進士者時共貴之主司襃貶實在詩賦務求巧麗以此爲賢不唯無益於用實亦妨其正習不唯撓其淳和實又長其佻薄自非識度超然時或孤秀其餘溺於所習悉昧本源欲以啓導性靈獎成後進斯亦難矣故士林鮮體國之論其弊一也又人之

心志蓋有涯分而九流七略書籍無窮主司問目不立程限故修習之時但務鈔略比及就試偶中是期業無所成固由於此故當代寡人師之學其弊二也疏以釋經蓋筌蹄耳明經讀書勤苦以甚其口問義又誦疏文徒竭其精華習不急之業而其當代禮法無不面牆及臨民決事取辦胥吏之口而已所謂所習非所用所用非所習者也故當官少稱職之吏其弊三也舉人大率二十人中方收一人故沒齒而不登科者甚衆其事難其路險也如此而雜色之流廣通其路也此一彼十此百彼千攛其秩序無所差降故受官多底下之人修業抱後時之嘆待不才者何厚處有能者何薄崇末抑本啓昏窒明故士子舍學業而趨末伎其弊四也收人既少則爭第急切交馳公卿以求汲引毀訾同類用以爭先故業因儒雅行成險薄非受性如此勢使然也浸以成俗虧損國體其弊五也大抵舉選人以秋末就路春末方歸休息未定聚糧未辦即又及秋事業不得修習益令

藝能淺薄其弊六也羈旅往來縻費實甚非唯妨闕生業蓋亦隳其舊產未及數舉索然以空其弊七也貧窶之士在遠方欲力赴京師而所冀無際以此揆度遂至沒身使茲人有抱屈之恨國家有遺才之闕其弊八也官司運江淮之儲計五費其四乃達京邑芻薪之貴又十倍而四方舉選之人每年攢會計其人畜蓋將數萬無成而歸十乃七八徒令關中煩耗其弊九也爲官擇人唯才是待今選司並格之以年數合格者判雖下劣一切皆收如未合格而應科目者纔有小瑕莫不見棄故無能之士祿以例臻才俊之流坐成白首此非古人求賢審官之義亦以明矣其弊十也選人不約本州所試悉聚於京師人既浩穰文簿煩雜因此偷濫其事百端故俗間相傳云入試非正身十有三四赴官非正身十有二三此弊之尤者今若未能頓除舉選以從古制且稍變易以息弊源則官多佳吏風俗可變其條例如後

舉人條例

一立身入仕莫先於禮尙書明王道論語詮百行孝經德之本學者所宜先習其明經通此謂之兩經舉論語孝經爲之翼助諸試帖一切請停唯令策試義及口問其試策自改問時務以來經業之人鮮能屬綴以此少能通者所司知其若此亦不於此取人故時人云明經問策禮試而已所謂變實爲虛無益於政今請令其精習試策問經義及時務各五節並以通四以上爲第但令直書事義解釋分明不用空寫疏文及務華飾其十節總於一道之內問之餘科準此其口問諸書每卷問一節取其心中了悟解釋分明往來問答無所滯礙不用要令誦疏亦以十通八以上爲第諸科亦準此外更通周易毛詩名四經舉加左氏春秋爲五經舉不習左氏者任以公羊穀梁代之其但習禮記及論語孝經名一經舉既立差等隨等授官則能否區分

人知勸勉
一明法舉亦請不帖但策問義幷口問準經業科
一學春秋者能斷大事其有兼習三傳參其異同商搉比擬得其長者謂之春秋舉策問經義幷口問並準前
一進士習業請令習禮記尙書論語孝經幷一史其雜文請試兩首共五百字以上六百字以下試牋表議論銘頌箴檄等有資於用者不試詩賦其理通其詞雅爲上理通詞平爲次餘爲否其所試策於所習經史內問經問聖人旨趣史問成敗得失幷時務共十節貴觀理識不用求隱僻詰名數爲無益之能言詞不至鄙陋卽爲第
一其有通禮記尙書論語孝經之外更通道德諸經通玄經孟子荀卿子呂氏春秋管子墨子韓子謂之茂才舉達觀之士既知經學兼有諸子之學取其所長舍其偏滯則於理道無不該矣

試策問諸書義理幷時務共二十節仍與之言論觀其通塞

一其有學兼經史達於政體策略深正其詞典雅者謂之秀才舉經通四經或二禮或三家春秋兼通三史以上即當其目其試策經問聖人旨趣史問成敗得失幷時務共二十節仍與之談論以究其能

一學倍秀才而詞策同之談論貫通究識成敗謂之宏才舉以前三科其策當詞高理備不可同於進士其所問每十節通八以上爲第

一其史書史記爲一史漢書爲一史後漢書幷劉昭所注志爲一史三國志爲一史晉書爲一史李延壽南史爲一史北史爲一史習南史者兼通宋齊志習北史者通後魏隋書志自宋以後史書煩碎冗長請但問政理成敗所因及其人物損益關於當代者其餘一切不問國朝自高祖下及睿宗實錄幷貞觀政要

共爲一史

一天文律歷自有所司專習且非學者卒能尋究並請不問唯五經所論蓋舉其大體不可不知

一每年天下舉人來秋入貢者今年九月州府依前科目先起試其文策通者注等第訖試官本司官錄事參軍及長吏連押其後其口問者題策後云口問通若干卽相連印縫並依寫解爲先後不得參差封題訖十月中旬送觀察使觀察使差人送都省司隨遠近比類須合程限省司重考定訖其入第者二月內符下諸道諸州追之限九月內盡到到卽重試之其文策皆勘會書跡詞理與州試同卽收之僞者送法司推問其國子監舉人亦準前例

一諸色身名都不涉學昧於廉恥何以居官其簡試之時雖云試經及判其事苟且與不試同請皆令習孝經論語其孝經口問

五道論語口問十道須問答精熟知其義理並須通八以上如先習諸經書者任隨所習試之不須更試孝經論語其判問以時事取其理通必在責其重其保以絕替代其合外州申解者依舉選例處分
一一經及第人選日請授中縣尉之類判入第三等及蔭高授上縣尉之類兩經出身授上縣尉之類判入第三等及蔭高授緊縣尉之類用蔭止於此其以上當以才進四經出身授緊縣尉之類判入第三等授望縣尉之類五經授望縣尉之類判入第二等授畿縣尉之類明法出身與兩經同資進士及三禮舉春秋舉與四經同資其茂才秀才請授畿尉之類其宏才請送詞策上中書門下請授諫官史官等禮經舉人若更通諸家禮論及漢以來禮儀沿革者請便授太常博士茂才等三科爲學既優並準五經舉人便授官其雜色出身人量書判授中縣尉之

類判入第三等及蔭高者加一等凡蔭除解褐官外不在用限

一其今舉人所習既從簡易士子趨學必當數倍往時每年諸色舉人主司簡擇常以五百人爲大限此外任收雜色

選人條例

一其前資官及新出身並請不限選數任集庶有才不滯官得其人

一不習經書史無以立身不習法理無以效職人出身以後當宜習法其判問請皆問以時事疑獄令約律文斷決其有既依律文又約經義文理宏雅超然出羣爲第一等其斷以法理參以經史無所虧失粲然可觀爲第二等判斷依法頗有文彩爲第三等頗約法式直書可否言雖不文其理無失爲第四等此外不收但如曹判及書題如此則可不得拘以聲勢文律翻失其真故合於理者數句亦收乖於理者詞多亦捨其倩人暗判人

閒謂之判羅此最無恥請榜示以懲之
一其授試官及員外官等若悉不許選恐抱才者負屈若並令集則僥倖者頗多當酌事宜取其折中請令所在審加勘責但無偷濫並準出身人例試判送省授官日其九品八品官請同黃衣選人例七品六品官依前資解褐官例五品四品依前資第二政官例其官好惡約判之工拙也
一舊法四品五品官不復試判者以其歷任既久經試固多且官班已崇人所知識不可復爲僞濫矣自有兵難仕進門多僥倖超擢不同往日並請試判待三五年舉選路清然後任依舊法其曾經登科及有清白狀并曾任臺省官并諸司長官已經選擇並不試依常例處分
一每年天下選人欲赴來冬選則今秋九月依舉人召集審勘責絕其姦濫試時長吏親自監臨皆令相遠絕其口授及替代其

第四等以上封送省皆依舉人例處置吏部計天下闕員訖即
重考天下所送判審定等第訖從上等據本色人數收入具名
下本道觀察使追之限十月內到並重試之訖取州試判類其
書蹤及文體有僞濫者準法處分其合留者依科目資序道穩
便注擬
一其兩都選人不比外州請令省司自試隔年先試一同外州東
都選人判亦將就上都考定等第兼類人數明年依例追集重
試之還以去秋所試驗其書蹤及詞理則隔年計會替代事亦
難爲
一兵興以來士人多去鄉土既因避難所在寄居必欲網羅才能
隔年先試令歸本貫爲弊更深其諸色舉選人並請準所在寄
莊寄住處投狀請試舉人既不慮僞濫其選人但勘會符告幷
責重保知非僞濫即準例處分

一宏詞拔萃以甄逸才進士明經以長學業並請依常年例其平選判入第二等亦任超資授官

一諸以蔭緒優勞準敕授官者如判劣惡者請授員外官待稍習法理試判合留依資授正員官

一諸合授正員官人年未滿三十請授無職事京官及州府參軍不得授職事官

後論有司或詰於議者曰吏曹所銓者四謂身言書判今外州送判則身言闕矣如何對曰夫身言者豈非洪範貌言乎貌謂舉措可觀言謂詞說合理此皆才幹之士方能及此今所試之判不求浮華但令直書是非以觀理識於此既蔽則無貌言斷可知矣書者非理人之具但字體不至乖越即爲知書判者斷決百事眞爲吏所切故觀其判才可知矣彼身言及書豈可同爲銓序哉有司復詰曰王者之職莫過堯舜書稱敷納以言爲求才之通軌今以言爲後亦有說乎

對曰夫敷納以言者謂引用賢良升於達位方將詢以庶政非言無以知之其唐虞官百咨僉無幾其下小吏官長自求各行敷納事至簡易今吏曹所習輒數千人三銓藻鑒心目難溥酬喧競之不暇又何敷納之有乎其茂才以上學業既優可以言政教接以談論近放敷納矣有司復曰士有言行不差而闕於文學或頗有文學而言行未修但以諸科取之無乃未備對曰吏曹所銓必求言行得之既審然後授官則外州遥試未爲通矣今銓衡之下姦濫所革紛爭劇於獄訟僞濫深於市井法固致此無如之何豈若外州先試兼察其行苟居宅所在則隣伍知之官司耳目易爲采聽古之鄉舉里選方斯近矣且今之新法以學舉者一經畢收以判選者直書可否可謂易矣修言行者心當敦固不能爲此餘何足觀若有志性過人足存激勸及躬爲惡行不當舉用者則典章已備但舉而行之耳有司復曰其有効官公清且有能政以其短於詞判不見褒升無乃闕於事實

乎對曰苟能如此最爲公器使司善狀國有常規病在不行耳但令諸道觀察使每年終必有褒貶不得僭濫則善不蔽矣問曰試帖經者求其精熟今廢之有何理乎對曰夫人之爲學帖易於誦誦易於講今口問之令其講釋若不精熟如何應對此舉其難者何用帖爲且務於帖則於義不專非演習之術固已明矣夫帖者童穉之事今方授之以職而待以童穉於理非宜有司復曰舊法口問並取通六今取通八無乃非就易之義乎答曰所習者少當務其精止於通六失在鹵莽是以然耳復曰舉人試策例皆五通今併爲一有何理對曰夫事尚實則有功徇虛則益寡試策五通多書問目數立頭尾徇虛多矣豈如一策之內併問之乎

雜議論下

德宗時禮部員外郎沈既濟議曰計近代以來爵祿失之者久矣其失非他在四太而已何者入仕之門太多世胄之家太優祿利之資

太厚督責之令太薄夫入仕者多則農工益少農工少則物不足物
不足則國貧是以言入仕之門太多禮曰天子之元子士也天下無
生而貴者則雖儲貳之尊與士伍同故漢王良以大司徒免歸蘭陵
後光武巡幸始復其子孫邑中徭役丞相之子不得蠲戶課而近代
以來九品之家皆不征其高蔭子弟重承恩獎端居役物坐食百世
其何以堪之是以言世冑之家太優先王制士所以理物也置祿所
以代耕也農工商有經營作役之勞而士有勤民致治之憂雖風猷
道義士伍爲貴其苦樂利害與工農商等不甚相遠也後代之士乃
撞鐘鼓植臺榭以極其歡而農工鞭屝背役筋力以奉其養得仕者
如升仙不得仕者如沈泉歡娛憂苦若天地之相遠也是以言祿利
之資太厚語曰陳力就列不能者止昔李膺周乘爲刺史守令畏憚
覩風投印綬者四十餘城夫豈不懷祿而安榮哉顧漢之法不可偷
也自隋變選法則雖甚愚之人蠕蠕然第能乘一勞結一課獲入選

敘則循資授職族行之官隨列拜揖藏俸積祿四周而罷因援侵漁抑復有焉其罷之日必妻孥華楚僕馬肥腯而偃仰乎士林之間及限又選終而復始非爲巨害至死不黜故里語謂人之爲官若死然未有不了而倒還者爲官如此易享祿如此厚上法如此寬下斂如此重則人孰不違其害以就其利者乎是以言督責之令太薄旣濟以爲當輕其祿利重其督責使不才之人雖虛座設位置印綬于旁揖而授之不敢受寬其征徭安其田里使農商百工各樂其業雖以官誘之而莫肯易如此則規求之志不禁而息多仕之門不局而閉矣古今選用之法九流常敘有三科而已曰德也才也勞也而今選曹皆不及焉何以言之且吏部之本存乎甲令雖曰度德居官任才授職計勞升敘其文具矣然考校之法皆在書判簿歷言詞俯仰之間侍郎非通神不可得而知之則安行徐言非德也麗藻芳翰非才也累資積考非勞也按前代選用皆州府察舉及年代久遠訛失滋

深至于齊隋不勝其弊凡所署置多由請託故當時議者以為與其率私不若自舉與其外濫不若內收是以罷州府之權而歸於吏部此矯時懲弊之權法非經國不刊之常典今吏部之法蹙矣復宜掃而更之無容循默坐守刓弊或以為當今選舉人未土著不必本於鄉閭鑒不獨明不可專於吏部謹按詳度古制折量今宜謂五品以上及羣司長官俾宰臣進敘吏部得參議焉其六品以下或僚佐之屬許州府辟用則銓擇之任悉委於四方結奏之成咸歸於二部必先擇牧守然後授其權高者先署而後聞卑者聽版而不命其牧守將帥或選用非公則吏部兵部得察而舉之夫如是則接名偽命之徒菲才薄行之人貪叨賄貨懦弱姦宄下詔之日隨聲而廢通計大數十除八九則人少而員寬事詳而官審賢者自進不肖者不抑而自退除隋權道復古美制則衆才咸得而天下幸甚

選舉雜議七條

一或曰按國家甲令凡貢舉人本求才德不選文詞故律曰諸貢舉人非其人者徒注云謂德行乖僻者也居州郡則廉使升聞在朝廷則以時黜陟用茲懲勸足爲致理有司因循不修厥職寖以訛謬使其陵頹今但修舊令舉舊政則人服矣焉用改作答曰州郡以德行貢士禮闈以文詞揀才試官以帖問求學銓曹以書判擇吏俱存甲令何令宜修且惟德無形惟才不器摶之弗得聆之弗聞非在所知焉能辨用今禮部吏部一以文詞貫之則人斯遠矣使臣廉舉但得其善惡之尤者耳每道累歲罕獲一人至如循常諄諄蚩騃愚鄙者或身甚廉謹政爲人蔽者或善爲姦濫祕不彰聞者一州數十人曷常聞焉若銓不委外任不責成不疏其源以導其流而以文字選士循資授職雖口誦律文拳操斧鉞以臨其民無益也非改之不可

二或曰昔後漢貢士諸生試經學文吏試牋奏則舉人試文乃前

王之典故而子獨非於今何也答曰漢代所貢乃王官耳凡漢
郡國每歲貢士皆拜爲郎分居三署儲才待詔無有常職故初
至必試其藝業而觀其能否至於郡國僚吏皆府主所署版檄
召用至而授職何常賓貢亦不試練其遐州陋邑一掾一尉或
津官戍吏皆登銓上省受試而去者自隋而然非舊典也
三或曰若使外州辟召必是牧守親故或權勢囑託或旁隣交質
多非實才奈其濫何答曰誠有之也然其濫孰與吏部多請較
其優劣且州牧郡守古稱共理政能有善惡之迹法令有殿最
之科分憂責成誰敢濫舉設如年多人怠法久弊生天網恢疎
容其奸謬舉親舉舊有囑有情十分其人五極其濫猶有一半
尚全公道如吏部者十無一焉請試言之凡在銓衡唯徵書判
至於補授秖校官資善書判者何必吏能美資歷者寧妨貪戾
假使官資盡愜刀筆皆精此爲吏曹至公之選則補授之際官

材匪詳或性善緝人則職當主辦或才堪理劇則官授散員或時有相當亦幸中耳非吏曹素得而知也有文無賴者計日可升有用無文者終身不進況其書判多是假手或他人替入或旁坐代爲或臨事解衣或宿期定估才優者一兼四五自製者十不二三況造僞作姦冒名接脚又在其外令史受賂雖積謬而誰尤選人無資雖正名而猶剝又聞昔時公卿子弟親戚隨位高低各有分數或得一人二人三人四人不在放限者禮部明經等亦然俗謂之省例斯非濫歟若等爲濫此百倍而多者也

四或曰吏部有濫止由一門州郡有濫其門多矣若等爲濫豈若杜衆門而歸一門乎答曰州郡有濫雖多門易改也吏部有濫雖一門不可改也何者凡今選法皆擇才於吏部述職於州郡若才職不稱紊亂無任責於刺史則曰官命出於吏曹不敢廢

也責於侍郎則曰量書判資考而授之不保其往也責於令史
則曰按由歷出入而行之不知其他也黎庶從弊誰任其咎若
守牧自用則罪將焉逃必州郡之濫獨換一刺史則革矣如吏
部之濫雖更其侍郎無益也蓋九流浩浩不可得知法使之然
非主司之過故云門雖多而易改門雖一而不可改者以此
五或曰今人多情故吾恐許其選吏必綱紀紊失不如今日之有
倫也答曰不假古義請將目前以言之今諸道節度都團練觀
察租庸等使自判官副將以下皆使自銓擇縱其間或有情故
大舉其例十猶七全則辟吏之法見行於今但未及於州縣耳
利害之理較然可觀何紀之失何綱之紊嚮令諸使僚佐盡授
於選曹則安獲鎮方隅之重理財賦之殷也
六或曰頃年常見州縣有攝官皆是牧守所自署置政多苟且不
議久長纔始到官已營生計迎新送故勞敝極矣今令州郡辟

召則其弊亦爾奈何答曰國家職員皆稟朝命攝官承乏苟濟一時不日不月必乎停省人雖流而責不及績雖著而官不成便身而行不苟何待若職無移奪命自州邦所攝之官便爲己任上酬知己下利班榮爭竭智力人誰不盡今常調之人遠授一職已數千里赴集又數千里之官挈攜妻孥復往勞苦必一周而在路料間歲而停官成名非知己之恩後任可計考而得此之不苟而誰爲苟

七或曰今四方諸侯或有未朝覲者若天下士人既無常調久不得祿人皆怨嗟必相率去我入於他境則如之何答曰善哉問乎夫辟舉法行則搜羅畢盡自中人以上皆有位矣此祿之不及者皆下劣無任之人復何足惜當今天下凋獘之本實爲士人太多何者凡士人之家皆不耕而食不織而衣使下奉其上不足故也大率一家有養百口者有養十口者多少通計一家

不減二十人萬家約有二十萬口今有才者既爲我用愚劣者盡歸他人有萬家歸之則有二十萬人隨之食其黍粟衣其縑帛享其祿廩役其人庶我收其賢彼得其愚我減浮食之口二十萬彼加浮食之人二十萬則我弊益減而彼人益困自古興邦制敵之術莫出於是惟懼去我之不速也夫何患焉

請改革選舉事件

內外文武官五品以上應非選司注擬者

右請宰相總其進敘吏部兵部得參議可否

吏部尚書侍郎

右請掌議文官五品以上除拜六品以下攢奏兼察舉選用之不公者諸京師長官及觀察使刺史舉用僚佐有才職不稱背公任私者得察舉彈奏非選用濫失不得舉凡有所察郎中刺舉員外郎判成侍郎尚書署之而後行諸官長若犯他過使司自當彈奏即非吏部所察故云非選用濫失不得舉餘所掌準舊若官長選用濫失有聞而吏部不舉請委

御史臺彈之御史臺不舉卽左右丞彈之按六典御史有糾不當者卽左右丞得彈奏

兵部尚書侍郎

右請掌議武官五品以上除拜六品以下攢奏兼察舉選用之不公者諸軍衞長官及節度都團練使舉用將校才職不稱背公任私者得察舉彈奏非選用濫失不得舉凡有所察舉及臺省糾彈如吏部之法餘所掌準舊

禮部每年貢舉人

右並請停廢有別須經藝之士請於國子監六其中銓擇國子學太學四門學律學書學算學

兵部舉選

右請停廢昔隋置折衝府分鎮天下所以散兵及唐武后昇平置武舉恐人之忘戰則武官武選本末可徵今內外邦畿皆有師旅偏裨將校所在至多誠宜設法減除豈復張門誘入況若此輩又非驍雄徒稱武官不足守禦雖習弓矢不堪戰鬬而坐享祿俸規逃征徭今請悉停以絕姦利

京官六品以下應合選司注擬者

右請各委本司長官自選用初補稱攝然後申吏部兵部吏部兵部
奏成乃下敕牒并符告於本司是爲正官考從奏成日計凡攝官俸
祿各給半

州府佐官別駕少尹五府司馬赤令不在此例

右自長史以下至縣丞縣尉諸州長史司馬或雖是五品以上官亦同六品官法請各委州府
長官自選用不限土客其申報正攝之制與京官六品以下同其邊
遠羈縻等州請兼委本道觀察使共銓擇補授上州省事市令中州
參軍博士下州判司錄事參軍不在此例

中下縣丞以下及關津鎮戍官等

右請本任刺史補授訖申吏部兵部吏部兵部給牒然後成官並不
用聞奏其員數不得踰舊制雖吏部未報並全給祿俸若承省牒在
任與正同去任後不得稱其官若州司以勞効未著而不申者請不
限年月並聽之

州縣

右請準舊令州爲三等上中下縣爲五等赤畿上中下其餘緊望雄輔之名

請廢夫等級繁多則仕進淹滯使其周歷卽務速遷官非久安政亦苟且請減衆級以懲僥心則宦達可期羣才無壅

六品以下官資歷

右並請以五周爲滿唐虞遷官必以九載魏晉以後皆經六周唐家因隋爲四近又減削爲二考今三四則太少六九則太多請限五周庶爲折中其遷轉資歷請約修舊制修舊制謂遷轉資次也但以一官未滿卽任召用並無選數若才行治績有尤異者請聽超遷每長官代換其舊僚屬若有負犯及不稱職者請任便替若無負犯皆待考滿未滿者不得替

諸道使管內之人及州縣官屬有政理尤異識略宏通行業精修藝能超絕及懷才未達隱德丘園或堪充內官不稱州縣者並申送吏部將校偏裨有兵謀武藝或堪充宿衞可爲統帥者申送兵部

右請不限少多各令長官具述才行謀略舉送朝廷皆申上吏部兵

部各設官署以處之審量才能銓第高下每官職有闕及别須任使
則隨才擢用如漢光祿勳須三署郎稱舉者舉主加階進爵得賢俊者遷其官
若自用僚屬雖得賢不賞

禁約雜條

一諸使及諸司州府長官舉用僚屬請明書事迹德行才能請授
某官某職皆先申吏部兵部若諸使奏官兼帶職掌者即以職掌分其文武不計本官帶州縣職
即申吏部帶軍職即申兵部吏部兵部謄其詞而奏云得某使某曹司某州府狀稱以元狀
人入按每使每司每州各爲一簿
一所舉官吏在任日有行迹乖謬不如舉狀及犯罪至徒以上者
請兼坐舉主其所犯人自依常法本條處分一人奪祿一年諸使無祿者準三品官以料錢折納
依時估計二人奪賜無賜者貶其色降紫從緋降緋從綠降綠從碧三人奪階及爵有爵無階有階
無爵者加奪賜及勳四人解見任職事官已上任者並追解之五人貶官節度觀察使降爲刺
史刺史降爲上佐皆以邊州六人除名有犯贓罪至流以上者倍論之倍謂一人

從二人之法二人從四人之法三人從六人之法罪止三人若舉用後續知過謬具狀申述

及自按劾者請勿論此謂所不知審舉用失誤者

一所舉官有因姦納賂而舉者有親故非才而舉者有容受囑託

而舉者有所知不善而故舉者有犯一科請皆以罔上論不在

官贖限囑託舉者兩俱爲首規求者爲從

杜佑評曰夫人生有欲無君乃亂君不獨治故建庶官昔在唐虞皆訪於衆則舜舉八元八凱四岳之舉夔龍稷契蓋所用人之大略也降及三代擇於鄉庠然後授任其制漸備秦漢之道雖不師古閭塾所推猶本乎行而郡國佐吏並自獎擢備嘗試效乃登王朝內官有僚屬者亦得徵求俊彥暨于東漢初置選職推擇之制尚習前規左雄議以限年其時不敢謬舉所以二漢號爲多士魏晉置九品置中正蓋論閥閱罕考行能選曹之任益爲崇重州郡之刺史太守內官之卿尹大夫咸吏部所署而辟召及鄉里之舉舊式不替永嘉之後

天下幅裂三百餘祀方遂混同中間各承正號凡有九姓大抵不變魏晉之法皆亂多治少諒無足可稱夫文質相矯有如循環教化所由興衰是繫自魏三主俱好屬文晉宋齊梁風流彌扇體非典雅詞尚綺麗澆訛之弊極於隋世且三代以來憲章可舉唯稱漢室繼漢之盛莫若有唐惜乎當創業之初承文弊之極可謂遇其時矣羣公不議救弊以質而乃因習尚文風教未淳慮由於此緬觀往昔論選舉者無代無之或云官繁人困要省吏員或云等級太多患在速進或云守宰之職所擇殊輕或云以言取人不如求行是皆能知其失莫究所失之由何者按秦法惟農與戰始得入官漢有孝悌力田賢良方正之科乃時令徵辟而常歲郡國率二十萬口貢止一人約計當時推薦天下纔過百數則考精擇審必獲器能自茲厥後轉益煩廣開元天寶之中一歲貢舉凡有數千而門資武功藝術胥吏衆名雜目百戶千途入爲仕者不可勝紀比於漢代且增數十百倍安得

不重設吏職多置等級遞立選限以抑之乎常情進趨共慕榮達升高自下由邇陟遐固宜驟歷方至何暇淹留著績秦氏列郡四十兩漢郡國百餘太守入作公卿郎官出宰縣邑便宜從事闊略其文無所可否責以成效寄委斯重酬獎亦崇今之剖符三百五十郡縣差降復爲八九邑之俊乂不得有之事之利病不得專之八使十連舉動咨稟地卑禮薄勢下任輕誠曰徒勞難階超擢容易而授理固然也始後魏崔亮爲吏部尙書無問賢愚以停解日月爲斷時沈滯者皆稱其能魏之失才實從亮始洎隋文帝素非學術盜有天下不欲權分罷州郡之辟廢鄉里之舉內外一命悉歸吏曹纔厠班列皆由執政則執政參吏部之職吏部總州郡之權罔究體國推誠代天理物之本意是故銓綜失敘受任多濫豈有萬里封域九流叢湊掄材授職仰成吏曹以俄傾之周旋定才行之優劣求其無失不亦謬歟爾後有司尊賢之道先於文華辯論之方擇於書判靡然趨尙其流

猥雜所以閱經號爲倒拔徵詞同乎射覆置循資之格立選數之制壓例示其定限平配絶其踰涯或糊名考覈或十銓分掌苟濟其末不澄其源則吏部專總是作程之弊者文詞取士是審才之末者書判又文詞之末也凡爲國之本資乎民甿民之利害繫乎官政欲求其治在久其任欲久其任在少等級欲少等級在精選擇欲精選擇在減名目俾士寡而農工商衆始可以省吏員始可以安黎庶矣誠宜斟酌治亂詳覽古今推使至公矯正前失或許辟召或令薦延舉有否臧論其誅賞課績以考之升黜以勵之拯斯刓敝其效甚速實爲大政可不務乎

學校

有虞氏大學爲上庠小學爲下庠夏后氏大學爲東序小學爲西序商制大學爲右學小學爲左學又曰瞽宗周制大學爲東膠小學爲虞庠又云天子曰辟雍王太子王子羣后之太子卿大夫元士之適

珍倣宋版印

子國之俊選皆造焉古之教者家有塾黨有庠遂有序國有學漢高帝以叔孫通爲奉常諸弟子共定禮儀者咸爲選首其後亦未遑庠序之事至孝文時頗登用文學之士然帝本好刑名之言及孝景不任儒學竇太后又好黃老術故諸博士具官待問未有進者武帝立後竇太后崩田蚡爲丞相黜黃老刑名百家之言延儒者百數乃因舊博士置弟子五十人太常擇年十八以上儀狀端正者補博士弟子昭帝舉賢良文學增博士弟子員數滿百人至成帝時劉向請興辟雍設庠序帝下公卿議會向病卒成帝末增弟子員三千人歲餘如故及王莽爲宰衡欲耀衆庶遂興辟雍增元士之子得受業如弟子甲乙之科後漢質帝本初元年梁太后詔大將軍以下至六百石悉遣子弟就學每春秋輒於鄉射月一享會以此爲常有勸勉進用之端於是遊學者增至三萬餘生然章句漸疎而多以浮華相尚儒者之風蓋衰矣桓帝建和初詔諸學生課試補官永壽二年復課試

諸生補郎舍人獻帝建安中侍中鮑衡奏按王制立大學小學自王太子以下皆教以詩書而升之司馬謂之賢者任之以官故能致刑措之感立太平之化也今學博士並設表章而無所教授兵戎未戢人並在公而學者少可聽公卿二千石六百石子弟在家者及將校子弟見爲郎舍人者皆可聽諸博士受業其高才秀達學通一藝太常爲作品式從之晉摯虞決疑云漢初置博士而無弟子後置弟子五十人與博士俱共習肄禮儀又增滿五百人漢末至數千人魏文帝黃初五年立太學於洛陽時慕學者始諸太學爲門人滿二歲試通一經者稱弟子不通者罷遣弟子滿二歲試通二經者補文學掌故不通者聽隨後輩試試通二經亦得補掌故滿三歲試通三經者擢高第爲太子舍人不第者隨後輩復試試通亦爲太子舍人舍人滿二歲試通四經者擢其高第爲郎中不通者隨後輩復試試通亦爲郎中郎中滿二歲能通五經者擢高第隨才敘用不通者隨後輩復試試通亦敘用晉武帝初太學生三千人泰始八年

珍倣宋版印

有司奏太學生七十餘人才任四品聽留詔曰已試經者留之大臣子弟堪受教者令入學其餘遣還郡國咸寧二年起國子學周禮國之貴游子弟故曰國子東晉元帝時太常賀循上言尚書被符經置博士一人又多故歷紀儒道荒廢學者能兼明經義者少今宜周禮儀禮二經置博士二人春秋三傳置三人其餘則經置一人合八人太常車胤上言按二漢舊事博士之職惟舉明經之士遷轉各以本資初無定班魏及中朝多以侍中常侍儒學最優者領之今博士八人愚謂宜依魏氏故事擇朝臣一人經學最優者不繫位之高下常以領之每舉太常共研厥中其餘七人自依常銓選大興初欲修立學校惟周易王氏尚書鄭氏古文孔氏毛詩周官禮記論語孝經鄭氏春秋左傳杜氏服氏各置博士一人其儀禮公羊穀梁及鄭易皆省不置博士孝武帝太元初於中堂權立行太學行釋奠禮于時無復國子生置太學生六十人國子生權銓大臣子孫六十人行事訖罷其國子生見祭酒博士單

衣角巾執經一卷以代手版自穆帝至孝武並以中堂爲太學太元九年尚書謝石請興國學以訓冑子頒下州郡普修鄉校帝納其言明年選公卿二千石子弟爲生然品課無章君子恥與其列國子祭酒殷茂上言臣聞舊制國學生皆取冠族華冑比列皇儲中間混雜蘭艾遂令人情恥之詔雖褒納終不施行宋武帝詔有司立學未就而崩文帝元嘉二十年立國學二十七年廢明帝泰始中初置總明觀祭酒一人有道儒文史四科科置學士十人齊高帝建元四年詔立國學置學生百五十人取王公以下子孫年十五以上二十以下家去都二千里爲限帝崩乃以國諱廢學武帝永明三年詔立學乃省總明觀召公卿以下子弟置生二百二十人其年秋中悉集東昏侯永元初詔依永明舊事廢學時有司奏國學太學兩存焉領國子助教曹思文上表曰太學之與國學斯是晉代殊其士庶異其貴賤耳然貴賤士庶皆須教之國學太學兩存可也時太尉王儉復依晉代國子生單衣角巾執經代手版

後魏道武帝初定中原始於平城立太學置五經博士生員千餘人

天興二年春增國子太學生員三千太武始光三年別起太學於城東後徵盧元高允等令州郡各舉才學於是人多砥礪儒術轉興獻文帝天安初立鄉學郡置博士二人助教二人學生六十人後令大郡學立博士二人助教四人學生百人次郡立博士二人助教四人學生八十人中郡博士一人助教二人學生六十人下郡立博士一人助教一人學生四十人郡縣學始乎此矣孝文太和中改中書爲國子又開皇子之學及遷都洛邑立國子太學四門小學隋文帝開皇中國子寺不隸太常自前代皆屬太常也唐武德元年詔皇族子孫及功臣子弟於祕書外省別立小學七年詔諸州縣及鄉並令置學有明一經以上者有司試策加階敘貞觀五年太宗數幸國學遂增築學舍千二百間國學太學四門亦增生員其書算各置博士凡三千二百六十員其屯營飛騎亦給博士授以經業無何高麗百濟新羅高昌吐蕃諸國酋長亦遣子弟請入國學凡八千餘人國學之

盛近古未有龍朔二年東都置國子監丞主簿錄事各一員四門博士助教四門生三百員俊士二百員置弘文館於上臺生徒三十人置崇文館於東宮生徒二十人皆以皇族緦麻以上親皇太后皇后大功以上親散官一品中書門下平章事六品書功臣身食實封者京官職事正三品供奉官三品子孫京官職事從三品中書黃門侍郎子孫為之並尚書省補西京國子監領六學生徒皆尚書省補一曰國子學生徒三百人分習五經一經六十人以文武官三品以上及國公子孫從二品以上之曾孫為之二曰太學生徒五百人每一經百人以四品五品及郡縣公子孫及從三品之曾孫為之三曰四門學生徒千三百人分經之制與太學同其五百人以六品七品及侯伯子男之子為之其八百人以庶人之俊造者為之四曰律學生徒五十人取年十八以上二十五以下以八品九品子孫及庶人之習法令者為之五曰書學生徒三十人以習文字者為之六曰算學生徒三十人以習計數者為之凡二千二百一十人州縣學生徒有差州縣學生門蔭與律書算學同諸生皆限年十四以上十九以下皆郡縣自補京都八十員大都督中都督府上郡各六十員下都督府中郡各五十員下郡四十員京縣五十員上縣四十員中縣三十員下縣二十員也凡諸學皆有博士助教授其經藝每歲仲冬郡縣館監課試其成者長吏會屬僚設鄉飲之禮而薦送

珍倣宋版印

之開元七年十月皇太子詣國學行齒胄禮二十六年正月敕文天下州縣每一鄉之內里別各置一學仍擇師資令其教授天寶初明經進士習爾雅九載國子監置廣文館知進士業博士助教各一人十二載七月舉人不得充鄉貢皆補學生四門俊士停之永泰二年正月敕諸道節度觀察都督防禦使等子弟幷宰相朝官及神策六軍子弟欲習業者自今以後並令補國子學生欲其業重籯金器成琢玉其中身雖有官欲附學讀書者聽其學官委中書門下即簡擇行業堪爲師範者充數學生員數多少所習經業考試等第幷所供糧料各委本司作事件聞奏

選舉略第二

刑法略第一 通志卷第六十

歷代刑制 虞 夏 商 周 秦 漢 後漢 晉 東晉 宋 齊 梁 陳 後魏 北齊 後周 隋 唐

黃帝以兵定天下此刑之大者陶唐以前未聞其制虞舜聖德聰明建法曰象以典刑流宥五刑鞭作官刑扑作教刑金作贖刑眚災肆赦怙終賊刑欽哉欽哉惟刑之恤哉於是流共工于幽州放驩兜于崇山竄三苗于三危殛鯀于羽山四罪而天下咸服又五流有宅五宅三居惟明克允　夏啓即位有扈不道誓衆曰不用命戮于社後又作禹刑　商作湯刑洎紂無道迺重刑辟有炮烙之刑　周秋官之職建三典正月之吉始和布刑于邦國都鄙乃揭刑象之法于象魏使萬民觀之浹旬而斂又執旌節以宣布于四方而憲邦之刑禁一曰刑新國用輕典二曰刑平國用中典三曰刑亂國用重典凡盜賊軍鄉邑及家人殺之無罪凡報仇讎者書於士殺無罪凡殺其親

者焚之殺王之親者磔之殺人者踣諸市三日傷人見血不以告者攘獄遏訟者告而誅之坐爲盜賊者其孥男子入於罪隸女子入于舂槀凡有爵者與七十者與未齔者皆不爲奴五刑之法墨罪五百劓罪五百宮罪五百刖罪五百髡罪五百凡二千五百所謂刑平國用中典者也墨者使守門劓者守關宮者守內刖者守囿髡者守積王之同族不處宮刑是不翦其類也但髡頭而已凡王族皆於隱處罰之故使守積音恣穆王享國百年耄荒命呂侯作刑訓夏贖刑訓夏禹贖刑之法從輕也墨罰之屬千劓罰之屬千剕罰之屬五百宮罰之屬三百大辟之罰其屬二百五刑之屬三千多於初制五百章其後又作九刑正刑五及流贖鞭扑孔子曰大罪有五而殺人爲下逆天地者罪及五代誣神鬼者罪及四代逆人倫者罪及三代亂教化者罪及二代手殺人者罪止其身又曰析言破律亂名改作執左道以亂政者殺作淫聲造異服設恠伎奇器以盪上心者殺行僞而固言僞而辯學非而博順非而澤以惑衆者殺假於鬼神時日卜筮以疑人

珍倣宋版印

者殺此四誅者不待時不以聽　秦文公二十年法初有三族罪張晏曰父母兄弟妻子如淳曰父族母族妻族武公三年誅三父等而夷三族以其殺出子甯公子三長武公爲太子次德公次出子甯公卒大庶長弗忌威壘三父廢太子而立出子爲君後三父等復共殺出子立武公孝公初衞鞅請變法令人爲什伍而相收司連坐不告姦者腰斬告姦者與斬敵首同賞匿姦者與降敵同罰人有二男以上不分異者倍其賦有軍功者各以律受上爵爲私鬬者各以輕重被刑大小戮力本業耕織致粟帛多者復其身事末利及怠而貧者舉以爲收孥宗室非有軍功論不得爲屬籍明尊卑爵秩等級各以差次名田宅臣妾衣服以家次有功者尊榮無功者雖富無所芬華令既具未布恐人之不信己乃立三丈之木於國都市南門募人有能徙者與五十金以明不欺秦人初言令不便者以千數於是太子犯法衞鞅曰法之不行自上犯之將法太子太子君嗣也不可施刑刑其傅公子虔黥其師公孫賈明日秦人皆趨令行之令初下有言令不便者有來

言令便者衞鞅曰此皆亂化之人也盡遷於邊城其後人莫敢議令甘龍杜摯極非之令之初作一日臨渭刑七百餘人百姓皆苦之居三年道不拾遺山無盜賊家給人足勇於公戰怯於私鬬秦人大治而大悅魏文侯師李悝撰次諸國法著法經皆罪名之制也商君受之以相秦具魏世語中始皇即位遣將成蟜擊趙反死屯留軍吏皆斬及戮其屍士卒死皆戮其屍其後嫪毐作亂敗其徒二十人皆梟首車裂徇滅其宗輕者爲鬼薪取薪給宗廟爲鬼薪律曰鬼薪作三歲後又體解荆軻及平六國制藏詩書及偶語棄市以古非今者族吏見知不舉與同罪令下三十日不燒黥爲城旦髠髮輸邊築長城城旦四歲刑也燕人盧生竊言始皇樂以刑殺爲威因亡去始皇聞之怒諸生在咸陽者四百六十餘人皆坑之其後東郡星隕爲石或刻其石曰始皇死始皇盡誅石旁人胡亥立以趙高爲郎中令更變律令有罪者相坐收族又羣盜起胡亥責李斯斯懼上書請行督責刑者相半其後趙高譖斯具五刑腰斬夷其三族

漢高祖初入咸陽約法三章曰

殺人者死傷人及盜抵罪蠲削秦法兆民大悅然大辟尚有三族之
誅先黥劓斬左右趾笞殺梟其首菹其骨肉於市其誹謗詈詛又先
斷舌故謂之具五刑彭越韓信之屬皆受此戮其後又制曰有耐罪
以上請之髡其耏鬢曰耐後以三章之法不足禦姦遂令蕭何攈摭秦法取
其宜於時者作律九章惠帝二年制曰今法有誹謗妖言之罪過誤之言
以爲妖言是使衆臣不敢盡情而上無由聞過失也其除之又制上造以
上及內外公孫耳孫有罪當刑及當城旦舂者皆耐爲鬼薪白粲上造
爵滿十六者也耳孫玄孫之子也今以上造有功勞內外孫有骨肉屬嫡故事從其輕也城旦舂旦起行治城舂者婦人不豫外徭但舂
作米皆四歲刑也今皆就鬼薪白粲鬼薪已具上白粲坐擇米使正白爲粲皆三歲刑也人年七十以上若不滿
十歲有罪當刑者全之除挾書律挾藏也秦律敢挾書者棄市呂太后初除三族
罪文帝制民有犯法已論其父母妻子同產坐之及收孥律令宜除
之孥子也秦法一人有罪收其家罪疑者從輕於是刑罰大省斷獄四百又感齊女
淳于緹縈之言除肉刑定律曰諸當完者完爲城旦舂以完易髡以笞代劓以鈦

左右趾代刖今既曰完矣不復云以完代完此當言髡者完之矣當黥者髡鉗爲城旦舂當劓者笞三百當斬左趾者笞五百當斬右趾及殺人先自告及吏受賕枉法守縣官財物而即盜之已論命復有笞罪者皆棄市命者名也成其罪也罪人獄已決完爲城旦舂滿三歲爲鬼薪白粲鬼薪白粲一歲爲隸臣妾隸臣妾一歲免爲庶人男子爲隸臣女子爲隸妾隸臣妾滿二歲爲司寇司寇一歲及作如司寇二歲皆免爲庶人罪降爲司寇故一歲正司寇故二歲其亡逃及有罪耐已上不用此令在本罪中又重犯者也是後外有輕刑之名內實殺人斬右趾者又當死斬左趾者笞五百當劓者笞三百率多死笞數既多亦不活景帝制改定律笞五百曰三百笞三百曰二百猶尚不全自今吏及諸有秩皆受其官屬所治所行所將行謂按察將夏孟反其餘飲食計償費勿論計所費而償其直勿論罪他物若買故賤賣故貴皆坐贓爲盜他物謂非飲食吏遷徙免罷受其故官屬所將監治送財物奪爵爲士伍免之謂奪其爵令爲士伍又免其官職即今律所謂除名也士伍者言從士卒之伍無爵罰金二斤沒入所受有能捕告畀其所

受賕其後罷磔曰棄市（先此諸死刑皆磔之於市今罷之若妖逆則磔之磔謂張其尸也）復下詔曰長老人所尊也鰥寡人所憐也其著令年八十以上八歲以下孕者未乳（乳產）師侏儒（樂師瞽者侏儒短人不能走）當鞠繫者頌繫之（頌讀曰容容寬不桎梏）罪死欲腐者許之（如腐木不生實矣）六年定鑄錢偽黃金棄市律又以笞者或至死未畢復減笞三百曰二百笞二百曰百其定箠令（箠長五尺其本厚一寸其末薄半寸皆平其節）笞臀（先時笞背）畢一罪乃得更人（更人更易行笞人）自是笞者得全然死刑即重而生刑又輕人易犯之孝武調發煩數民窮犯法遂令張湯趙禹條定法令作見知故縱監臨部主之法（見知人犯法不告為故縱而所監臨部主有罪并連坐）緩深故之罪（孝武欲急刑吏深害及故入人罪者皆寬緩之）急縱出之誅律令凡三百五十九章（蕭何本定律九篇叔孫通又加十八篇張湯又撰越宮律二十七篇趙禹撰朝律六篇合為六十篇）大辟四百九條千八百八十二事死罪決事比萬三千四百七十二事（比以例相比況）文書既繁主者不能遍睹或罪同而論異孝昭制子首匿父母妻匿夫孫匿大父母皆勿坐其父母匿子夫匿妻大父母匿孫罪誅死

皆上請宣帝患刑法不一置廷平四人平之成帝鴻嘉初又定令年未滿七歲賊鬬殺人及犯殊死者上請廷尉以聞得減死合於三赦劣弱老眊之人此皆法令稍定近古而便人者也哀帝綏和二年除誹謗抵欺法平帝元始中制曰前詔有司復貞婦歸女徒誠欲以防邪僻全貞信及眊悼之人刑罰所不加聖王之所制也惟苛暴吏多拘繫犯法者親屬婦人老弱其明敕百僚婦女非身犯法及男子年八十以上七歲以下家非坐不道詔所名捕他皆無得繫名捕謂下詔特所捕也其當驗者卽驗問就其所居而問之定著令王莽居攝翟義劉信起兵討莽爲莽敗之夷三族其後陳良終帶叛入匈奴莽求得行焚如之刑具峻酷焉後漢光武留心庶獄然自王莽篡位之後舊章不存法網弛縱無以懲肅梁統上疏曰臣竊見元帝初元五年輕殊死刑三十四事哀帝建平元年輕殊死刑八十一事其四十二事手殺人者減一等自後人輕犯法吏易殺人臣愚以爲刑罰不苟務輕務其中也是以五帝有流殛放殺之誅三王有大辟刻肌之

刑所以爲除殘去亂也高帝定法傳之後代文帝遭世康平因時施恩省肉刑相坐之法天下幾平武帝值中國全盛征伐遠方百姓罷弊豪傑犯禁姦吏弄法故重遁匿之科著知縱之律宣帝履道要以御海內臣下奉憲不失繩墨天下稱安孝元孝哀即位日淺丞相王嘉等便以數年之間戲除先帝舊約定令斷律凡百餘事臣取其尤妨政者條奏伏請擇其善者而從之定不易之典時廷尉議以爲崇刑峻法非明王急務遂罷之章帝時郭躬條奏請重文可從輕者三十一事著于令陳寵又代躬爲廷尉帝納寵言制除鉆鑽諸慘酷之科解妖惡之禁又除文致請讞五十餘事著于令寵復校律令刑法溢於甫刑者奏除之曰今律令犯死刑者六百一十耐罪千六百九十八贖罪以下二千六百八十一溢於甫刑千九百八十九其四百一十大辟千五百七耐罪七十九贖罪請令三公廷尉集平律令可施行者大辟二百耐罪贖罪二千八百合爲三千其餘千九百八十

九事悉可詳除會寵得罪遂寢安帝永初中法稍苛繁人不堪之陳寵子忠復爲尚書略依寵意奏上三十三條爲決事比（比例也必寐反）以省讞之弊又上除蠶室刑（西漢文景已除宮刑今復除蠶室刑者是當時雖有文而未悉斷武帝時司馬遷犯法下蠶室則其事矣今申明除之）獻帝初應劭又刪定律令撰具律本章句尚事舊事廷尉版令決事比例司徒都目五曹詔書及春秋折獄凡二百五十篇又集議駁三十篇以類相從凡八十二事於是舊事存焉曹公秉政欲復肉刑陳羣深陳其便鍾繇亦贊成之孔融王修不同其議遂止於是乃定甲子科犯釱左右趾者易以木械是時乏鐵故易以木焉又以漢律太重故令依律論者聽得科半使半減也　魏文帝受禪後有大女劉朱撾子婦酷暴前後三婦自殺論朱減死作尚方因是下愁毒殺人減死之令明帝改士庶罰金之令男聽以罰代金婦人加笞還從鞭督之例以其形體裸露故也時所用舊律其文起自魏文侯師李悝撰次諸國法著經以爲王者之政莫急於盜賊故其

律始於盜賊頃刻追捕故著囚捕二篇其輕狡越城博戲借假不廉淫侈踰制以爲雜律一篇又以具其加減是故所著六篇而已然皆罪名之制也商君傳習以爲秦相漢承其制蕭何定律除參夷連坐之罪增部主見知之條益事律擅興廄戸三篇合爲九篇叔孫通益律所不及傍章十八篇張湯越宮律二十七篇趙禹朝律六篇合爲六十篇又漢時決事爲令甲以下三百餘篇又司徒鮑昱撰嫁娶辭訟決爲法比都目凡九百六卷世有增損輕重乖異而通條連句上下相蒙雖大體異篇實相採入盜律有賊傷之例賊律有盜章之文興律有上獄之法廄律有逮捕之事若此之比錯糅無常後人生意各爲章句叔孫宣郭令卿馬融鄭康成諸儒章句十有餘家家數十萬言凡斷罪所當由用者合二萬六千二百七十二條七百七十三萬二千二百餘言言數益繁覽者益難天子於是詔但得用鄭氏章句不得雜用餘家衞覬又奏曰刑法者國家之所貴重而私議之所

輕賤獄吏者百姓之所系命而選用者之所卑下請置博士轉相教
授然而律文煩廣事比衆多離本依末決獄之吏如廷尉獄吏范弘
受囚絹二丈附輕法論獄吏劉象受屬偏考囚張茂物故附重法論
之弘象雖皆棄市而輕枉者相繼其後天子又下詔改刑制命陳羣
劉邵等刪約舊科旁採漢律定爲魏法制新律十八篇州郡令四十
五篇尚書官令軍中令合百八十餘篇其序略曰舊律所以難知者
由於六篇篇少故也篇少則文荒文荒則事寡事寡則罪漏故集罪
例以爲刑名冠於律首凡所定增十三篇就故五篇合十八篇於正
律九篇爲增於旁章科令爲省矣更依古義制爲五刑其死刑有三
髡刑有四完刑作刑各三贖刑十一罰金六雜抵罪七凡三十有七
各以爲律首司馬景王輔政時犯大逆者其法誅及已出之女毋丘
儉之誅其子甸妻荀氏應坐死其族兄顗通表魏帝以乞其命詔聽
離婚荀氏所生女芝爲潁川太守劉子元妻亦坐死以懷姙繫獄荀

一 珍倣宋版印

氏辭詣司隸校尉何曾乞恩求沒爲官婢以贖芝命曾哀之使主簿程咸上議曰臣以爲女人有三從之義無自專之道出適他族降父母之服所以明外成之節也而父母有罪則追刑夫黨見誅又隨戮一人之身內外受辟女既產育則他族之母無辜受戮傷孝子之心且男既不得罪於他族而女獨嬰戮於二門臣以爲在室宜從父之誅既醮可隨夫之罰於是詔有司改定律令司馬文王繼秉魏政患前代律令煩雜陳羣劉邵雖經改革而科網太密於是命賈充鄭冲荀顗荀勗羊祜王業杜友杜預裴楷周雄郭頎成公綏柳軌榮邵等定法令就漢九章增十一篇仍其族類正其體號合二十篇六百三十條二萬七千六百五十七言蠲其苛穢歸於益時其餘未宜除之者若軍事田農酤酒未得皆從人心權設其法太平當除故不入律悉以爲令施行制度以此設教違令有罪則入律也其常事品式章程各還其府爲故事減梟斬族誅從坐之條除謀反適養母出女嫁

皆不復還坐父母棄市省禁錮相告之條去捕亡亡沒爲官奴婢之制輕過誤老小女人當罰金杖者皆令半之重姦伯叔母之令棄市淫寡女三歲刑崇嫁娶之要峻禮教之防準五服以制罪也凡律令合二千九百二十六條十二萬六千三百言六十卷故事三十卷

晉武帝泰始三年賈充等修律令成帝親自臨講使裴楷執讀四年正月大赦天下乃班新律其後明法掾張裴又注律表上之其要曰律始於刑名者所以定罪制也終於諸侯者所以畢其政也是以經略罪法之輕重正加減之等差明發衆篇之多義補其章條之不足較舉上下綱領其犯盜賊詐僞請賕者則求罪於此作役水火畜養守備之細事皆求之作本名告訊爲之心舌捕繫爲之手足斷獄爲之定罪名例齊其法制自始及終往而不窮變動無常周流四極上下無方不離于法律之中其知而犯之謂之故意不以爲然謂之失違忠欺上謂之謾背信藏巧謂之詐虧禮廢節謂之不恭兩訟相趣

謂之鬬兩和相害謂之戲無變斬擊謂之賊不意誤犯謂之過逆節絶理謂之不道陵上僭貴謂之惡逆將害未發謂之戕唱首先言謂之造意二人對議謂之謀制衆建計謂之率不和謂之彊攻惡謂之略三人謂之羣取非其物謂之盜貨財之利謂之贓凡二十者律義之較名也五刑不簡正于五罰五罰不服正于五過意善功惡以金贖之故律制生罰不過十四等死刑不過三徒加不過六因加不過五累作不過十一歲累笞不過千二百刑等不過一歲金等不過四兩夫操刀執繩刀妄加則傷物繩妄彈則侵直梟首者惡之長斬刑者罪之大棄市者死之下髡作者刑之威贖罰者誤之誡王者立此五刑所以寶君子而逼小人也五刑成章輒相依準法律之義也

東晉元帝爲丞相在江東承制時百度草𠜂議斷不循法律人立異議高下無狀主簿熊遠奏曰自軍興以來臨事改制朝作夕改至於主者不敢任法每輒關諮委之大官非爲政之體若本曹處事不合

法令監司當以法彈違不得動用關塞以壞成事按法蓋麤術非妙道也矯割物情以成法耳若每隨物情輒改法制此爲以情壞法法之不一是謂多門開人事之路廣私請之端非先王立法之本意也凡爲駮議者若違律令節度當合經傳及前比故事不得任情以破成法愚謂宜令錄事更立條制諸立議者皆當引律令經傳不得直以情言無所依準以虧舊典也是時帝以權宜從事尚未能從而河東衞展爲晉王大理考擿故事有不合情者又上書論之元帝令曰先自元康以來事故荐臻刑禁滋蔓大理所上宜朝堂會議蠲除詔書不可用者此孤所虛心者也　宋文帝時蔡廓爲侍中建議以爲鞫獄不宜令子孫下辭明言父祖之罪自令但令家人與囚相見無乞鞫之詳便足以明伏罪不須責家人下辭朝議咸以爲允從之時王弘上疏曰主守偷五疋常偷四十疋並死太重請加主守至十疋常偷至五十疋謝莊爲都官尚書奏改定州獄曰舊官長竟囚畢郡

遣督郵案驗仍就施行督郵賤吏非能異於官長雖有案驗之名而無刑究之實愚謂此制宜革自今入重之囚縣考正畢以事言郡并送因身委二千石親臨覆辯必收聲吞釁然後就戮若二千石不能決乃度廷尉神州統外移之刺史刺史有疑亦歸臺獄必令死者不怨而坐者無恨 齊武帝令删定郎王植之集注張杜舊律合爲一書凡千五百三十條事未施行其文殆滅 梁武帝制依周漢舊事有罪者贖其科凡在官身犯罰金鞭杖督之罪悉入贖停罪其臺省令史士卒欲贖者聽之時齊時舊郎蔡法度能言齊王植之律於是使損益舊本以爲梁律天監初又令王亮等定爲二十篇一曰刑名二曰法例三曰盜劫四曰賊叛五曰詐僞六曰受賕七曰告劾八曰討捕九曰繫訊十曰斷獄十一曰雜十二曰戶十三曰擅興十四曰毁亡十五曰衞宮十六曰水火十七曰倉庫十八曰廐十九曰關市二十曰違制其制刑爲十五等之差棄市以上爲死罪大罪梟其首

次棄市刑二歲以上爲耐罪言各隨伎能而任使之也有髡鉗五歲刑笞二百收贖絹男子六十疋又有四歲刑男子四十八疋又有三歲刑男子三十六疋又有二歲刑男子二十四疋罰金一兩以上爲贖罪贖死者金二斤男子十六疋贖髡鉗五歲刑笞二百者金一斤十二兩男子十四疋贖四歲刑者金一斤八兩男子十二疋贖三歲刑者金一斤四兩男子十疋贖二歲刑者金一斤男子八疋罰金十二兩者男子六疋罰金八兩者男子四疋罰金四兩者男子二疋罰金二兩者男子一疋罰金一兩者男子二丈女子各半之五刑不簡正于五罰五罰不服正于五過以贖論故爲此十四等之制又九等之差一歲刑半歲刑百日刑鞭杖二百鞭杖一百鞭杖五十鞭杖三十鞭杖二十鞭杖十又有八等之差一曰免官加杖督一百二曰免官三曰奪勞百日杖督一百四曰杖督一百五曰杖督五十六曰杖督四十七曰杖督二十八曰杖督十其鞭有刑鞭法鞭常鞭凡三等

之差刑鞭生革廉成法鞭生革去廉常鞭熟靼之舌反不去廉皆作鶴頭紐長一尺二寸稍長二尺七寸廣三寸靶長尺五寸杖皆用生荊長六尺有大杖法杖小杖三等之差大杖頭圍寸三分小頭八分半法杖圍寸二分小頭五分小杖圍寸一分小頭極杪諸督罰大罪無過五十三十小者二十當笞二百以上者笞半餘半後決中分鞭杖老小於律令當行鞭杖罰者皆半之其制鞭制杖法鞭法杖自非特詔皆不得用士人有錮禁之科亦以輕重爲差其犯清議則終身不齒凡定罪二千五百二十九條又有令三十卷其後除贖罪之科

陳武帝令尚書刪定郎范果參定律令又令徐陵等知其事制律三十卷科三十卷其制惟重清議禁錮之科若搢紳之族犯虧名教不孝及內亂者終身不齒自餘一用梁法當刑於市者夜須明雨須晴朔日八節六齋日月在張心日並不得行刑廷尉寺爲北獄建康縣爲南獄並置正監平又制常以二月侍中吏部尚書三公郎部都令

史三公錄冤屈御史中丞侍御史蘭臺令史親行京師諸獄及治署治察囚徒冤枉　後魏起自北方屬晉室之亂部落漸感其主乃峻刑法每以軍令從事人乘寬政多以違令得罪死者以萬計於是國落騷然其後當死者聽其家獻金馬以贖犯大逆者親族男女無少長皆斬男女不以禮交皆死人相殺者聽與死家牛馬四十九頭及送葬器物以平之無繫訊連逮人坐盜官物一備十及道武既平定中原患舊制太峻命三公郎王德除其酷法約定科令至太武帝神䴥中詔崔浩定律令除五歲四歲刑增一年刑大逆不道腰斬誅其同籍年十四以下腐刑女子沒縣官害其親者轘之為蠱毒者男女皆斬女焚其家其巫蠱者負羖羊抱犬沈諸泉當刑者贖貧則加鞭二百畿內人富者燒炭於山貧者役於圜溷女子入舂槀其痼疾不逮於人守苑囿王官階九品得以官爵除刑婦人當刑而孕產後百日乃決年十四以降刑之半八十及九十非殺人不坐拷訊不踰四

十九論刑者部主言狀公車鞫辭而三都決之當死者定按奏聞帝
親臨問無異辭怨言乃刑之諸州囚之大辟皆先讞報乃施行其後
因官吏黷貨太延中詔吏民得舉告牧守之不法於是兇悖者求得
牧宰之失乃貪暴於閭閻太平真君中以有司斷法不平詔諸疑獄
皆付中書依經義論決初盜律贓四十疋致大辟人多慢政乃減至
三疋十一年誅崔浩正平初又令胡方回游雅改定律制凡三百七
十條門房之誅四大辟百四十五刑二百二十一文成帝太安中以
庶士多因酒致酗訟制禁釀酒沽飲皆斬吉凶賓親則開禁有日程
增置候官伺察諸違犯贓二丈皆斬又增律七十九章門房之誅十
有三大辟三十五刑六十二至獻文帝除口誤開酒禁故事斬皆裸
形伏鑕也砧孝文太和初制不令裸形又令高閭修改舊文隨例增減
凡八百三十二章門房之誅十有六大辟之罪二百三十五刑三百
七十七除羣行剽劫首謀門誅律重者止梟首時法官及州縣多爲

重枷復以石縋囚頸傷肉至骨勒以誣服吏以爲能帝聞而傷之乃
制非大逆有明證而不疑辭者不得大枷宣武帝正始初尙書令高
肇等奏曰杖之小大鞭之長短令有定式但枷之輕重先無成制請
造大枷長丈三尺喉下長丈通頰木各方五寸以擬大逆外叛自是
枷杖之制頗有定準法例律五等爵及在官品令從第五以上皆當
刑二歲免官者三載之後聽仕降先階一等邢巒奏官人若有罪本
除名以職當刑猶有餘資得降階而敘至於五等封爵除刑若盡永
旣甄削便同之除名於例實爽愚謂自王公以下有封邑罪除名三
年之後宜各降本爵一等王及郡公降爲縣公公爲侯侯爲伯伯爲
子子爲男至于縣則降爲鄉男五等爵者幷依此而降至於散男其
鄉男散男男無可降授者三年之後聽依其本品之資出身從之及
齊神武秉東魏政遷都於鄴羣盜頗起遂立嚴制諸彊盜殺人者首
從皆斬妻子同籍配爲樂戶其不殺人及贓不滿五疋魁首斬從者

珍倣宋版印

死妻子亦爲樂戶小盜贓滿十疋以上魁首死妻子配驛從者流

北齊文宣帝受禪後命羣官刊定魏朝麟趾格又議造齊律積年不成其決獄猶依魏舊式武成帝河清三年尚書令趙郡王叡等奏上齊律十二篇一曰名例二曰禁衞三曰戶婚四曰擅興五曰違制六曰詐僞七曰鬭訟八曰盜賊九曰捕斷十曰毀損十一曰廄牧十二曰雜其定罪九百四十九條又上新令四十卷大抵採魏晉故事其制刑名五一曰死重者轘之（轘音患）其次梟首並陳屍三日無市者列於鄉亭其次斬刑殊身首其次絞刑死而不殊凡四等二曰流刑謂論犯可死原情可降鞭笞百髡之投于邊裔以爲兵卒未有道里之差其不合遠配者男子長徒女子配舂並六年三曰刑罪卽耐罪也有五歲四歲三歲二歲一歲之差凡五等各加鞭六歲者加笞百其五歲者八十四歲者六十三歲者四十二歲者二十一歲者無笞並鏁輸作左校而不髡無保者鉗之婦人配舂及掖庭織四曰鞭有百

八十六十五十四十之差凡五等五曰杖有二十二十一十之差凡
三等當加者上就次當減者下就次贖罪者舊有金皆代以中絹死
者百疋流九十二疋刑五歲七十八疋四歲六十四疋三歲五十疋
二歲三十六疋各通鞭笞論一歲無笞則通鞭二十四疋鞭杖每十
續絹一疋至鞭百則絹十疋無絹之鄉皆準絹收錢自贖笞十以上
至死又爲十五等之差當加減次如正決法合贖者謂流內官及爵
秩比視老小閹癡幷過失之屬犯罰絹一疋及杖十以下皆名爲罪
人盜及殺人而亡者卽揭名注籍甄其一房配驛戶宗室則不注盜
不入奚官不加宮刑自犯流罪以下合贖者及婦人犯刑以下侏儒
篤疾殘廢非犯死罪皆頌繫之又列重罪十條一曰反逆二曰大逆
三曰叛四曰降五曰惡逆六曰不道七曰不敬八曰不孝九曰不義
十曰內亂其犯此十者不在八議論贖之限是後法令明審科條簡
要又勑仕門子弟常講習之故齊人多曉法律其不可爲定法者別

制權令二卷與之並行　後周文帝秉西魏政令有司斟酌今古通變修撰新律革命後武帝保定三年司憲大夫拓跋迪奏新律謂之大律凡二十五篇一曰刑名二曰法例三曰祀享四曰朝會五曰婚姻六曰戶禁七曰水火八曰興繕九曰衞宮十曰市廛十一曰鬬競十二曰劫盜十三曰賊叛十四曰毀亡十五曰違制十六曰關津十七曰諸侯十八曰廐牧十九曰雜犯二十曰詐僞二十一曰請求二十二曰告言二十三曰逃亡二十四曰繫訊二十五曰斷獄大凡定罪千五百三十條其制罪一曰杖刑五自十至五十二曰鞭刑五自六十至于百三曰徒刑五徒一年者鞭六十笞十徒二年者鞭七十笞二十徒三年者鞭八十笞三十徒四年者鞭九十笞四十徒五年者鞭百笞五十四曰流刑流衞服去皇畿二千五百里者鞭百笞六十流要服去皇畿三千里者鞭百笞七十流荒服去皇畿三千五百里者鞭百笞八十流鎮服去皇畿四千里者鞭百笞九十流藩服去

皇畿四千五百里者鞭百笞百五曰死刑五一曰磬二曰絞三曰斬四曰梟五曰裂五刑之屬各有五合二十五等不立十惡之目而重惡逆不道大不敬不孝不義內亂之罪也凡惡逆肆之三曰盜賊羣攻鄉邑及入人家者殺之無罪若報讐者造於法（造七報反）而自殺之不坐經為盜者注其籍惟皇宗則否凡死罪枷而拲流罪枷而梏徒罪枷鞭罪桎杖罪散以待斷皇族及有爵者死罪以下鎖之徒以下散之獄成將殺者書其姓名及其罪於拲而殺之市惟皇族與有爵者隱獄其贖杖刑五金一兩至五兩贖鞭刑五金六兩至十兩贖徒刑一年金十二兩二年十五兩三年一斤二兩四年一斤五兩五年一斤八兩贖流刑一斤十二兩俱役六年不以遠近為差等贖死刑金二斤鞭者以百為限加笞者合二百止應加鞭笞者皆先笞後鞭婦人當笞者聽以贖論徒輸作者皆任其所能而役使之若再犯徒三犯鞭者一身永配下役應贖金者鞭杖十收中絹一疋流徒者依限

珍倣宋版印

歲收絹十二疋死罪者百疋其贖刑死罪五旬流刑四旬徒刑三旬鞭刑一旬限外不輸者歸於法貧者請而免之大凡定法千五百三十七條其大略滋章條流苛密比於齊法煩而不要又初除復讐之法犯者以殺論帝又以齊之舊俗未改昏政賊盜姦宄頗乖憲章其年又爲刑書要制以督之大抵持杖羣盜一疋以上不持杖羣盜五疋以上監臨主掌自盜二十疋以上盜及詐請官物三十疋以上正長隱五戶及丁五以上及地頃以上皆死自餘依大律由是澆詐頗息焉宣帝虐忍無度令撰刑書謂之刑經聖制　隋文帝初令高熲等更定新律其刑名有五一曰死刑二有絞有斬二曰流刑三有千里千五百里二千里應配者千里居作二年千五百里居作二年半二千里居作三年三曰徒刑五有一年一年半二年二年半三年四曰杖刑五自五十至于百五曰笞刑五自十至于五十而蠲除前代鞭刑及梟首轘裂之法其流徒之罪皆減從輕流役六年改爲五年

徒刑五年改爲三年惟大逆謀反叛者父子兄弟皆斬家口沒官又
置十惡之條多採後齊之制而頗有損益一曰謀反二曰謀大逆三
曰謀叛四曰惡逆五曰不道六曰大不敬七曰不孝八曰不睦九曰
不義十曰內亂十惡及故殺人獄成者雖會赦猶除名其在八議之
科及官品第七以上犯罪皆例減一等其品第九以上犯者聽贖應
贖者皆以銅代絹銅一斤爲負負十爲殿笞十者銅一斤加至杖百
則十斤徒一年贖銅二十斤每等則加銅十斤三年則六十斤矣流
千里贖銅八十斤每等則加銅十斤二千里則百斤矣二死皆贖銅
百二十斤犯法私罪以官當徒者五品以上一官當徒二年九品以
上一官當徒一年當流者三流周比徒三年若犯公罪者加一年當
流者各加一等其累徒過九年者流二千里自前代相承有司訊考
皆法外或有用大棒束杖車輻鞵底壓踝杖桄之屬盡除之訊囚不
得過二百枷杖大小咸爲之程品行杖者不得易人又勑四方辭訟

珍倣宋版印

有枉屈縣不治者令以次經郡及州至省仍不治乃詣闕申訴有所未愜聽撾登聞鼓有司錄狀奏之帝又每季親錄囚徒常以秋分之前省閱諸州申奏罪狀後因覽刑部奏斷獄數猶至萬條以爲律尙嚴密故人多陷罪又勑蘇威牛弘等更定新律除死罪八十一條流罪百五十四條徒杖等千餘條定留惟五百條凡十二卷一曰名例二曰禁衞三曰職制四曰戶婚五曰廐庫六曰擅興七曰賊盜八曰鬬訟九曰詐僞十曰雜律十一曰捕亡十二曰斷獄自是刑網簡要疎而不失於是置律博士弟子員斷決大獄皆先牒明法定其罪名然後依斷其後帝以用律者多致踳駁罪同論異詔諸州死罪不得便決悉移大理按覆事盡然後上取奏裁十三年改徒及流並爲配防十五年制死罪者三奏而後決帝無學以文法繩下諸州有主典盜倉粟者差人馳驛斬之又於殿前決之人或有盜一錢亦死煬帝卽位以文帝禁網深刻又勑修律令除十惡之條時斗秤皆小舊二

倍其贖銅亦加三倍爲差杖百則三十斤矣徒一年者六十斤每等加三十斤爲差三年則百八十斤矣流無異等贖二百四十斤二死同贖三百六十斤舊制釁門子弟不得居宿衞近侍之官帝下制曰諸州犯罪被戮之門期以下親仍令合仕聽參宿衞近侍之官三年新律成凡五百條爲十八篇詔施行之謂之大業律一曰名例二曰衞宮三曰違制四曰請求五曰戸六曰婚七曰擅興八曰告劾九曰賊十曰盜十一曰鬭十二曰捕亡十三曰倉庫十四曰廐牧十五曰關市十六曰雜十七曰詐僞十八曰斷獄其五刑之內降從輕典二百餘條其枷杖決罰訊囚之制並輕於舊是時百姓久厭苛刻喜於刑寬其後帝外征四夷內窮嗜欲兵革歲動賦斂繁滋盜賊蜂起更爲嚴制

肉刑議 漢 後漢 魏 晉 東晉

漢文帝十三年齊大倉令淳于意有罪遂繫長安當刑其女緹縈上

珍倣宋版印

書曰妾父爲吏齊中皆稱廉平今坐法當刑妾痛死者不可復生刑者不可復屬（屬聯也之欲反）雖欲改過自新其道無由妾願沒入爲官婢贖父刑罪天子憐其意遂下令曰蓋聞有虞氏之時畫衣冠異章服以爲戮而民弗犯今有肉刑三（黥劓二左右趾）而姦不止吾甚自愧夫訓道不純愚人陷焉詩曰愷悌君子民之父母今刑者斷支體刻肌膚終身不息（息生也）或欲改行爲善而道無由豈稱爲民父母之意哉其除肉刑丞相張蒼御史大夫馮敬奏議定律令諸當完者完爲城旦舂當黥者髡鉗爲城旦舂當劓者笞三百當斬左趾者笞五百班固之論曰禹承堯舜之後自以德衰而制肉刑湯武順而行之者以俗薄於唐虞故也今漢承衰周暴秦極弊之流俗以薄於三代而行堯舜之刑是猶以鞿羈而御駻突（以繩繫馬口謂之鞿絡駻突惡馬也馬頭曰羈）違救時之宜矣且除肉刑者本欲全人之生也今去髡鉗一等轉而入於大辟故死者歲以萬數刑重之所致也至于穿窬之盜忿怒傷人男女淫佚吏爲

姦贓若此之罰又不足以懲也故刑者歲十數萬人既不畏又曾不恥刑輕之所生也故思所以清源正本之論删定律令簒音撰二百章以應大辟其餘罪次於古當生今觸死者皆可募行肉刑欲死邪欲腐邪及傷人與盜吏受賕枉法男女淫亂皆復古刑為三千章詆欺文致微細之法悉蠲除如此則刑可畏而禁易避吏不專殺法無二門順稽古之制成時雍之化矣　後漢獻帝之時天下既亂刑罰不足以懲惡於是名儒大才崔寔鄭康成陳紀之徒咸以為宜復肉刑及曹公令荀彧博訪百官欲復申之少府孔融議以為紂斬朝涉之脛天下謂之無道九牧之地千八百君若刖一人是天下常有千八百紂也且被刑之人慮不念生類多趨惡夙沙亂齊伊戾禍宋趙高英布為世大患不能止人遂為非也雖忠如鬻拳信如卞莊智如孫臏寃如巷伯才如史遷達如子正一罹刀鋸沒世不齒漢開改惡之路凡為此故朝廷善之卒不改焉　魏武秉漢政下令又欲復肉刑

御史中丞陳羣深陳其便相國鍾繇亦贊成之奉常王循不同其議魏武亦難以藩國改漢朝之制遂不行至齊王芳正始中征西將軍夏侯太初河南尹李勝相論難勝主肉刑而太初不主肉刑凡往復數四文多不載丁謐又論曰舜典曰象以典刑流宥五刑鞭作官刑扑作教刑金作贖刑怙終賊刑咎繇曰天討有罪五刑五用哉呂刑曰蚩尤惟始作亂延及于平民罔不寇賊鴟義姦宄寇攘矯虔苗民惟作五虐之刑曰法殺戮無辜爰始淫爲刵劓椓黥按此肉刑在於蚩尤之世而堯舜以流放代之故黥劓之文不載唐虞之籍而五刑之數亦不具於聖人之旨也禹承舜禪與堯同治必不釋二聖而遠則凶頑固可知矣湯武之王獨將奚取於呂侯故叔向云三辟之興皆叔世也此則近君子有徵之言矣　晉武帝初廷尉劉頌上言曰臣昔上行肉刑竊以爲議者徇孝文之小仁而輕違聖王之典刑未詳之甚莫過於此今死刑重故非命者衆生刑輕故罪不禁姦所以

然者肉刑不用之所致也古者用刑以止刑今反於此諸重犯亡者髡過三十輒重髡之此以刑生刑加作一歲此以徒生徒也亡者積多繫囚猥畜復從赦之此爲刑不制罪法不勝姦聖王之制肉刑遠有深理非徒懲其畏剝割之痛而不爲也乃去其爲惡之具亡者刖足無所用復亡盜者截手無所用復盜淫者割其勢理亦如之除惡塞源莫善於此此等已刑之後便各歸家父母妻子共相養恤不流離於塗路今宜取死刑之限經及三犯逃亡淫盜悉以肉刑代之隨發被刑去其爲惡之具此爲已刑者皆非良士也豈與全其爲姦之手足而蹴居必死之窮地同哉周禮三赦三宥施於老幼悼耄黔黎不屬逮者此非爲惡之所出故刑法逆舍而宥之非此犯罪則必刑而無赦暨至後代以時嶮多難因赦解結權而行之又不以寬罪人也而今常以罪積獄繁赦以散之是以赦愈數而獄愈塞如此不已將至不勝原其所由肉刑不用之故也去此二端獄不得繁故無取

珍倣宋版印

於數赦也疏上又不見省　東晉元帝即位廷尉衞展上言古者肉刑事經前聖漢文除之增加大辟今人戶凋荒百不遺一而刑法峻重非句踐養胎之義也詔內外通議於是王導等議以肉刑之典由來尚矣引班固之論以爲據尚書令刁協等議以今中興祚隆大命惟新誠宜設肉刑寬法以育人然懼羣小之愚習翫所見而忽異聞或未能咸服愚謂行刑之時先明申法令樂刑者刖甘死者殺則心服矣古典刑不上大夫今士人有犯者謂宜如舊不在刑例則進退爲允尚書周顗等議以爲肉刑平世所應立非救弊之宜也方今聖化草創民有餘姦習惡之徒爲非未已截頭絞頸尚不能禁而乃更斷足劓鼻以止之乎恐受刑者轉廣而爲非者日多踊貴屨賤有鼻者醜也元帝猶欲從展所上大將軍王敦以爲百姓習俗日久忽復肉刑必駭遠近且逆寇未殄不宜有慘酷之聲以聞天下於是乃止安帝元興末桓玄輔政又議欲復肉刑斬左右趾之法以輕死刑命

百官議蔡廓上議曰肉刑之設肇自哲王故能勝殘去殺化崇無爲季末澆僞設網彌密至於棄市之條實非不赦之罪事非手殺考律同歸輕重均科減降路塞鍾陳以之抗言元皇所爲留愍今誠宜明愼用刑愛民宏育申哀矜以革濫移大辟於支體全性命之至重恢繁息於將來而孔琳之議不同用王朗夏侯太初之旨時論多與琳之同故遂不行

赦宥放生附

易解卦曰雷雨作解君子以赦過宥罪虞書曰宥過無大刑故無小罪疑惟輕功疑惟重與其殺不辜寧失不經周官司寇曰三刺三宥三赦之法一曰訊羣臣二曰訊羣吏三曰訊萬民聽民之所刺宥以施上服下服之刑（宥寬也人言殺殺之言寬寬之上服劓墨下服宮刖之刑）一宥曰不識再宥曰過失三宥曰遺忘一赦曰幼弱再赦曰老耄三赦曰惷愚又國君過市刑人赦呂刑云五刑之疑有赦五罰之疑有赦其審克之墨辟疑

珍倣宋版印

赦其罰百鍰刑疑則赦從罰六兩曰鍰鍰黃鐵劓辟疑赦其罪惟倍剕辟疑赦其罪倍差宮辟疑赦其罰六百鍰大辟疑赦其罰千鍰禮曰疑獄汎問與衆共之衆疑赦之管仲曰赦者先易而後難久而不勝其禍法者先難而後易久而不勝其福故惠者人之仇讐也法者人之父母也凡赦者小利而大害者也無赦者小害而大利者也夫盜賊不勝則良民危法禁不立則姦邪繁故赦者奔馬之委轡也　漢景帝四年赦有犯死罪欲腐者許之腐宮刑也丈夫割勢不復生子如腐木不生實矣

後漢光武建武中大司馬吳漢疾篤帝親臨問所欲言對曰臣無識知惟願愼無赦而已章帝章和元年赦天下繫囚在四月丙子以前減死罪一等勿笞詣金城而文不及亡命未發覺郭躬上封事曰聖恩所以減死罪使戍邊重人命也今死罪亡命無慮萬人又自赦以來捕得甚衆而詔令不及皆當重狀惟天恩莫不蕩宥臣以爲赦前犯死罪而繫在赦後者可皆勿笞詣金城以全人命有益於諸邊帝善之下詔赦焉安

帝永初中尚書陳忠上言母子兄弟相代死者聽赦所代者從之
北齊赦日武庫令設金雞及鼓於閶闔門外之右勒集囚徒於闕前
撾鼓千聲脫枷鎖遣之　唐令曰赦日武庫令設金雞及鼓於宮城
門外之右勒集囚徒於闕前撾鼓千聲訖宣制放其赦書頒諸州用
絹寫行下貞觀二年七月上謂侍臣曰凡赦惟及不軌之輩古語云
小人之幸君子不幸一歲再赦婦兒喑啞凡養稂莠者傷禾稼惠奸
宄者賊良民昔文王作罰刑茲無赦夫小仁者大仁之賊故我有天
下以來不甚放赦今四海安寧禮義興行數赦則愚人常冀僥倖惟
欲犯法不能改過當須慎赦武太后聖曆三年斷屠殺鳳閣舍人崔
融上議曰春生秋殺天之常道冬狩夏苗國之大事豺祭獸獺祭魚
自然之理也一乾豆二賓客不易之義也上自天子下至庶人莫不
揮其鸞刀烹之鶴鼎所以充庖廚故能幽明感通人祇輯睦萬王千
帝殊塗同歸今者禁屠宰斷弋獵三驅莫行一切不許將恐違聖人

一珍倣宋版印

之達訓亲明王之善經一不可也且江南諸州以魚爲命河西諸國以肉爲齋一朝禁止倍生勞弊富者未革貧者難堪二不可也如有貧賤之流剝割爲事家業儻失性命不全雖復日戮一人終慮未能總絕但益恐嚇惟長姦欺外有斷屠之名內誠鼓刀者衆勢利依倚請託紛紜三不可也雖好生惡殺是君子之小恩而考古會今非國家之大體但使順月令奉天經造次合禮儀從容中刑典自然人得其性物遂其生何必改革方爲盡善景龍元年遣使往江淮分道贖生以所在官物充直中書舍人李乂上疏曰江淮水鄉採捕爲業魚鼈之利黎元所資雖雲雨之私有霑於末類而生成之惠未洽於平人何則江湖之饒生育無限府庫之內支供易殫費之若少則所濟何成用之儻多則常支有闕在於拯物豈若憂民且鬻生之徒惟利斯視錢刀日至網罟年滋施之一朝營之百倍未若迴救贖之錢物減貧無之徭賦治國愛民其福勝彼二年九月勑烏雀昆蟲之屬不

得擒捕以求贖生犯者先決三十宜令金吾及州縣市司嚴加禁斷

刑法略第一

田制

禹別九州制田九等雍州第一等徐州第二等青州第三等豫州第四等冀州第五等兗州第六等梁州第七等荊州第八等揚州第九等九州之地墾田九百一十萬八千二十頃周文王在岐用平土之法以爲治民之道地著爲本故建司馬法六尺爲步步百爲畝畝百爲夫夫三爲屋屋三爲井井十爲通通十爲成成十爲終終十爲同同方百里同十爲封封十爲畿畿方千里故丘有戎馬一匹牛三頭甸有戎馬四匹兵車一乘牛十二頭甲士三人步卒七十二人一同百里提封萬井戎馬四百匹車百乘此卿大夫采地之大者是謂百乘之家一封三百六十六里提封十萬井定出賦六萬四千井戎馬四千匹車千乘此諸侯之大者謂之千乘之國天子之畿內方千里提封百萬井定出賦六十四萬井戎馬四萬匹兵車萬乘戎卒七十

二萬人故曰萬乘之主小司徒之職乃經土地而井牧其田野九夫爲井四井爲邑四邑爲丘四丘爲甸四甸爲縣四縣爲都以任地事而令貢賦民受田上田夫百畝中田夫二百畝下田夫三百畝歲耕種者爲不易上田休一歲者爲一易中田休二歲者爲再易下田三歲更耕之農民戶人已受田其家衆男爲餘夫亦以口受田士工商家受田五口乃當農夫一人（凡一口受田二十畝）此謂平土可以爲法者也若山林藪澤原陵淳鹵之地各以肥磽多少爲差民年二十受田六十歸田七十以上上所養也十歲以下上所長也十一以上上所彊也商鞅相秦孝公以三晉地狹民貧秦地廣民寡於是誘三晉之民而廢井田開阡陌任其所耕不限多少數年之間國富兵彊無敵於天下及漢孝武外事四夷內興功利役費並興而民去本董仲舒說上曰秦用商鞅之法改帝王之制除井田民得賣買富者田連阡陌貧者亡立錐之地漢興循而未改古井田法雖難卒行宜少近古限民

珍倣宋版印

名田以贍不足塞兼并之路然後可善治也終不能用及末年悔征伐之事乃封丞相田千秋爲富民侯以趙過爲搜粟都尉過能爲代田一畝三甽歲代處故曰代田代田者耕田之法耳而非受田之制也哀帝時師丹輔政建限田之制以裁抑兼并天子下其議丞相孔光大司空何武奏請諸侯列侯皆得名田國中列侯在長安公主名田縣道及關內侯吏民名田皆無過三十頃諸侯王奴婢二百人列侯公主百人關內侯吏民三十人期盡三年犯者沒入官時田宅奴婢賈爲減賤丁傅用事董賢隆貴皆不便也詔書且須後遂寢不行

晉武帝平吳之後有司奏王公以國爲家京城不宜復有田宅未暇作邸當使城中有往來之處近郊有芻藁之田今可限之國王公侯京城得有宅一處近郊田大國十五頃次國十頃小國七頃城內無宅城外有者皆聽留之男子一人占田七十畝女子三十畝其丁男課田五十畝丁女二十畝次丁男半之女則不課其官第一品五十

頃每品減五頃以爲差第九品十頃而又各以品之高卑蔭其親屬多者及九族少者三代宗室國賓先賢之後士人子孫亦如之而又得蔭人爲衣食客及佃客量其官品以爲差降後魏文帝時李安世上疏曰臣聞量民畫野經國大式邑地相參致理之本井稅之興其來日久田萊之數制之以限蓋欲使土不曠功人罔遊力雄擅之家不獨膏腴之美單陋之夫亦有頃畝之分竊見州郡之民或因年儉流移棄賣田宅漂居異鄉事涉數代三長既立始返舊墟廬井荒涼桑榆改植事已歷遠易生假冒彊宗豪族肆其侵凌遠認魏晉之家近引親舊之驗年載稍久鄉老所惑羣證雖多莫可取據爭訟遷延連紀不判良疇委而不開柔桑枯而不採欲令家豐人給其可得乎愚謂今雖桑井難復宜更均量審其徑術令分藝有准力業相稱細民獲資生之利豪右靡餘地之盈又所爭之田宜限年斷事久難明悉屬今主帝深納之均田之制起於此矣太和九年下詔均給天下

民田諸男夫十五以上受露田四十畝不栽樹者謂之露田婦人二十畝奴婢依良丁牛一頭受田三十畝限四牛所授之田率倍之三易之田再倍之以供耕休及還受之盈縮人年及課則受田老免及身沒則還田奴婢牛隨有無以還受諸桑田不在還受之限但通人倍田分於分雖盈不得以充露田之數不足者以露田充倍諸初受田者男夫一人給二十畝課蒔餘果種桑五十樹棗五株榆三根非桑之土夫給一畝依法課蒔餘果及多種桑榆者不禁諸應還之田不得種桑榆棗果種者以違令論地入還分諸桑田皆爲世業身終不還恆從見口有盈者無受無還不足者受種如法盈者得賣其盈不足者得買所不足不得賣其分亦不得買過所足諸麻布之土男夫及課別給麻田十畝婦人五畝奴婢依良皆從還受之法諸有舉戶老小殘疾無受田者年十一已上及疾者各授以半夫田年踰七十者不還所受寡婦守志者雖免課亦授婦田諸還受人田恆以正月若始受

田而身亡及賣買奴婢牛者皆至明年正月乃得還受諸土廣人稀之處隨力所及官借人種蒔後有來居者依法封授諸地狹之處有進丁受田而不樂遷者則以其家桑爲正田分又不足不給倍田又不足家內人別減分無桑之鄉準此爲法樂遷者聽逐空荒不限異州他郡唯不聽避勞就逸其地足之處不得無故而移諸人有新居者三口給地一畝以爲居室奴婢五口給一畝男女十五以上因其地分口課種菜五分畝之一諸一人之分正從正倍從倍不得隔越他畔進丁受田者恆從所近若同時俱受先貧後富再倍之田放此爲法諸遠配流謫無子孫及戶絕者墟宅桑榆盡爲公田以供授受授受之次給其所親未給之間亦借其所親諸宰人之官各隨近給公田刺史十五頃太守十頃治中別駕各八頃縣令郡丞六頃更代相付賣者坐如律職分田起於此北齊給授田令仍依魏朝每年十月普令轉授成丁而授丁老而退不聽賣易文宣帝天保八年議徙冀瀛定

珍做宋版印

無田之人謂之樂遷於幽州寬鄉以處之武成帝河清三年令男子率以十八受田輸租調二十充兵六十免力役六十六退田免租調京城四面諸方之外三十里內爲公田受公田者三縣代遷戶執事官一品以下逮于羽林虎賁各有差其外畿郡華人官第一品以下羽林虎賁以上各有差職事及百姓請墾田者名爲永業田奴婢受田者親王止三百人嗣王二百人第二品嗣王以下及庶姓王百五十人正三品以上及皇宗百人七品以上八十人八品以上至庶人六十人奴婢限外不給田者皆不輸其方百里外及州人一夫受露田八十畝婦人四十畝奴婢依良人限數與者在京百官同丁牛一頭受田六十畝限止四牛每丁給永業二十畝爲桑田其田中種桑五十根榆三根棗五根不在還受之限非此田者悉入還受之分土不宜桑者給麻田如桑田之法關東風俗傳曰其時彊弱相凌恃勢侵奪富有連畛亙陌貧無立錐之地昔漢氏募民徙田恐遺墾課令

就良美而齊氏全無斟酌雖有當年權格時暫施行爭地文按有三
十年不了者此由授受無法者也後周文帝霸政之初創置六官司
均掌田里之政令凡人口十以上宅五畝口七(隋志作九)以上宅四畝口
五以下宅三畝有室者田百四十畝丁者田百畝隋文帝令自諸王
以下至于都督皆給永業田各有差多者至百頃少者至三十頃其
丁男中男永業露田皆遵後齊之制並課樹以桑榆及棗其田宅率
三口給一畝京官又給職分田一品者給田五頃至五品則爲田三
頃其下每品以五十畝爲差至九品爲一頃外官亦各有職分田又
給公廨田以供用開皇九年任墾田千九百四十萬四千二百六十
七頃(開皇中總八百九十萬七千五百三十六戶按定墾之數每戶合墾田二頃餘)開皇十二年文帝以天
下戶口歲增京輔及三河地少而人衆衣食不給議者咸欲徙就寬
鄉帝乃發使四出均天下之田其狹鄉每丁纔至二十畝老小又少
焉至大業中天下墾田五千五百八十五萬四千四十頃(按其時有戶八百九

十萬七千五百三十六則每戶合得墾田五頃餘恐本史之非實唐開元二十五年令田廣一步長二百四十步爲畝百畝爲頃此秦漢以來頃畝之制也丁男給永業田二十畝口分田八十畝其中男年十八以上亦依丁男給老男篤疾廢疾各給口分田四十畝寡妻妾各給口分田三十畝先永業者通充口分之數黃小中丁男女及老男篤疾廢疾寡妻妾當戶者各給永業田二十畝口分田二十畝應給寬鄉並依所定數若狹鄉新受者減寬鄉口分之半其給口分田者易田則倍給其永業田親王百頃職事官正一品六十頃郡王及職事官從一品各五十頃國公若職事官正二品各四十頃郡公若職事官從二品各三十五頃縣公若職事官正三品各二十五頃職事官從三品二十頃侯若職事官正四品各十四頃伯若職事官從四品各十頃子若職事官正五品各八頃男若職事官從五品各五頃上柱國三十頃柱國二十五頃上護軍二十頃護軍十五頃上輕車都尉十頃輕車都尉七頃上騎都尉六頃

騎都尉四頃驍騎尉飛騎尉各八十畝雲騎尉武騎尉各六十畝其散官五品以上同職事給諸永業田皆傳子孫不在收授之限襲爵之人惟得承父祖永業不合別請其縣界內所有部受田悉足者爲寬鄉不足者爲狹鄉諸狹鄉田不足者聽於寬鄉遙受應給園宅地者良口三口以下給一畝每三口加一畝賤口五口給一畝每五口加一畝並不入永業口分之限其京城及州郡縣郭下園宅不在此例諸京官文武職事職分田一品十二頃二品十頃三品九頃四品七頃五品六頃六品四頃七品三頃五十畝八品二頃五十畝九品二頃並去京城百里內給其京兆河南府及京縣官人職分田亦準此卽百里外給者亦聽諸州及都護府親王府官人職分田二品十二頃三品十頃四品八頃五品七頃六品五頃七品四頃八品三頃九品二頃五十畝鎭戍關津嶽瀆及在外監官五品五頃六品三頃五十畝七品三頃八品二頃九品一頃五十畝三衞中郎將上府折

衝都尉各六頃中府五頃五十畝下府及郎將各五頃上府果毅都尉四頃中府三頃五十畝下府三頃上府長史別將各三頃中府下府各二頃五十畝親王府典軍五頃副典軍四頃千牛備身左右太子千牛備身各三頃親王府文武官隨府出藩者於所在處給諸軍上折衝府兵曹二頃中府下府各一頃五十畝其外軍校尉一頃二十畝旅師一頃隊正副各八十畝皆於領側州縣界內給其校尉以下在本縣及去家百里內領者不給諸驛封田皆隨近給每馬一疋給地四十畝若驛側有牧田之處疋各減五畝其傳送馬每疋給田二十畝諸庶人有身死家貧無以供葬者聽賣永業田諸以工商爲業者永業口分田各減半給之在狹鄉者並不給又田令在京諸司及天下州府縣監折衝府鎭戍關津岳瀆等公廨田職分田各有差職分陸田限三月三十日稻田限四月三十日以前上者並入後人以後上者入前人其麥田以九月三十日爲限若前人自耕

未種後人酬其功直已自種者准租分法其價六𣂷以下者依舊定以上者不得過六𣂷並取情願不得抑配親王出藩者給地一頃作園若城內無可開拓者於近城便給如無官田取百姓地充其地給好地替天寶中應受田一千四百三十萬三千八百六十二頃十三畝按十四年有戶八百九十萬餘計定墾之數每戶合一頃六十餘畝至建中初分遣黜陟使按比墾田田數都得百十餘萬頃

陂渠

魏襄王以史起爲鄴令起進曰魏氏之行田也以百畝鄴獨二百畝是田惡也漳水在其旁西門豹爲鄴令不知用於是以史起爲鄴令遂引漳水溉鄴以富魏之河內民歌曰鄴有賢令兮爲史公決漳水兮灌鄴旁終古舄鹵兮生稻粱其後韓聞秦之好興事欲疲之無令東伐乃使水工鄭國間說秦令鑿涇水自仲山西抵瓠口爲渠並北山東注洛三百餘里欲以溉田中作而覺秦欲殺國國曰始臣爲間然渠成亦秦之利也秦以爲然卒使就渠注填閼之水溉澤鹵之地

珍倣宋版印

四萬餘頃收皆畝一鍾於是關中爲沃野無凶年命曰鄭國渠秦平天下以李冰爲蜀守冰壅江水作堋穿二江成都中雙過郡下以通舟船因以漑灌諸郡於是蜀沃野千里號爲陸海漢文帝以文翁爲蜀郡太守穿煎洩口漑灌繁田千七百頃人獲其饒武帝元光中大司農鄭當時言引渭穿渠起長安並南山下至河三百餘里渠下民田萬餘頃又可得以漑田益肥關中之地得穀天子以爲然令齊水工徐伯表悉發卒數萬人穿漕渠三歲而通渠下民頗得以漑田矣其後河東守番係請穿渠引汾漑皮氏汾陰下引河漑汾陰蒲坂下（皮氏今龍門縣地屬絳郡汾陰今寶鼎縣地蒲坂今河東縣地並屬河東郡）度可得五千頃五千頃故盡河壖棄地民茭牧其中耳今漑田之度可得穀二百萬石以上天子以爲然發卒數萬人作渠田數歲河移徙渠不利則田者不能償種久之河東渠田廢與越人令少府以爲稍入（時越人有徙者以田與之其租稅入少府也）其後嚴熊言臨晉民願穿洛以漑重泉以東萬餘頃（重泉在今馮翊郡界今有乾阬）

卽莊熊羆之所穿渠故惡地誠得水可令畝十石於是為發卒萬餘人穿渠自徵引洛水至商顏下徵在馮翊卽今郡之澄城縣商顏今馮翊縣界岸善崩乃鑿井深者四十餘丈往往為井井下相通行水水頹以絕商顏東至山嶺十餘里間井渠之開自此始穿渠得龍骨故名曰龍首渠作之十餘歲渠頗通猶未得其饒是時用事者爭言水利朔方西河河西酒泉皆引河及川谷以溉田而關中靈軹成國湋渠引諸川汝南九江引淮東海引鉅定泰山下引汶水皆穿渠為溉田各萬餘頃佗小渠陂山通道不可勝言自鄭國渠起至元鼎六年百三十六歲而兒寬為左內史奏請穿鑿六輔渠在鄭國渠之裏今尚謂之輔渠亦曰六渠以益溉鄭國傍高仰之田後十六歲趙中大夫白公復奏穿渠引涇水首起谷口尾入櫟陽注渭中袤二百里溉田四千五百餘頃因名曰白渠民得其饒歌之曰田於何所池陽谷口鄭國在前白渠起後舉鍤為雲決渠為雨涇水一石其泥數斗且溉且糞長我禾黍衣食京師億萬之口言此兩渠饒

珍倣宋版印

也元帝建昭中邵信臣爲南陽太守於穰縣之南六十里造鉗盧陂壘石爲堤傍開六石門以節水勢澤中有鉗盧王池因以爲名用廣溉灌歲歲增多至三萬頃人得其利及後漢杜詩爲太守復修其業時歌之曰前有邵父後有杜母後漢章帝建初中王景爲廬江太守郡部安豐縣有楚孫叔敖所起芍陂先是荒廢景重修之境內豐給其陂徑百里灌田萬頃芍音鵲今壽春郡安豐縣界順帝永和五年馬臻爲會稽太守始立鑑湖築塘周迴三百十里灌田九千餘頃東晉張闓爲晉陵內史時所部四縣並以旱失田闓乃立曲阿新豐塘丹陽郡丹陽界溉田八百餘頃每歲豐稔葛洪爲其頌宋文帝元嘉七年劉義欣爲荊河刺史鎮壽陽于時土荒民散義欣乃經理芍陂爲之堤堰引淠匹詣反水入陂開榛伐木水得通涇歲獲豐稔後魏刁雍爲薄骨律鎮將至鎮上表曰富平西三十里薄骨律鎮今靈武郡富平今迴樂縣有艾山南北二十六里東西四十五里鑿以通河似禹舊迹其兩岸作溉田大渠廣十餘步山南引水入

此渠中水則充足溉官私田四萬餘頃旬日之間則水一徧水凡四
溉穀得成實從之公私獲其利裴延儁爲幽州刺史范陽郡有舊沉
渠徑五十里漁陽燕郡有故戾諸堰廣袤三十里皆廢毀多時莫能
修復水旱不調人多飢餒延儁自度水形營造未幾而就溉田萬餘
頃爲十倍利

屯田

漢昭帝始元二年詔發習戰射士詣朔方調故吏將屯田張掖郡孝
宣帝神爵元年遣後將軍趙充國將兵擊先零羌充國以擊虜殄滅
爲期乃欲罷騎兵屯田以待其獘上從之於是留步士萬人屯田大
獲其利明年遂破先零屯田之詳見充國傳魏武帝破黃巾欲經略
四方而苦軍食不足羽林監頴川棗祗建置屯田於是以任峻爲典
農中郞將募百姓屯田於許下得穀百萬斛郡國例置田官數年之
中所在積粟倉廩皆滿廢帝齊王芳正始四年司馬懿督諸軍伐吳

時欲廣田蓄穀爲滅賊資乃使鄧艾行陳項以東至壽春艾以爲田良水少不足以盡地利宜開河渠可以大積軍糧又通運漕之道乃著濟河論以喻其指又以爲昔破黃巾因爲屯田積穀於許都以制四方今三隅已定事在淮南每大軍征舉運兵過半功費巨億以爲大役陳蔡之間土下田良可省許昌左右諸稻田并水東下令淮北屯二萬人淮南三萬人十二分休常有四萬人且田且守水豐常收三倍於西計除衆費歲得五百萬斛以爲軍資六七年間可積三千萬斛於淮上此則十萬之衆五年食也以此乘吳無往而不克懿善之如艾計遂北臨淮水自鍾離西南橫石以西盡沘水四百餘里五里置一營營六十人且佃且守兼修廣淮陽百尺二渠上引河流下通淮穎大治諸陂於穎南北穿渠三百餘里溉田二萬頃淮南淮北皆相連接自壽春到京師農官兵田雞犬之聲阡陌相屬每東南有事大軍興衆汎舟而下達于江淮資食有儲而無水害艾所建也晉

羊祜爲征南大將軍鎮襄陽吳石城守去襄陽七百餘里每爲邊害祜患之以詭計令吳罷守於是戍邏減半分以墾田八百餘頃大獲其利祜之始至也軍無百日之糧及至季年有十年之積太康元年平吳之後杜預在荊州修邵信臣遺跡激用滍淯諸水以浸原田萬餘頃分疆刊石使有定分公私同利衆庶賴之號曰杜父舊水道唯沔漢達江陵千數百里北無通路又巴丘湖沅湘之會表裏山川實爲險固荊蠻之所恃預乃開楊口起夏水達巴陵千餘里內瀉長江之險外通零桂之漕南土歌之曰後世無叛由杜翁孰識智名與勇功東晉元帝督課農功二千石長吏以入穀多少爲殿最其宿衞要任皆令赴農使軍各自佃卽以爲廩稍穆帝升平初荀羨爲北部都尉鎮下邳屯田于東陽之石鼇臨淮郡界公私利之後魏文帝大統十一年大旱十二年秘書丞李彪上表請別立農官取州郡戶十分之一爲屯田人相水陸之宜料頃畝之數以贓贖雜物市牛科給令其肆力

一夫之田歲責六十斛蠲其正課幷征戍雜役行此二事數年之中則穀積人足矣帝覽而善之尋施行焉自此公私豐贍雖有水旱不爲之害也北齊廢帝乾明中尚書左丞蘇珍芝又議修石鼈等屯歲收數十萬石自是淮南軍防糧足孝昭帝皇建中平州刺史嵇曄建議開幽州督亢舊陂長城左右營屯歲收稻粟數十萬石北境得以周贍又於河內置懷義等屯以給河南之費自是稍止轉輸之勞武成帝河清三年詔沿邊城守堪墾食者營屯田置都子使以統之一子使當田五十頃歲終課其所入以論褒貶隋文帝開皇三年突厥犯塞吐谷渾寇邊轉輸勞弊乃令朔方總管趙仲卿於長城以北大興屯田唐開元二十五年令諸屯隸司農寺者每三十頃以下二十頃以上爲一屯隸州鎮諸軍者每五十頃爲一屯應置者皆從尚書省處分其舊屯重置者一依承前封疆爲定新置者並取荒閑無籍廣占之地天寶八年天下屯收百九十一萬三千九百六十石關內

五十六萬三千八百一十石河北四十萬三千二百八十石河東二十四萬五千八百八十石河西二十六萬八十八石隴右四十四萬九百二十石後上元中於楚州置洪澤屯壽州置芍陂屯厥田沃壤大獲其利

賦稅

古之有天下者必有賦稅之用計口而入謂之賦公田什一及工商衡虞之入謂之稅稅以供郊廟社稷天子奉養百官祿食賦以給車馬兵甲士徒之役充實府庫賜予之用禹定九州量其貢賦三代因之而什一之法未嘗廢秦孝公十二年初爲賦蓋納商鞅之說而易其制也自時厥後內興功作外攘夷狄收太半之賦而猶爲不足漢高帝懲其弊於是約法省禁輕田租什五而稅一量吏祿度官用以賦於民而山川園池市肆租稅之入自天子以至封君湯沐邑皆各爲私奉養不領於天子之經費又令賈人不得衣絲乘車重租稅以困辱之四年八月初爲算賦漢儀注人年十五以上至五十六出賦錢人百二十爲一算爲治庫兵車馬

孝惠六年令女子年十五以上至三十不嫁五算（漢律人出一算算百二十錢唯賈人與奴婢倍算今使五算罪謫之也）孝文人賦四十丁男三年而一事（常賦歲百二十歲一事時天下之人多故出賦四十三歲而一事）鼂錯說上令民入粟得以拜爵邊食足支五歲可令入粟郡縣足支一歲以上可時赦勿收農人租如此德澤加於萬民帝從其言後天下充實乃下詔賜民十一年租稅之半十三年詔曰農天下之本務莫大焉今勤身從事而有租稅之賦是謂本末者無以異也其於勸農之道未備其除田之租稅孝景帝二年令民半出田稅三十而稅一時上溢而下有餘又禮高年九十者一子不事八十者二算不事令天下男子年二十始傅孝武即位董仲舒說上曰古者稅民不過什一其求易供使民不過三日其力易足至秦則不然用商鞅之法又九月爲更卒已復爲正一歲屯戍一歲力役三十倍於古田租口賦鹽鐵之利二十倍於古或耕豪民之田見稅什五故貧民常衣牛馬之衣而食犬彘之食矣建元元年制八十復二

算九十復甲卒孝昭始元六年七月罷榷酤官令民得以律占租武帝時賦斂繁多律外而取今始復舊元鳳二年三輔太常郡得以菽粟當賦三年以前逋更賦未入者皆勿收四年出口賦漢儀注民年七歲至十四出口賦錢人二十三二十錢以食天子其三錢者武帝加口錢以補車騎馬六年詔曰夫穀賤傷農今三輔減賤其令以菽粟當年年賦元平元年詔減口賦錢有司奏請減什三上許之孝宣帝甘露二年減民算三十孝成建始二年減天下賦錢算四十本算百二十今減四十爲八十孝平元始元年詔天下女徒已論歸家顧出錢月三百後漢光武建武六年詔田租三十稅一如舊制有產子者復以三年之算也明帝即位人無橫徭天下安寧時穀貴尚書張林上言穀所以貴由錢賤故也可盡封錢一取布帛爲租以通天下之用從之魏武初平袁紹鄴都令收田租畝粟四升戶絹二疋綿二斤餘不得擅興晉武帝平吳之後制戶調之式丁男之戶歲輸絹三疋綿三斤女及次丁男爲戶者半輸其諸邊郡或三分之二遠者三分之一夷人輸

賨布戶一疋遠者或一丈不課田者輸義米戶三斛遠者五斗極遠者輸算錢人二十八文成帝咸和五年始度百姓田取十分之一率畝稅米三升是後頻年水旱田稅不至咸康初算田稅米空懸五十餘萬斛尚書諸曹以下免官哀帝即位乃減田租畝收二升孝武帝大元二年除度定田收租之制公王以下口稅三斛唯蠲在役之身八年又增稅米口五石宋孝武大明五年制天下人戶歲輸布四尺齊高帝初竟陵王子良上表曰宋文帝元嘉中皆責成郡縣孝武徵求急速以郡縣遲緩始遣臺使百姓駭迫不堪其命恣意贓賄人無敢言守宰務在裒刻圍桑品屋以准貲課致令斬樹發瓦以充重賦又臺符既切畏失嚴期乃有自殘軀命斬絕手足以避徭役守長不務富民惟言益國豈有民貧於下而國富於上邪子良之言雖切而終不見用自東晉寓居江左百姓南奔者並謂之僑人其無貫之人不樂州縣編者謂之浮浪人惟其所輸終優於正課至齊武帝時都

下人多為諸王公貴人左右佃客典計衣食客之類皆無課役官品第一第二佃客無過四十戶每品減五戶至第九品五戶其佃穀皆與大家量分其典計官品第一第二置三人第三第四置二人第五第六及公府參軍殿中監監軍長史司馬部曲督關外侯材官議郎以上一人皆通在佃客數中官品第六以上并得衣食客三人第七第八二人第九品舉輦迹禽前驅彊弩司馬羽林郎殿中虎賁持椎斧武騎虎賁持鈒冗從虎賁命中武騎一人其客皆注家籍其課丁男調布絹各二丈絲三兩綿八兩祿絹八尺祿綿三兩二分租米五石丁女並半之男年十六亦半課年十八正課六十六免課其男丁每歲役不過二十日田畝稅米二升蓋大率如此也其量三升當今一升秤則三兩當今一兩尺則一尺二寸當今一尺自梁武帝末侯景之亂國用常褊京官文武月俶唯得廩食多遙帶一郡縣官而取其祿秩焉揚徐等大州比令僕班寧桂等小州比參軍班丹揚郡吳

珍倣宋版印

郡會稽等郡同太子詹事尙書班高梁晉康等小郡三班而已大郡六班小縣兩轉方至一班品第旣殊不可委載後魏令每調一夫一婦帛一疋粟二石人年十五以上未娶者四人出一夫一婦之調奴任耕婢任績者八口當未娶者四耕牛十頭當奴婢八其麻布之鄉一夫一婦布一疋下至半以此爲降大率十疋中五疋爲公調二疋爲調外費三疋爲內外百官俸人年八十以上者聽一子不從役孤獨病老篤貧不能自存者亦一人不從役舊制民間所織絹布皆幅廣二尺二寸長四十尺爲一疋六十尺爲一端後乃漸至濫惡不依尺度孝文帝延興三年秋更立嚴制令一准前式違者罪各有差四年詔州郡人十丁取一以充行戶收租五十石以備年糧太和八年始准古班百官之祿以品第各有差先是天下戶以九品混通戶調帛二疋絮二斤絲一斤粟二十石又入帛一疋二丈委之州庫以供調外之費至是戶增帛三疋粟二石九斛以爲官司之祿復增調外

帛滿二疋所調各隨土所出其司冀雍華定相秦洛荊河懷兗陝徐青齊濟南河東東徐等州貢綿絹及絲其餘郡縣少桑蠶處皆以麻布充正光後國用不足乃先折天下六年租調而徵之百姓怨苦有司奏斷百官常給之酒計一歲所省米五萬三千五十四斛九㪷糵穀六千九百六十斛麴三千萬五百九十九斤有司又奏內外百官及諸蕃客廩食及肉悉三分減一計歲終省肉百五十九萬九千八百五十六斤米五萬三千九百三十三石北齊文宣受禪多所草創六坊內從者更加簡練每一人必當百人任其臨陣必死然後取之謂之百保鮮卑又簡華人之勇力絕倫者謂之勇士以備邊要始立九等之戶富者稅其錢貧者役其力後南征頻歲陷沒士馬死者以數十萬計武成以修創臺殿所役甚廣兼并戶口益多隱漏舊制未娶者輸半牀租調陽翟一郡戶至數萬籍多無妻有司劾之帝以為生事不許由是姦欺尤甚戶口租調十亡六七是時用度轉廣賜予

無節府藏之積不足以供乃減百官之祿徹軍人之常廩幷省州郡縣鎮戍之職又制刺史守宰行兼者並不給幹以節國用之費焉河清三年定令乃率以十八受田輸租調二十充兵六十免力役六十六退田免租調率人一牀調絹一疋綿八兩凡十斤綿中折一斤作絲墾租二石義租五斗奴婢各准良人之半牛調二丈墾租一斗義租五升墾租送臺義租納郡以備水旱後周文帝霸府初開制司賦掌均賦之政令凡人自十八至六十四與輕癃者皆賦之其賦之法有　者歲不過絹一疋綿八兩粟五斗丁者半之其非桑土有室者布一疋麻十斤丁者又半之豐年則全賦中年半之下年一之皆以時徵焉若艱凶札則不徵其賦司役掌力役之政令凡人自十八至五十九皆任於役豐年不過三旬中年則二旬下年則一旬起徒役無過家一人有年八十者一子不從役百年者家不從役廢疾非人不養者一人不從役若凶札又無力征武帝保定元年改八丁兵爲

十二丁兵率歲一月役建德二年改軍士爲侍官募百姓充之除其
縣籍是後夏人半爲兵矣隋文帝霸府初開尉遲迥王謙司馬消難
相次阻兵興師誅討賞費鉅萬及受禪又遷都發山東丁毁造宮室
仍依周制役丁爲十二番匠則六番丁男一牀租粟三石桑土調以
絹絁麻土調以布絹絁以疋加綿三兩布以端加麻三斤單丁及僕
隷各半之有品爵及孝子順孫義夫節婦並免課役開皇三年減十
二番每歲爲三十日役減調絹一疋爲二丈時蘇威爲納言遵父綽
之遺訓減寛賦徭務從輕典帝又躬行節儉海內繁富以江表初定
給復十年餘州並免當年租賦十二年有司上言庫藏皆滿帝曰朕
既薄賦於民又大經賜用何得爾也對曰用處常出納處常入略計
每年賜用至數百萬段曾無減損乃更開左藏之院構屋以受之詔
曰既富而教方知廉恥寧積於人無藏府庫河北河東今年田租三
分減一兵減半功調全免先是京官及諸州並給公廨錢迴易生利

以給公用六月工部尙書蘇孝慈等以爲所在官司因循往昔皆以公廨錢物出舉興生唯利是求煩擾百姓奏皆給地以營農迴易取利皆禁止十一月詔內外諸司公廨在市迴易及諸處興生並聽之唯禁出舉收利煬帝卽位戶口益多府庫盈溢乃除婦人及奴婢部曲之課其後將事遼碣增置軍府掃地爲兵租賦之入益減矣唐武德七年始定律令以度田制五尺爲步步二百四十爲畝畝百爲頃丁男中男給一頃篤疾廢疾給四十畝寡妻妾給三十畝若爲戶者加二十畝所授之田十分之二爲世業八爲口分世業之田身死則承戶者便授之口分則收入官更以給人賦役之法每丁歲入租粟二石調則隨鄉土所產綾絹絁各二丈布加五分之一輸綾絹絁者兼調綿三兩輸布者麻三斤其絹絁爲匹布爲端綿爲屯麻爲綟闊尺八長四丈者謂之匹若當戶不成匹端屯綟者皆隨近合成凡丁歲役二旬若不役則收其資每日絹三尺有事而加役者旬有五日

免其調三旬則稅調俱免通正役並不過五十日若嶺南諸州則稅米上戶一石二斗次戶八斗下戶六斗若夷獠之戶皆從半輸蕃胡內附者上戶丁稅錢十文次戶五文下戶免之附經二年者上戶丁輸羊二口次戶一口下戶三戶共一口凡水旱蟲霜爲災十分損四以上免租損六以上免租調損七以上課役俱免凡天下之戶量其資產定爲九等每三年縣司注定州司覆之百戶爲里五里爲鄉四家爲鄰五家爲保在邑居者爲坊在田野者爲村村坊鄰里遞相督察士農工商四民各業食祿之家不得與下人爭利工商雜類不得預於士伍租庸調之法以人丁爲本自開元以後天下戶籍久不更造丁口轉死田畝賣易貧富升降不實其後國家侈費無節而大盜起兵興財用益困而租庸調法弊壞自代宗時始以畝定稅而斂以夏秋至德宗時相楊炎遂作兩稅法夏輸無過六月秋輸無過十一月置兩稅使以總之量出制入戶無主客以居者爲簿人無丁中以

珍倣宋版印

貧富爲差商賈稅三十之一度與所居者均役其田稅視大曆十四年墾田之數爲定遣黜陟使按比諸道丁產等級免鰥寡煢獨不濟者敢有加斂以枉法論議者以租庸調高祖太宗之法也不可輕改而德宗方信用楊炎不疑也按天寶中天下計帳戶約有八百九十餘萬其稅錢約得二百餘萬貫大約高等少下等多今一例爲八等以下戶計之其八等戶所稅四百五十二九等戶則二百二十二今通以二百五十爲率自七載至十其四載六七年間與此大數或多少加減不同所以言約他皆類此地稅約得千二百四十餘萬石兩漢每戶所墾田不過七十畝今亦准此計約課丁八百二十餘萬其庸調租等約出絲綿郡縣計三百七十餘萬丁庸調輸絹約七百四十餘萬疋每丁計兩疋綿則百八十五萬餘屯每丁三兩六兩爲屯則兩丁合一屯租粟則七百四十餘萬石每丁兩石約出布郡縣計四百五十餘萬丁庸調輸布約千三十五餘萬端每丁兩端一丈五尺十丁則二十三端也其租約百九十餘萬丁江南郡縣折納布約五百七十餘萬端大約八等以下戶計之八等折租每丁三端一丈九等則二端二丈今通以三端爲率二百六十餘萬丁江北郡縣納粟約五百二

十餘萬石大凡都計租稅庸調每歲錢粟絹綿布約得五千二百二十餘萬端疋屯貫石諸色資課及勾剝所獲不在其中據天寶中度支每歲所入端屯疋貫石都五千七百餘萬計稅錢地稅庸調折租得五千三百四十餘萬端疋屯其資課及勾剝等當合得四百七十餘萬其度支歲計粟則二千五百餘萬石三百萬折充絹布添入兩京庫三百萬迴充米豆供尚食及諸司官廚等料并入京倉四百萬江淮迴造米轉入京充官祿及諸司糧料五百萬留當州官祿及遞糧一千萬諸道節度軍糧及貯備當州倉布絹綿則二千七百餘萬端屯疋千三百萬入西京一百萬入東京千三百萬諸道兵賜及和糴并遠小州便充官料郵驛等費錢則二百餘萬貫百四十萬諸道州官課料及市驛馬六十餘萬添充諸州軍和糴軍糧

自開元中及于天寶開拓邊境多立功勳每歲軍用日增其費糴米粟則三百六十萬疋段朔方河西各八十萬隴右百萬伊西北庭八萬安西十二萬河東節度及羣牧使各四十萬給衣則五百二十萬朔方百二十萬隴右百五十萬河西百萬伊西北庭四十萬安西五十萬河東節度四十萬羣牧二十萬別支計則二百一十萬河東五十萬幽州劍南各八十萬餽軍食則百九十萬石河東五十萬幽州劍南各七十萬凡一千二百八十萬開元以前每歲邊夷戎所用不過二百萬貫自後經費日廣以至於此而錫賚之費此不與焉其時錢穀之司唯務割剝迴殘

一 珍倣宋版印

賸利名目萬端府藏雖豐閭閻困矣尚書省度支總天下經費自安祿山反至德乾元之際置度支使永泰之後度支置副使以掌其外度支以掌其內建中初又置轉運使復歸度支分命出職使往諸道收戶口錢穀名數每歲天下共斂三千餘萬貫其二千五十餘萬貫以供外費九百五十餘萬貫供京師外稅米麥共千六百餘萬石其二百餘萬石供京師千四百萬石給充外費

臣謹按井田之法所以爲良者以田與賦不相離雖暴君不能違田而取賦汚吏不能什一而加多至秦孝公開阡陌之法田賦始相離故所取者不多乎什一則少乎什一也其弊至於收太半焉漢高帝欲革秦之弊什五而稅一孝景二年始令民半出田租三十而稅一至後漢以三十而稅一爲通用之法荀悅曰今漢人田或百一而稅則知漢法之優民可謂至矣然豪彊占田踰多浮客輸太半之賦官家之惠優於三代富室之暴酷於亡秦皆緣無授田之法所以惠不及齊民偉哉後魏孝文帝之爲人君也眞英斷之主乎井田廢七百年一旦納李安世之言而行均田之法國則

有民民則有田周齊不能易其法隋唐不能改其貫故天下無無田之夫無不耕之民口分世業雖非井田之法而得三代之遺意始者則田租戶調以爲賦稅至唐祖開基乃爲定令曰租曰調曰庸有田則有租有家則有調有身則有庸租者什一之稅也調者調發兵車井田之賦也庸者歲役二旬不役則收其資役多則免調過役則租調俱免無傷於民矣舍租調之外而求則無名雖無道之世亦不爲自太和至開元三百年之民抑何幸也天寶之季師旅旣興誅求無藝生齒流移版圖焚蕩然是時賦役雖壞而法制可尋不幸建中天子用楊炎爲相遂作兩稅之法自兩稅之法行則賦與田不相系也況又取大曆中一年科率多者爲兩稅定法此總無名之暴賦立爲常規也且言利之臣無代無之有恨少無恨多有言加無言減自兩稅以來賦不系於田故名色之求罔民百出或以方圓取或以羨餘取或言獻奉或言假貸初雖暫時

久爲成法建中以來將五百年世不乏楊炎不知所以加於大曆中一年之多數目復幾倍乎嗚呼後世之爲民也其難爲民矣且開元之前戶口至衆而民皆有田至於癃老童穉寡妻女子亦皆有田一丁授田百畝百畝之田歲輸粟二石絹二丈無絹則布二丈五尺嶺南諸州則以戶計上戶一斛二㪷下戶六㪷夷獠半之內附之家上戶十丈下戶無出當是時也民之所以爲民也如此官之所以取諸民也如此後魏去三代爲遠今去開元不遠是非難行之道也後之言治道者當使一民有百畝之田然後可以議魏齊周隋唐之事若有無田之民不耕之夫則於魏齊周隋唐之事未可輕議也言利之臣則亦當量開元之前所以爲重賦者百畝之田不過二石粟二丈絹耳所以爲輕賦者上戶之家不過十丈耳今百畝之田賦斂如此上戶之家出錢如此吾於如此之中復何容心哉

歷代戶口 夏 商 周 秦 漢 魏 晉 宋 齊 後魏 北齊 後周 隋 唐

禹平水土爲九州有民千三百五十五萬三千九百二十三口塗山之會執玉帛者萬國夏之衰也逮成湯受命其能存者三千餘國商德之衰也逮周武王受命定五等之封有千七百七十三國及周公相成王致治刑措有民千三百七十萬四千九百二十三口此周之極盛也東遷之後莊王之十三年自太子公侯下至庶人凡千一百八十四萬一千九百二十三人其後戰國相併摧殘民命伊闕之敗斬首二十四萬長平之戰血流漂鹵然考蘇張之說計秦及山東六國戎卒尚踰五百餘萬推人口數尚當千餘萬秦兼諸侯所殺三分居一猶以餘力北築長城四十餘萬南戍五嶺五十餘萬阿房驪山七十萬三十年間百姓死沒相踵于路陳項又肆其酷烈新安之坑二十餘萬彭城之戰睢水不流漢高帝定天下人之死傷亦數百萬

一 珍倣宋版印

是以平城之卒不過三十萬方之六國十分無三至孝平元始二年人戶千二百二十三萬三千口五千九百五十九萬四千九百七十八此漢之極盛也及王莽篡位續以更始赤眉之亂率土遺黎十纔有二三後漢光武建武中兵革漸息至中元二年戶四百二十七萬六百三十四口二千一百萬七千八百二十明章之後天下無事務在養民至孝和人戶滋殖桓帝永壽三年戶千六十七萬七千九百六十口五千六百四十八萬六千八百五十六建安之際海內荒殘人戶所存十無一二魏武據中原劉備割巴蜀孫權盡有江東之地三國鼎立戰爭不息及平蜀得戶二十八萬口九十四萬帶甲將士十萬二千吏四萬通計戶九十四萬三千四百二十三口五百三十七萬二千八百八十一除平蜀所得當時魏氏唯有戶六十六萬三千四百二十三口有四百四十三萬二千八百八十一晉武帝太康元年平吳收其圖籍戶五十三萬吏三萬二千兵二十三萬男女口

二百三十萬後宮五千餘人九州攸同大抵編戶二百四十五萬九千八百四口千六百一十六萬三千八百六十三此晉之極盛也蜀劉禪炎興元年則魏常道鄉公景元四年歲次癸未是歲魏滅蜀至晉武太康元年歲次庚子凡一十八年戶增九十八萬六千三百八十一口增八百四十九萬九百八十二則當三國鼎峙之時天下通計戶百四十七萬三千四百三十三口七百六十七萬二千八百八十一以奉三主斯以勤矣後趙石勒據有河北初文武官上疏請依劉備在蜀魏王在鄴故事魏王即曹公以河內魏汲等十一郡并前趙國合二十四戶二十九萬為趙國前秦苻堅滅前燕慕容暐入鄴閱其名籍戶二百四十五萬八千九百六十九口九千九百九十八萬七千九百三十五徙關東豪傑及諸雜夷十萬口于關中平燕定蜀蓋為偽代之盛也時關隴清晏百姓豐洛自長安至于諸州二十里一亭四十里一驛旅行者取給於途工商資販於道宋武帝北取南燕平廣固西滅後秦平關洛長河以南盡為宋有孝武大明八年戶九十萬六千八百七十口四百六十八萬五千五百一齊既短祚梁則喪亂宏多逮陳之末年隋家所收五十萬戶二百萬口而已後魏起自陰山盡有中夏孝文遷都河洛定禮崇儒明帝正光以前時為全盛戶口之數比夫晉太康倍而餘矣可謂盛哉及經爾朱之亂東西流移猶不下三百三十

七萬五千三百六十八戶焉北齊承魏末喪亂與周人抗衡雖開拓淮南而郡縣褊小文宣受禪性多殘虐武成後主俱爲僻王至隆化二年爲周所滅有戶三百三萬二千五百二十八口二千萬六千八百八十後周大象中有戶三百五十九萬口九百萬九千六百四隋以外戚代周無干戈之患文帝克己無誅斂之求至大業二年戶八百九十萬七千五百三十六口四千六百一萬九千九百五十六此隋之極盛也後周靜帝末授隋禪有戶三百九十九萬九千六百四至開皇九年平陳得戶五十萬及是纔二十六七年直增四百八十萬七千九百三十二煬帝承富庶之資恣荒淫之行登極之初即建洛邑每月役丁二百萬人導洛至淮及河又引沁水達河北通涿郡築長城東西千餘里皆徵百萬餘人丁男不充以婦人兼役而死者太半及親征吐谷渾駐軍青海遇雨雪士卒死者十二三又三駕東征遼澤皆興百餘萬衆餽運者倍之又逆徵數年之賦窮侈極奢舉天下之人十九爲盜賊至唐貞觀間而戶猶不滿三百萬三年戶部奏

中國人因塞外來歸及突厥前後降附開四夷爲州縣獲男女一百二十餘萬口十四年侯君集破高昌得三郡五縣二十二城戶八千四十六口萬七千三十一馬千三百疋永徽元年戶部尚書高履行奏去年進戶一十五萬高宗以天下進戶旣多謂長孫無忌曰比來國家無事戶口稍多三二十年足爲充實因問隋有幾戶今有幾戶履行奏隋大業中戶八百七十萬今戶三百八十萬顯慶二年十月上幸許汝州問中書令杜正倫曰此閒田地極寬百姓太少因又問隋有幾戶正倫奏大業初有八百餘萬戶末年離亂至武德有二百餘萬戶總章元年十月司空李勣破高麗國虜其王下城百七十戶六十九萬七千二百配江淮以南山南京西天寶十四載管戶總八百九十一萬四千七百九應不課戶三百五十六萬五千五百一應課戶五百三十四萬九千二百八管口總五千二百九十一萬九千三百九不課口四千四百七十萬九百八十八課口八百二十萬八千三百二十一此唐家之極盛也自天寶十四年至乾元三年損戶總五百九十八萬二千五百八十四不課戶

損二百三十九萬一千九百九課戶損三百五十九萬六百七十五
損口總三千五百九十二萬八千七百二十三不課口損三千七十
一萬三百一課口損五百二十一萬八千四百三十二戶至大曆中
唯有百三十萬戶建中初命黜陟使往諸道按比戶口約都得主戶
百八十餘萬客戶
百有三十餘萬

丁中

漢孝景二年令天下男子年二十而始傅音附晉武帝平吳後有司奏男子年十六以上至六十為正丁十五以下至十三六十以上至六十五為次丁十二以下六十六以上為老小不事宋孝武帝大明中從王敬弘之言以十五至十六為半丁十七為全丁北齊武成清河三年乃令男子十八以上六十五以下為丁十六以上十七以下為中六十六以上為老十五以下為小隋文帝頒新令男女三歲以下為黃十歲以下為小十七以下為中十八以上為丁丁從課役六十為老乃免開皇三年令軍人以二十一成丁煬帝即位戶口益多男子以二十二成丁高熲奏以民間課稅雖有定分年常徵納除注恆

多長吏肆情文帳出沒既無定簿難以推校乃爲輸籍之樣請遍下
諸州每年正月五日縣令巡人各隨便近五黨三黨各爲一團依樣
定戶上下帝從之自是姦無所容矣唐武德七年定令男女始生爲
黃四歲爲小十六爲中二十一爲丁六十爲老神龍元年韋皇后求
媚於人上表請天下百姓年二十二成丁五十八免役制從之天寶
三年十二月制自今以後百姓宜以十八以上爲中男二十三以上
成丁按開元二十五年戶令云諸戶主皆以家長爲之戶內有課口
者爲課戶無課口者爲不課戶諸視流內九品以上官及男年二十
以上老男廢疾妻妾部曲客女奴婢皆爲不課戶善乎杜佑之論也
家足不在於逃稅國足不在於重斂若逃稅則不土著而人貧重斂
則多養羸而國貧三王以前井田定賦秦革周制漢因秦法魏晉已
降名數雖繁亦有良規不救時弊昔東晉之宅江南也慕容符姚迭
居中土人無定本傷理爲深遂有庚戌土斷之令財豐俗阜寔由於

茲其後法制廢弛舊弊復起義熙之際重舉而行已然之效著在前志隋受周禪得戶三百六十萬開皇九年平陳又收戶五十萬洎于大業二年干戈不用唯十八載有戶八百九十萬矣（自平陳後又加四百八十餘萬）其時承西魏喪亂周齊分據暴君慢吏賦重役勤人不堪命多依豪室禁網隳紊姦僞尤滋高熲覩流冗之病建輸籍之法於是定其名輕其數使人知爲浮客被彊家收太半之賦爲編甿奉公上蒙輕減之征先敷其信後行其令烝庶懷惠姦無所容隋氏資儲遍於天下民俗康阜熲之力焉功規蕭葛道亞伊呂近代以來未之有也唐家貞觀中有戶三百萬至天寶末百三十餘年纔如隋氏之數唐氏之盛邁於西漢約計天下編戶合踰元始之間而名籍所少三百餘萬直以選賢授任多在藝文才與職乖法因事弊隳循名責實之義闕考言詢事之道崇秩之所至美價之所歸不無輕薄之曹浮華之伍習程典親簿領謂之淺俗務根本去枝葉目以迂闊風流相尚奔競

相驅職事委於郡胥貨賄行於公府而至此也

食貨略第一

食貨略第二 通志卷第六十二

錢幣 太昊 夏 商 周 秦 漢 王莽 後漢 魏 晉 宋 齊 梁 陳 後魏 北齊 後周 隋 唐

自太昊以來則有錢矣太昊氏高陽氏謂之金有熊氏高辛氏謂之貨陶唐氏謂之泉商人周人謂之布齊人莒人謂之刀謂之泉者言其形謂之金者言其質謂之刀者言其器謂之貨謂之布者言其用古文錢字作泉者其形如泉文一變而爲刀器再變而爲圜法太公作九府圜法黃金方寸而重一斤錢圜函方輕重以銖布帛廣二尺一寸爲幅長四丈爲疋以爲貿易之制自圜法流通於世民實便之故泉與刀並廢後人不曉其謂也觀古錢其形即篆泉文也後世代以錢字故泉之文借爲泉水之泉其實泉之篆文下體不從水也先儒不知本末謂流於泉布於布寶於金利於刀此皆訟鑿之義也錢所以權天下之利而便於民古人與金銀龜貝相參爲幣惟管仲之

論詳焉以先王所以守財物御人事而平天下者在乎此禹有五年之水湯有七年之旱民之無饘有賣子者禹以歷山之金鑄幣以賑之湯以莊山之金鑄幣以贖之周景王時患錢輕更鑄大錢徑一寸二分重十二銖文曰大泉五十肉好皆有周郭以勸農贍不足百姓蒙其利楚莊王以爲幣輕更以小爲大百姓不便皆去其業孫叔敖爲相市令言於相曰市亂人莫安其處行不定叔敖白於王遂令復如故而百姓乃安也秦一中國之幣爲二等黃金以溢爲名上幣（二十兩爲溢改周一斤之制）銅錢質如周錢文曰半兩重如其文爲下幣而珠玉龜貝銀錫之屬爲器飾寶藏不爲幣然各隨時而輕重無常漢興以爲秦錢重難用更令民鑄莢錢（如榆莢也錢重銖半徑五分文曰漢興）黃金一斤（復周之制更以斤名金）高后二年行八銖錢（秦錢文曰半兩卽八銖錢漢以其太重更鑄榆莢人患太輕至此復行八銖錢）六年行五分錢（徑以五分用莢錢也）孝文五年爲錢益多而輕乃更鑄四銖錢其文爲半兩除盜鑄錢令使民放鑄是時吳以諸侯卽山鑄錢富埒天

子文字與四銖同微重耳後卒叛逆鄧通大夫也以鑄錢文字稱兩同四銖財過王者

故吳鄧錢布天下孝武帝有事於四夷又徙貧民七十萬口於新秦中用度既廣出御府錢以贍不足而冶鑄或累萬金不佐公家之急於是天子與公卿議更錢造幣以贍用而摧浮淫并兼之徒是時禁苑有白鹿而少府多銀錫乃以白鹿皮方尺緣以藻繢爲皮幣直四十萬王侯宗室朝覲聘享必以皮幣薦璧然後得行又造銀錫爲白金以爲天用莫如龍地用莫如馬人用莫如龜故白金三品其一曰重八兩圜之其文龍名曰白選漢志曰白撰直三千二曰以重差小方之其文馬直五百以半斤之重差爲三品此重六兩則下品重四兩三曰復小撱之其文龜直三百令縣官銷半兩錢更鑄三銖錢文如其重盜鑄諸金錢罪皆死而吏民之盜鑄白金者不可勝數有司言三銖錢輕易姦詐乃更請郡國鑄五銖錢是爲白金五銖錢四五年間郡國姦鑄益多公卿請令京師官鑄赤仄以赤銅爲其郭一當五賦官用非赤仄不得行白金稍賤

民不寶用縣官以令禁之無益歲餘終廢不行其後二歲赤仄錢賤民巧法用之不便又廢於是悉禁郡國無鑄錢專令上林三官鑄錢既多而令天下非三官錢不得行諸郡國前所鑄錢皆廢銷之輸入其銅三官而民之鑄錢益少計其費不能相當唯眞工大姦乃盜爲之宣帝時貢禹言鑄錢采銅一歲十萬人不耕民坐盜鑄陷刑者多富人藏錢滿室猶無厭足民心搖動棄本逐末耕者不能半姦邪不可禁原起於錢疾其末者絕其本宜罷采珠玉金銀鑄錢之官毋復以爲幣除其販賣租銖之律租稅祿賜皆以布帛及穀使百姓壹意農桑議者以爲交易待錢布帛不可尺寸分裂禹議亦寢自孝武元狩五年三官初鑄五銖錢至平帝元始中成錢二百八十億萬餘云王莽居攝變漢制以周錢有子母相權於是始造大錢徑一寸二分重十二銖文曰大錢五十又造契刀錯刀契刀環如大錢身形如刀長二寸文曰契刀五百錯刀以黃金錯其文曰一刀直五千與五銖

錢凡四品並行莽即真以爲書劉字有金刀乃罷錯刀契刀及五銖錢而更作金銀龜貝錢布之品名曰寶貨於是爲錢寶六品銀貨二品龜寶四品貝貨五品布貨十品凡寶貨五物六名二十八品鑄作錢布皆用銅殽以鏈錫文質周郭放漢五銖錢云其金銀與他物雜色不純好龜不盈五寸貝不盈六分皆不得爲寶貨元龜爲蔡非四民所得居有者入太卜受直其後百姓慣亂其貨不行民私以五銖錢市買莽患之下詔敢挾五銖錢者爲惑衆投諸四裔於是農商失業食貨俱廢其後改易不常品名頗衆不足記也及公孫述僭號於蜀廢銅錢置鐵官鑄鐵錢百姓貨幣不行後漢光武除王莽貨泉自莽亂後貨幣雜用布帛金粟建武十六年馬援上書曰富國之本在於食貨宜如舊鑄五銖錢帝從之於是復鑄五銖錢天下以爲便及章帝時穀價貴縣官經用不足朝廷憂之尚書張林言今非但穀貴百物皆貴此錢賤故爾宜令天下悉以布帛爲租市買皆用之封錢

勿出如此則百物皆賤矣帝用其言少時復止和帝時有上書言民以貨輕錢薄故致貧困宜改鑄大錢事下四府羣寮及太學能言之士孝廉劉陶上議曰當今之憂不在於貨在乎民飢蓋民可百年無貨不可一朝有飢故食爲至急也議者不達農殖之本多言鑄冶之便或欲因緣行詐以賈國利國利將盡取者爭競造鑄之端於是乎生蓋萬人鑄之一人奪之猶不能給況今一人鑄之則萬人奪之乎夫欲民繁財阜要在止役禁奪則百姓不勞而足帝乃不鑄錢靈帝作五銖錢而爲四出道連於邊緣有識者尤之董卓焚燒宮室乃劫鑾駕西幸長安悉壞五銖錢更鑄小錢大五分盡取長安飛廉之屬充鼓鑄其錢無輪郭文章不便時人由是貨輕而物貴穀一斛至錢數百萬曹公爲相於是罷之還用五銖魏文帝黃初二年罷五銖錢使百姓以穀帛爲市買至明帝時錢廢穀用既久人間巧僞漸多競濕穀以要利作薄絹以爲市雖處以嚴刑而不能禁也司馬芝等舉

朝大議以爲用錢非徒豐國亦所以省刑今若更鑄五銖於事爲便帝乃更立五銖錢至晉用之不聞有所改創蜀先主劉備攻劉璋與士衆約若事定府庫百姓孤無取焉及拔成都士衆皆捨干戈赴諸庫藏取寶物軍用不足備甚憂之西曹掾劉巴曰此易耳但當鑄錢一直百平諸物價令吏爲官市備從之數月之間府庫充實又曰直百亦有勒爲五銖者大小秤兩如一焉並徑七分重四銖吳孫權嘉平五年鑄大錢一當五百文曰大泉五百徑一寸三分重十二銖而使吏民輸銅計鑄畢設盜鑄之科赤烏元年鑄一當千大錢徑一寸四分重十六銖故呂蒙定荊州孫權賜錢一億錢既太貴但有空名民間患之後孫權下令曰往日鑄大錢云以廣貨故聽之今聞人意不以爲便其省之晉元帝過江用孫氏赤烏舊錢輕重雜行大者謂之比輪中者謂之四文吳興沈充又鑄小錢謂之沈郎錢錢既不多由是稍貴孝武帝太元三年詔曰錢國之重寶小人貪利銷壞無已監司當以爲意廣州夷人寶貴銅鼓而州境素不出銅聞官私賈人皆貪比輪錢斤兩差重以入廣州貨與夷人鑄敗作鼓其重爲禁制安帝元興中桓玄輔政立議欲廢錢用穀帛孔琳之議曰聖王制無用之貨以通有用之財既無毀敗之費又省運致之苦此錢所以嗣功龜貝歷代不廢者

也穀帛本充衣食今分以為貨致損必多魏明帝廢錢用穀四十年
矣終以不便故捨穀帛而復用錢此已然之驗也玄議遂不行宋文
帝元嘉七年立錢置法鑄四銖文曰四銖重如其文人間頗盜鑄多
翦鑿古錢取銅帝甚患之錄尚書江夏王義恭建議以一大錢當兩
以防穿鑿議者多同之遂以一錢當兩行之經時公私非便乃罷自
元嘉中鑄四銖錢輪郭形制與古五銖同價無利百姓不資盜鑄孝
武孝建初鑄四銖文曰孝建一邊為四銖其後稍去四銖專為孝建
三年尚書右丞徐爰議曰貨薄民貧公私俱罄不有革造將大乏宜
應式遵古典收銅繕鑄納贖刊刑著在往策今宜以銅贖刑隨罪為
品詔可之所鑄錢形式薄小輪郭不成就於是民間盜鑄者雲起雜
以鉛錫並不牢固又翦鑿古錢以取其銅錢既轉小稍違官式雖重
制嚴刑人吏官長坐死免者相係而盜鑄彌甚百物踊貴人患苦之
乃立品格薄小無輪郭者悉加禁斷時議者又以銅轉難得欲鑄二

珍倣宋版印

銖錢顏竣陳三不可逮廢帝景和二年遂鑄二銖錢文曰景和形式轉細官錢每出民間即模效之而大小厚薄皆不及也無輪郭不磨翦鑿者謂之耒子尤薄輕者謂之荇葉市井通用之永光元年沈慶之啓通私鑄由是錢貨亂改一千錢長不盈三寸大小稱此謂之鵝眼錢劣於此者謂之綖環錢入水不沉隨手破碎市井不復斷數十萬錢不盈一掬斗米一萬商貨不行明帝太始初唯禁鵝眼綖環其餘皆通用復禁民鑄官署亦廢工尋又普斷唯用古錢齊高帝建元四年奉朝請孔覬上書曰三吳國之關閫比歲被水潦而糴不貴是天下錢少非穀穰賤此不可不察也鑄錢之弊在輕重屢變重錢患難用而難用爲無累輕錢患盜鑄而盜鑄爲禍深民所盜鑄嚴法不禁者由上鑄錢惜銅愛工也惜銅愛工也者謂錢無用之器以通交易務欲質輕而數多不慮其患也自漢鑄五銖錢至宋文帝四百餘年制度有廢興而不變五銖者其輕重可法得貨之宜也上乃使諸

州大市銅欲更鑄會上崩乃止梁初唯京師及三吳荆郢江湘梁益用錢其餘州郡則雜以穀帛交易交廣之域則全以金銀爲貨武帝乃鑄錢肉好周郭文曰五銖重如其文而又別鑄除其肉郭謂之女錢二品並行百姓或私以古錢交易有直百五銖五銖女錢太平百錢定平一百五銖雉錢五銖對文等號輕重不一天子頻下詔書非新鑄二種之錢並不許用而趨利之徒私用轉甚至普通中乃議盡罷銅錢更鑄鐵錢人以鐵賤易得並皆私鑄及大同以後所在鐵錢遂如丘山物價騰貴交易者以車載錢不復計數而唯論貫商旅姦詐因之以求利自破嶺以東八十爲百名曰東錢江郢以上七十爲百名曰西錢京師以九十爲百名曰長錢中大同元年天子乃詔通用足陌詔下而人不從錢陌益少至於末年遂以三十五爲百云陳初承梁喪亂之後鐵錢不行始梁末又有兩柱錢及鵝眼錢于時人雜用其價同但兩柱重而鵝眼輕私家多鎔鑄又間以錫鐵兼以粟

帛爲貨至文帝天嘉五年改鑄五銖初出一當鵝眼之十宣帝大建十一年又鑄大貨六銖以一當五銖之十與五銖並行後還當一人皆不便乃相與訛言曰六銖錢有不利縣官之象未幾而帝崩遂廢六銖而行五銖以至陳亡而嶺南諸軍州多以鹽米布帛交易俱不用錢云北齊神武霸政之初承魏猶用永安五銖遷鄴已後百姓私鑄體制漸別遂各以爲名有雍州青赤梁州生厚緊錢吉錢河陽生澀天柱赤牽之稱冀州之北錢皆不行交易者皆以絹布神武帝乃收境內之銅及錢仍舊文更鑄流之四境未幾之間漸復細薄姦僞競起文宣受禪除永安之錢改鑄常平五銖重如其文其錢甚貴且制造甚精至乾明皇建之間往往私鑄鄴中用錢有赤郭青熟細眉赤生之異河南所用有青薄鉛錫之別青齊徐兗梁豫荆河等州輩類各殊武平以後私鑄轉甚或以生鐵和銅至于齊亡卒不能禁後周之初尙用魏錢及武帝保定元年七月乃更鑄布泉錢以一當五

與五銖並行是時梁益之境又雜用古錢交易而河西諸郡或用西
域金銀錢而官不禁建德三年六月更鑄五行大布錢以一當十大
收商賈之利與布泉錢並行四年七月又以邊境之上人多盜鑄乃
禁五行大布錢不得出入四關其布泉錢聽入而不聽出五年正月
以布泉漸賤而人不用遂廢之初令私鑄者絞從者遠配爲戶齊平
已後山東之人猶雜用齊氏舊錢至宣帝大象元年十一月又鑄永
通萬國錢以一當千與五行大布及五銖凡三品並用隋高祖既受
周禪以天下錢貨輕重不等乃更鑄新錢背面肉好皆有周郭文曰
五銖而重如其文每錢一千重四斤二兩是時錢既新出百姓或有
私鎔鑄三年四月詔四面諸關各付百錢爲樣從關外來勘樣相似
然後得過樣不同者卽壞以爲銅入官詔行新錢已後前代舊錢有
五行大布永通萬國及齊常平所在勿用以其貿易不止四年詔仍
依舊不禁者縣令奪半年祿然百姓習用既久猶不能絕五年正月

詔又嚴其制自是錢貨始一所在流布百姓便之是時見用之錢皆須和以錫鑞錫鑞既賤求利者多私鑄之錢不可禁約其年詔乃禁出錫鑞之處並不得私有採取十年詔晉王廣聽於揚州立五鑪鑄錢其後姦猾稍多漸磨鑪錢郭取銅私鑄又雜以鉛錫遞相放效錢遂輕薄乃下惡錢之禁京師及諸州邸肆之上皆令立榜置樣為准不中樣者不入於市十八年詔漢王諒聽於幷州立五鑪鑄錢是時江南民間錢少晉王又請於鄂州白紵山有銅鑛處錮銅鑄錢於是詔聽置十鑪鑄錢又詔蜀王秀聽於益州立五鑪鑄錢是時錢益濫惡乃令有司括天下邸肆見錢非官鑄者皆毀之其銅入官而京師以惡錢貿易為吏所執有死者數年之間私鑄頗息大業已後王綱弛紊巨姦大猾遂多私鑄錢轉薄惡初每千猶重二斤後漸輕至一斤或翦鐵鍱裁皮糊紙以為錢相雜用之貨賤物貴以至於亡唐高祖即位仍用隋之五銖錢武德四年廢五銖錢鑄開元通寶錢徑八

分重二銖四參積十文重一兩千文重六斤四兩仍置鑄錢監於洛
幷幽益桂等州秦王齊王各賜三鑪鑄錢右僕射裴寂一鑪議者以
新錢輕重大小最爲折衷遠近甚便之後盜鑄漸起而所在用錢濫
惡顯慶五年九月以天下惡錢轉多乃令所在官爲市取之五惡錢
酬一好錢百姓以惡錢價賤私自藏之候官禁之弛高宗又令以好
錢一文買惡錢兩文弊仍不息至乾封元年封岳之後又改造新錢
文曰乾封泉寶徑一寸重二銖六分仍與舊錢並行新錢一文當舊
錢十周年之後舊錢並廢初開元錢文給事中歐陽詢制詞及書時
稱其工其字含八分及篆隸體其詞先上後下次左後右流俗謂之
開元通寶錢及鑄新錢乃同流俗乾字直上封字在左尋寤錢文之
誤又緣改鑄商賈不通米帛增價乃議却用舊錢二年正月下詔曰
開元通寶高祖創之太宗承之萬代之法也乾封新錢更不須鑄仍
令天下置鑄之處並鑄開元通寶錢既而私鑄更多有將船栰宿於

江中鼓鑄所部不能覺察錢復惡濫儀鳳四年四月令東都出遠年糙米及粟就市給糴斗別納惡錢百文其惡錢令少府司農毀之是時鑄多錢賤粟貴於是權罷少府鑄錢尋復舊則天長安中揭樣於市令民間依樣用錢俄而簡擇難於交易又降勑非穿穴及鐵錫銅液者並許用之自是盜鑄蜂起有鎔錫以錢模夾之斯須則盈千百開元五年知政事宋璟請禁天下惡錢行二銖四參錢時江淮錢尤濫惡有官鑪偏鑪稜錢時錢等數色璟乃遣監察御史蕭隱之充江淮使隱之乃令率戶出錢務加督責百姓乃以上青錢充惡錢納之其小惡者或沉之於江湖以免罪戾於是市井不通物價騰起流聞京師隱之貶官璟因罷相張嘉貞知政事請不禁鑄錢弛其禁民乃安之二十二年張九齡初知政事明皇下其議左監門衛錄事參軍劉秩上議曰古者以珠玉爲上幣黃金爲中幣刀布爲下幣今之錢即古之下幣也今若捨之任人自鑄則上無以御下下無以事上遂

陳五不可時黃門侍郎裴耀卿等皆以爲恐小人棄農逐利而濫惡
更甚事遂不行但下詔禁惡錢而已天寶中內作判官韋倫請厚價
募工由是役用減而鼓鑄多天下置九十九鑪鑄錢絳州三十鑪楊
潤宣鄂蔚各十鑪益鄧郴各五鑪洋州三鑪定州一鑪約每鑪役丁
匠三十人每年除六月七月停作餘十月作十番每鑪約用銅二萬
一千二百二十斤白鑞三千七百九斤黑錫五百四十斤每千錢除
工匠外用銅鑞錫約價七百五十文每鑪歲鑄錢三千三百緡約一
歲計鑄錢三十二萬七千餘緡肅宗乾元元年經費不給有司請鑄
錢使第五琦鑄乾元重寶錢徑一寸每緡十斤與開元錢參用以一
當十二月琦入爲相又請更鑄重輪乾元錢一當五十二十斤成貫
詔可之於是新錢與開元乾元錢三品並行尋而穀價騰貴米斗至
七千餓死者相枕於道乃擡舊開元錢以一當十減重稜乾元錢以
一當三十緣人厭錢價不定民間擡加價錢爲虛錢長安城中競爲

盜鑄京兆尹鄭叔清擒捕之數月間榜死者八百餘人上元元年以
重稜當五十錢減作三十以開元舊錢一當十寶應元年改乾元重
稜小錢一當二重稜大錢一當三尋又改行乾元大小錢並以一當
一自第五琦更鑄犯法者日數百至是人甚便之鹽鐵轉運使劉晏
以江淮諸州任土所出皆賤弱難致之貨以輸京師不足償道路之
直於是積之江淮易銅鉛薪炭廣鑄錢歲得十餘萬緡輸京師及荆
楊二州自是錢始增加大曆七年禁天下鑄銅器建中元年戶部侍
郎韓洄上言江淮錢監歲供鑄錢四萬五千貫輸于京師度工用轉
送之費每貫計錢二千是本倍利也今商州有紅崖冶出銅益多又
有洛源監不理久廢請增工鑿山以取銅興洛源錢監置十鑪鑄之
每歲計出錢七萬二千貫度工用轉送之費貫計錢九百則利浮本
也其江淮七監請皆停罷從之元和三年鹽鐵使李巽上言郴州平
陽高亭兩縣之境有平陽冶及馬迹曲木等古銅坑二百八十餘井

今請於郴州舊桂陽監置鑪兩所日鑄二十萬以年計之鑄成七千萬貫有利於人從之其年六月下蓄錢之禁又以有銀之山必有銅鑛銅可資鼓鑄銀無益於生民自五嶺以北銀宜禁採惟課採銅資官鑄作四年京師用錢每緡除二十陌於是禁之又禁錢出嶺除採銀禁六年制公私交易十緡以上卽兼用段疋其年三月河東節度使王鍔奏請於蔚州加置至五鑪八年四月勑以錢重貨輕出內庫錢五十萬貫令兩市收市布帛每端疋估加十之一十二年禁藏錢不得過五十緡十五年八月中書門下奏令諸道公納銅器各納所在節度團練防禦經略使給與價直仍令鑄錢長慶元年九月勑泉貨之義所貴通流如聞比來用錢所在除陌不一與其禁人之必犯未若從俗之所宜交易往來務令可守其內外公私給用錢貨從今以後每千墊八十以用九百二十爲貫

秦欲攻匈奴運糧使天下飛芻輓粟起於黃腄腄音誰東萊二縣琅琊負海之郡轉輸北河北河今朔方之北河率三十鍾而致一石至漢興高皇帝時漕轉山東之粟以給中都官歲不過數十萬石孝武建元中通西南夷作者數萬人千里負擔饋糧率十餘鍾致一石其後東滅朝鮮置滄海郡人徒之費擬西南夷又衞青擊匈奴取河南地今朔方之地復興十萬餘人築衞朔方轉漕甚遠自山東咸被其勞元光中大司農鄭當時言於帝曰異時關東運粟漕水從渭中上道九百餘里度六月而罷若引渭穿渠起長安傍南山下至河三百餘里度可三月而罷此損漕省半天子乃令齊水工徐伯表發卒穿漕渠以運大便利其後河東守番係言漕從山東西歲百餘萬石更底柱之險敗亡甚多而亦煩費請穿渠引汾溉皮氏汾陰下引河溉汾陰蒲坂下度可得五千頃故盡河壖棄地度可得穀二百萬石以上穀從渭上與關中無異而底柱之東可無復漕天子又以爲然渠田數歲河徙渠田遂廢

其後人有上書欲通褒斜道褒斜二水名褒水東流南入沔今漢中郡褒斜縣斜水北流入渭今武功縣及扶風郡及漕事下御史大夫張湯湯問其事言抵蜀故道多坂迴遠今穿褒斜道少坂近四百里而褒水通沔斜水通渭皆可以行船漕漕從南陽上沔入褒褒之絕水至斜間百餘里以車轉從斜入渭如此漢中之穀可致山東從沔無限便於底柱之漕且褒斜材木山箭之饒擬於巴蜀天子然之拜湯子卬為漢中守發數萬人作褒斜道五百餘里道果便近而水多湍石不可漕孝宣即位百姓安土歲數豐稔穀石五錢農人少利時耿壽昌以善為算能商功利得幸於上五鳳中奏言故事歲漕關東穀四百萬斛以給京師用卒六萬人宜糴三輔弘農河東上黨太原等郡穀足可以供京師可以省關東漕卒過半天子從其計御史大夫蕭望之奏言壽昌欲近糴漕關內之穀築倉理船費直二萬萬餘有動眾之功恐生旱氣人被其災壽昌習於商功分銖之事其深計遠慮誠未足任宜且如故帝不聽漕事果

珍做宋版印

便魏齊王正始四年司馬懿使鄧艾行陳項以東至壽春艾以爲田良水少不足以盡地利宜開河渠可以大積軍糧又通運漕之道懿從之乃廣開漕渠東南有事與衆泛舟而下達于江淮資食有儲而無水害艾所建也晉武帝太始十年鑿陝南山決河東注洛以通漕運雖有此詔而未成功懷帝永嘉元年修千金堨於許昌以通運成帝咸和六年以海賊寇抄運漕不繼發王公已下千餘丁各運米六斛穆帝時頻有大軍糧運不繼制王公已下十三戶共借一人助度支運後魏自徐揚內附之後仍世經略江淮於是轉運中州以實邊鎮百姓疲於道路有司請於水運之次隨便置倉乃於小平石門白馬津漳涯黑水濟州陳郡大梁凡八所各立邸閣每軍國有須應機漕引此費役微省時三門都將薛欽上言計京西水次汾華二州弘農河北河東平陽等郡年常綿絹及貲麻皆折公物雇車牛送京道險人弊費公損私略計華州一車官酬絹八疋三丈九尺別有私人

珍做宋版印

屋價布八十疋河東一車官酬絹五疋二丈別有私人屋價布五十疋自餘州郡雖未練多少推之遠近應不減此今求車取屋絹三疋市材造船不勞採斫計船一艘舉十三車車取三疋合有三十九疋屋作首并匠及船上雜具食直足以成船計一船贍絹七十八疋布七百八十疋又租車一乘官格二十斛成載私人屋價遠者五斗布一疋近者一石布一疋准其私費一車有布遠者八十疋近者四十疋造船一艘計舉七百石准其屋價應有千四百疋今取布三百疋造船一艘并船上覆理雜事計一船有贍布千一百疋又汾州有租庸調之處去汾不過百里華州去河不滿六十里並令計程依舊酬價車送船所船之所運唯達雷陂其陸路從澑陂至倉門調一車屋絹一疋租一車布五疋則於公私爲便詔從之而未能盡行也孝文太和七年薄骨律鎮將刁雍上表曰奉詔高平安定統萬薄骨律鎮今靈武郡統萬今朔方郡是也及臣所守四鎮出車五千乘運屯穀五十萬斛付沃野鎮

以供軍糧臣鎮去沃野八百里道多深沙輕車往來猶以爲難設令載穀二千石每至深沙必致滯陷又穀在河西轉至沃野越渡大河計奉五千乘運十萬斛百餘日乃得一返大廢生民耕墾之業車牛艱阻難可全至一歲不過三運五十萬斛乃經三年臣聞鄭白之渠遠引淮海之粟泝流數十周年乃得一至猶稱國有儲糧民用安樂求於牽屯山在今平原郡高平縣今笄頭山河水之次造船二百艘二船爲一舫一船勝二千斛一舫十人計須千人臣鎮內之兵率皆習水一運二十萬斛方舟順流五日而至自沃野牽上十日還到合六十日得一返從三月至九月三返運送六十萬斛計用人工輕於車運十倍有餘不費牛力又不廢田詔曰知欲造船運穀一冬即大省人力既不費牛又不廢田甚善非但一運自可永以爲式隋文帝開皇三年以京師倉廩尚虛議爲水旱之備詔於蒲陝虢熊伊洛鄭懷邠衞汴許汝等水次十三州置募運米丁又於衞州置黎陽倉陝州置常平倉華

州置廣通倉轉相灌注漕關東及汾晉之粟以給京師又遣倉部侍郎韋瓚向蒲陜以東募民能於洛陽運米肆拾碩經底柱之險達于常平者免其征戍其後以渭水多沙流有深淺漕者苦之四年詔宇文愷率水工鑿渠引渭水自大興城東至潼關三百餘里名曰廣通渠轉運通利關內賴之煬帝大業元年發河南諸郡男女百餘萬開通濟渠自西苑引穀洛水達于河又引河通于淮海自是天下利於轉輸四年又發河北諸郡百餘萬衆開永濟渠引沁水南達于河北通涿郡自是丁男不供始以婦人從役五年於西域之地置西海鄯且末等郡（逐吐谷渾得其地並在今酒泉張掖晉昌郡之北今悉爲北狄之地）謫天下罪人配爲戍卒大開屯田發西方諸郡運糧以給之七年冬大會涿郡分江淮南兵配驍衛大將軍來護兒別以舟師濟滄海舳艫數百里並載軍糧期與大兵會於平壤唐咸亨三年於岐州陳倉縣東南開渠引渭水入昇原渠通船栰至長安故渠開元十八年明皇問朝集使利害之事

宣州刺史裴耀卿上便宜曰江南戶口稍廣倉庫所資唯出租庸更無征防緣水陸遙遠轉運艱辛功力雖勞倉儲不益竊見每州所送租庸調等本州正月二月上道至揚州入斗門即逢水淺已有阻礙須停留一月以上三月四月以後始渡淮入汴多屬汴河乾淺又船運停留至六月七月始至河口即逢黃河水漲不得入河又須停一兩月待河水小始得上河入洛即漕洛乾淺船艘隘鬧般載停滯備極艱辛計從江南至東都停滯日多得行日少糧食既皆不足折欠因此而生又江南百姓不習河水皆轉雇河師水手更爲損費伏見國家舊法往代成規擇制便宜以垂長久河口元置武牢倉江南船不入黃河即於倉內便貯鞏縣置洛口倉從黃河不入漕洛即於倉內安置爰及河陽倉柏崖倉太原倉永豐倉渭南倉節級取便例皆如此水通則隨近轉運不通則且納在倉不滯遠船不憂欠耗比於曠年長運利便一倍有餘今若且選武牢洛口等倉江南船至河口

即却還本州更得其船充運幷取所減脚錢更運江淮變造義倉每年剩得一二百萬石即數年之外倉廩轉加其江淮義倉多爲下濕不堪久貯若無般運三兩年色變即給貸費散公私無益疏奏不省至二十一年耀卿爲京兆尹京師雨水害稼穀價踴貴耀卿奏曰國家帝業本在京師萬國朝宗百代不易之所但爲秦中地狹收粟不多儻遇水旱便則匱乏往者貞觀永徽之際祿廩數少每年轉運不過一二十萬石所用便足以此車駕久得安居今昇平日久國用漸廣每年陝洛漕運數倍於前支猶不給陛下數幸東都以就貯積爲國大計不憚劬勞皆爲憂民而行豈是故欲來往若能更廣陝運支入京倉廩常有二三年糧即無憂水旱今日天下輸丁約有四百萬人每丁支出錢百文充陝洛運脚五十文充營窖等用貯納司農及河南府陝州以充其費租米則各隨遠近任自出脚送納東都至陝河路艱險既用陸脚無由廣致若能開通河道變陸爲水則所支有

珍倣宋版印

餘勤丞萬計且江南租船所在候水始敢進發吴人不便河漕由是所在停留日月既淹遂生隱盜臣請於河口置一倉納江東租米便於船迴從河口分入河洛官自雇船載運河運者至三門之東置一倉既屬水險即於河岸傍山車運十數里至三門之西又置一倉每運置倉即般下貯納水通即運水細便止漸至太原倉泝河入渭更無停留所省巨萬臣常任濟定冀等三州刺史詢訪故事前漢都關內年月稍久及隋亦在京師緣河皆有舊倉所以國用常贍若依此行用利便實深上大悅尋以耀卿爲黄門侍郎同中書門下平章事勑鄭州刺史河南少尹蕭炅自江淮至京以來檢古倉節級貯納仍以耀卿爲轉運都使於是始置河陰縣及河陰倉河清縣置柏崖倉三門東置集津倉三門西置三門倉開三門北山十八里陸行以避湍險自江淮西北泝鴻溝悉納河陰倉自河陰候水調浮漕送含嘉倉又取曉習河水者遞送納于太原倉所謂北運也自太原倉浮渭

以實關中凡三年運七百萬石省腳三十萬耀卿罷相後緣邊運險澁頗有欺隱議者又言其不便事又停廢二十七年河南採訪使汴州刺史齊澣以江淮漕運經淮水波濤有沉損遂開廣濟渠下流自泗州虹縣至楚州淮陰縣北十八里合于淮而踰時畢功既而以水流浚急行旅艱險旋卽停廢却由舊河二十九年陝州刺史李齊物避三門河路急峻於其北鑿石渠通運船爲漫流河泥旋塡淤塞不可漕而止天寶三年左常侍兼陝州刺史韋堅開漕河自苑西引渭水因古渠至華陰入渭引永豐倉及三門倉米以給京師名曰廣運潭以堅爲天下轉運使（灞滻二水會於漕渠每夏大雨輒皆塡閼大曆之後漸不通舟）天寶中每歲水陸運米二百五十萬石入關（舊於河南路運至陝郡太原倉又運至永豐倉及京師太倉開元初河南尹李傑始爲陸運使從含嘉倉至太原倉置八遞場相去每場四十里每歲冬初起運八十萬石後至一百萬石每遞用車八百乘分爲前後交兩月而畢其後漸加至天寶七年滿二百五十萬石每遞用車千八百乘自九月至正月畢天寶九年九月河南尹裴迥以遞重恐傷牛於是又以遞場爲交場兩遞簡擇近水處爲宿場天寶十年九月相州刺史李南金又上表曰臣以舊籍天下水陸估價車乘肴

綱運各令官兵提巡共五十萬大率大曆之後以水陸運使兼防押四十萬石各押入關

鹽鐵茶

鹽筴之利管子言之盡矣其所以相桓公霸齊鹽筴之利也漢孝武中年大興征伐財用匱竭於是大農上鹽鐵丞孔僅東郭咸陽言山海天地之藏宜屬少府陛下弗私以屬大農佐賦願募民自給費因官器作煑鹽官與牢盆（牢盆者煑鹽之器也）浮食奇民欲擅管山海之貨以致富羨役利細民其沮事之議不可勝聽敢私鑄鐵器煑鹽者釱左趾（釱音徒計反足鉗也）沒其器物郡不出鐵者置小鐵官使屬在所縣使僅咸陽乘傳舉行天下鹽鐵作官府（主煑鑄及出納）除故鹽鐵家富者爲吏吏益多賈人矣卜式爲御史大夫見郡國多不便縣官作鹽鐵器苦惡價貴或彊令民買之而船有算商者少物貴乃因孔僅言船算事上不說孝昭元始六年令郡國舉賢良文學之士問以民所疾苦教化之要皆對曰願罷鹽鐵酒榷均輸官無與天下爭利示以儉節然後教化

可興御史大夫桑弘羊難以爲此國家大業所以制四夷安邊足用之本往者豪彊之家得管山海之利成姦僞之業家人有寶器尚猶柙而藏之況天地之山海乎夫權利之處必在山澤非豪民不能通其利異時鹽鐵未籠布衣有朐邴人君有吳王亦可見矣鹽鐵之利佐百姓之急奉軍旅之費不可廢也於是丞相奏曰賢良之士不明縣官猥以鹽鐵爲不便宜罷郡國榷酤酒關內鐵奏可於是利復流下庶民休息孝元帝時嘗罷鹽鐵官三年而復之後漢明帝時尚書張林上言鹽鐵食之急者官自可鬻和帝卽位詔曰孝武榷收鹽鐵之利以奉師旅之費中興以來猶未能革先帝恨之故遺戒罷鹽鐵之禁縱民煑鑄入稅縣官如故事布告天下獻帝建安初關中百姓流入荆州者十餘萬家及聞本土安寧皆企願思歸而無以自業於是衞覬議以爲鹽者國之大寶自喪亂以來放散今宜舊置使者監賣以其直益市犂牛百姓歸者以供給之勸耕積粟以豐殖關中遠

一 珍倣宋版印

者聞之必多競還魏武於是遣謁者僕射監鹽官移司隸校尉居弘農流民果還關中豐實後魏宣武時河東郡有鹽池舊立官司以收稅利先是罷之而人有富彊者專擅其用貧弱者不得資益延興末復立監司量其貴賤節其賦入公私兼利其後更罷更立至於永熙自遷鄴後於滄瀛幽青四州之境傍海煑鹽滄州置竈一千四百八十四瀛州置竈四百五十二幽州置竈百八十青州置竈五百四十六又於邯鄲置竈四計終歲合收鹽二十萬九千七百八斛四㪷軍國所資得以周贍矣後周文帝霸政之初置掌鹽之政令一曰散鹽煑海以成之二曰監鹽引池以化之三曰形鹽掘地以出之四曰飴鹽於戎以取之凡監鹽每池爲之禁百姓取之皆爲稅隋開皇三年通鹽池鹽井與百姓共之唐開元元年十一月左拾遺劉彤上表曰臣聞漢孝武之時廏馬三十萬後宮數萬人外討夷狄內興宮室殫費之甚實倍當今然而古費多而貨有餘今用少而財不足者何也

豈非古取山澤而今取貧民哉取山澤則公利厚而人歸於農取貧民則公利薄而人去其業故先王作法也山海有官虞衡有職輕重有術禁發有時一則專農二則饒國朙皇令宰臣議其可否咸以鹽鐵之利甚益國用遂令將作大匠姜師度戶部侍郎強循俱攝御史中丞與諸道按察使檢責海內鹽鐵之課二十五年倉部格蒲州鹽池令州司監當租分與有力之家營種之課收鹽每年上中下畦通融收一萬石又屯田格幽州鹽屯每屯配丁五十人一年收率滿二千八百石又成州長道縣鹽井一所並節級有賞罰蜀道陵綿等十州鹽井總九十所每年課鹽都當錢八千七百五十一貫陵州鹽井一所課都當錢二千六十一貫綿州井四所都當錢二百九十二貫資州井六十八所都當錢一千八十三貫瀘州井五所都當錢一千八百五十貫榮州井十三所都當錢四百貫梓州都當錢七百一十七貫遂州四百一十五貫閬州一千七百貫普州二百七十八貫遂寧府都當錢二千七百九十三貫果州都當錢九千九百八十七貫邛州都當錢三百七貫　初德宗納戶部侍郎趙贊議稅天下茶漆竹木十取一以爲常平本錢至貞元八年鹽鐵使張

滂奏出茶州縣若山及商人要路以三等定估什稅其一自是歲得錢四十萬緡然水旱亦未嘗拯之也穆宗卽位兩鎭用兵帑藏空虛鹽鐵使王播增天下茶稅率百錢增五十及王涯判二使置榷茶使徙民茶樹於官場焚其舊積天下大怨武宗卽位鹽鐵轉運崔珙增江淮茶稅是時茶商所過州縣有重稅或掠奪舟車露積雨中諸道置邸以收稅謂之搨地錢故私販益起

鬻爵

漢孝文時晁錯說上曰欲人務農在於貴粟貴粟之道在於使人以粟爲賞罰今募天下入粟縣官得以拜爵得以除罪如此富人有爵農人有錢粟有所渫夫能入粟以受爵皆有餘者也取有餘以供上用則貧人之賦可損所謂以有餘補不足令出而人利者也順於人心所補者三一曰主用足二曰民賦少三曰勸農功爵者上之所擅出於口而無窮粟者人之所種生於地而不乏夫得高爵與免罪人

之所甚欲也使天下人入粟於邊以受爵免罪不過三歲塞下之粟必多矣於是從錯之言令人入粟邊六百石爵上造第二等爵稍增至四千石爲五大夫第九等爵萬二千石爲大庶長第十八等爵各以多少級數爲差錯復奏言陛下幸使天下入粟塞下以拜爵甚大惠也竊恐塞卒之食不足用大渫天下粟邊食足以支五歲可令入粟郡縣矣入諸郡縣以備凶災足支一歲以上可時赦勿收農人租如此德澤加於萬民矣上從之孝景帝時上郡以西旱復修賣爵令而裁其價以招人裁謂減省及徒復作得輸粟於縣官以除罪孝武帝元朔元年外事四夷內興功利國用空竭乃募人能入奴婢以終身復爲郎增秩及入羊馬爲郎始於此五年有司議令民得買爵及贖禁錮免減罪請置賞官名曰武功爵茂陵中書有武功爵一級曰造士二級曰閑輿衛三級曰良士四級曰元戎士五級曰官首六級曰秉鐸七級曰千夫八級曰樂卿九級曰執戎十級曰政戾庶長十一級曰軍衛此武帝所置以寵軍功也顏師古云此下云級十七萬凡直三十餘萬金茂陵書止十一級皆前漢之制至後漢和帝依級散其賞曰乃故制軍功也則計數不足與本文乖矣或者茂陵之書不說盡也級十

七萬凡直三十餘萬金請買武功爵官首者試補吏先除千夫如五

大夫五大夫者舊二十等爵之第九級也至此以上始免徭役故每先選以爲吏千夫者乃武功十一等爵之第七也亦得免役今則先除爲吏比於五大夫也其有罪又減二等爵得至樂卿樂卿者乃武功爵第八言買爵唯得至第八以崇軍功軍功多用超等大者封侯卿大夫小者郎吏吏道雜而多端然官職耗廢矣元鼎初豪富皆爭匿財不助縣官唯卜式數求入財天子乃超拜式爲中郎賜爵左庶長田十頃布告天下以風百姓始令吏得入粟補官郎至六百石後桑弘羊請令民得入粟補官及罪人贖令民能入粟甘泉各有差以復終身所忠又言世家子弟富人或鬬雞走狗弋獵博戲亂齊民乃徵諸犯令相引數千人名曰株送徒入財者得補郎後漢孝安永初三年天下水旱用度不足三公奏請令吏民入穀得關內侯靈帝懸洪都之榜開賣官之路公卿以降悉有等差廷尉崔烈入錢五百萬以買司徒刺史二千石遷除皆責助理宮室錢大都至二三千萬錢不畢至自殺羊續爲太尉時

拜三公者皆輸東園禮錢千萬令中使督之名爲左騶其所往輒迎致禮厚加贈賂續乃坐使人於單席上舉縕袍以示之晉武帝太康三年問劉毅曰卿以吾可方漢何主也對曰桓靈之主帝曰吾雖德不及古人猶克己爲理南平吳會一同天下方之桓靈不亦甚乎對曰桓靈賣官錢入官庫陛下賣官錢入私門以此言之乃不如也後魏明帝孝昌二年初承喪亂之後倉廩空虛遂班入粟之制輸粟八千石賞散侯六千石散伯四千石散子三千石散男職人輸七百石賞一大階授以實官白人輸五百石聽依第出身千石加一大階諸沙門有輸粟四千石入京倉者授本州統各有差唐至德二年七月宣諭使侍御史鄭叔清奏承前諸使下召納錢物多給空名告身雖假以官賞其忠義猶未盡才能今皆量文武才藝奏聞便寫告身諸道士女道士及僧尼如納錢請准勑迴授餘人幷情願還俗授官勳邑號等亦聽又准敕納錢百千文與明經出身如曾受業粗通帖策

修身慎行鄉曲所知者量減二十千文如先經舉送到省落第者減五十千文若粗識文字者准元敕處分未曾讀學不識文字者加三十千其商賈准令所在收稅如能據所有資財十分納四助軍者便與終身優復如於敕條外有悉以家產助國嘉其竭誠待以非次如先出身及官資並量資歷好惡各據本條格例節級優加擬授如七十以上情願授致仕官者每色內量十分減二分錢時屬幽寇內侮天下多虞軍用不充權爲此制尋即停罷

榷酤 漢 陳 隋 唐

漢孝武天漢三年初榷酒酤孝昭始元末丞相車千秋奏罷酒酤賣酒酙四錢孝元時賈捐之上書曰昔孝文時天下人賦四十丁男三年而一事今天下人賦數百造鹽鐵榷酒之利以佐用度猶不能足而人困矣王莽時羲和魯臣言名山大澤鹽鐵錢布帛五均賒貸斡在縣官唯酒酤獨未斡請法古令官作酒以二千五百石爲一率開

一壚以賣壚謂賣酒之區也以其一邊高形如壚故取其名也月讎五十釀爲準一釀用麤米二斛麴一斛得成酒六斛六㪷除米麴本價計其利而什分之以其七入官其三及糟截灰炭截酢醬也截才代反給工器薪樵之費於是置命士督五均六斡而人愈病陳文帝天嘉中虞荔等以國用不足奏請榷酤從之隋文帝開皇三年罷酒坊與百姓共之唐廣德二年十二月敕天下州各量定酤酒戸隨月納稅除此外不問官私一切禁斷大曆六年二月量定三等逐月稅錢並充布絹進奉建中三年制禁人酤酒官司置店自酤收利以助軍費

算緡 漢 晉 宋 齊 梁 陳

漢孝武元狩四年自作皮幣鑄白金後商賈以幣之變多積貨逐利於是公卿言商賈之衆貧者蓄積無有皆仰縣官異時筭軺車賈人緡錢皆有差請筭如故緡絲也以貫錢一貫千文出二十爲筭也詩云維絲伊緡軺小車也諸賈人末作貰貸買賣居邑貯積諸物及商人取利者雖無市籍各以其物自

占占隱度也各隱度其財物多少而為名簿送之於官也占音之贍反率緡錢二千而算一率計有二千錢者則出一筭也諸作有租及鑄以手力所作而賣也率緡錢四千而算一非吏比者三老北邊騎士軺車一筭比例也身非為吏之例非為三老非為北邊騎士而亦有軺車皆令之出一筭商賈人軺車二筭船五丈以上一算匿不自占占不悉戍邊入緡錢有能告者以其半畀之天子既下緡錢令而尊卜式百姓終莫分財佐縣官於是楊可告緡徧天下中家以上大抵皆遇告憲司理之獄少反者得民財物以億計奴婢千萬數田大縣數百頃小縣百餘頃宅亦如之初大農管鹽鐵官布多置水衡欲以主鹽鐵及楊可告緡上林財物衆乃令水衡主上林上林既充滿益廣乃分緡錢諸官而水衡少府大農太僕各置農官往往即郡縣比沒入田田之其沒入奴婢分諸苑養狗馬禽獸及與諸官其後令吏得入粟補官及罪人贖入粟甘泉不復告緡晉自過江至于梁陳凡貨賣奴婢馬牛田宅有文券率錢一萬輸估四百入官賣者三百買者一百無文券者隨物所堪

亦百分收四名為散估歷宋齊梁陳如此為常以人競商販不為田業故使均輸欲為懲勵雖以此為辭其實利在侵削此亦筭緡之類

雜稅漢 後漢 宋 齊 陳 後魏 北齊 後周 隋 唐

漢高帝十一年令諸侯王通侯常以十月朝獻及郡各其以口數率人歲六十三錢以給獻費孝武元光六年冬初算商車太初四年冬行回中徙弘農都尉治武關稅出入者以給關吏卒食孝昭元鳳六年令郡國無斂今年馬口錢往時有馬口出斂今省之所謂租六書宣帝時耿壽昌奏請增海租三倍天子從其計御史大夫蕭望之奏言故御史屬徐宮家在東萊言往年加海租魚不出長老皆言武帝時縣官嘗自漁海魚不出後予人魚乃出夫陰陽之感物類相應萬事盡然宜且如故上不聽王莽令諸取鳥獸魚鼈百蟲於山林水澤及畜牧者嬪婦桑蠶織紝紡績補縫工匠醫巫卜祝及他方伎商販賈人坐肆列里區謁舍謁舍若今客舍皆各自占所為於其在所之縣官除其本計其利十一

分之而以其一爲貢末年盜賊羣起匈奴侵寇大募天下囚徒人奴名曰豬突豨勇一切稅吏民貲三十而取一後漢靈帝時南宮災中常侍張讓趙忠等說帝令斂天下田稅十錢以治宮室宋元嘉二十七年後魏南侵軍旅大起用度不充王公妃主及朝士牧守各獻金帛等物以助國用下及富室小人亦有獻私財數千萬者揚南徐兗江四州富有之家貲滿五十萬僧尼滿二十萬者並四分換一過此率計事息卽還齊武帝時王敬則爲東揚州刺史以會稽邊帶湖海人無士庶皆保塘陂敬則以功力有餘悉評斂爲錢以送臺庫帝納之竟陵王子良上表曰臣忝會稽粗閑物俗塘丁所上本不入官良由陂湖宜壅橋路須通均夫訂直人自爲用若甲分毀壞則年一修改乙限堅完則終歲無役今乃通課此直悉以還臺租賦之外更生一調致令塘路崩蕪湖源洩散害人損政實此爲劇自東晉至陳西有石頭津東有方山津各置津主一人賊曹一人直水五人以檢察

禁物及亡叛者荻炭魚薪之類小津者並十分稅一以入官淮水北
有大市自餘小市十餘所備置官司稅斂旣重時甚患之後魏明帝
孝昌二年稅市入者人一錢其店舍又爲五等收稅有差北齊黃門
侍郎顏之推奏請立關市邸店之稅開府鄧長顒贊成之後主大悅
於是以其所入以供御府聲色之費軍國之用不在此焉稅僧尼令
曰僧尼坐受供養遊食四方損害不少雖有薄斂何足爲也後周閔
帝初除市門稅及宣帝卽位復興入市之稅每人一錢隋文帝登庸
又除入市之稅唐開元十八年御史大夫李朝隱奏請薄百姓一年
稅錢充本依舊令高戶及典正等捉隨月收利將供官人料錢自天寶末
年盜賊奔突克復之後府庫一空又所在屯師用度不足於是遣御
史康雲間出江淮陶銳往蜀漢豪商富戶皆籍其家資所有財貨畜
產或五分納一謂之率貸所收巨萬計蓋權時之宜其後諸道節度
觀察使多率稅商賈以充軍資雜用或於其津濟要路及市肆間交
易之處計錢至一千以上者皆以分數稅之自是商旅無利多失業
矣上元中勑江淮堰埭商旅牽船過處準斛斗納錢謂之埭程大曆
初諸州府應稅青苗錢每畝十文充百司手力資課三年十月十六
日臺司奏兵馬事緣上元十一年冬人民失業之後又其昨北寇未

平之日百司支計不給每畝更加五文充大計錢

平準　均輸

漢武帝征伐四夷國用空竭興利之官自此始也桑弘羊爲大農中丞管諸會計事稍稍置均輸以通貨物矣謂諸當所輸於官者皆令輸其土地所饒平其所在時價官更於他處賣之輸者既便而官有利漢書百官表大司徒屬有平準令元封元年桑弘羊爲治粟都尉領大農盡管天下鹽鐵以諸官各自市相與爭物故騰躍而天下賦輸或不償其僦費乃請置大農部丞數十人分部主郡國各往往縣置均輸鹽鐵官令遠方各以其物如異時商賈所轉販者爲置平準于京師盡籠天下之貨物貴則賣之賤則買之如此富商大賈無所牟大利卽反本而萬物不得騰踊故抑天下物名曰平準天子以爲然而許之時南越初置郡數反發南方吏卒往誅之間歲萬餘人帝數行幸所過賞賜用帛百餘萬疋錢金巨萬計皆取足大農諸均輸一歲之中帛得五百萬疋人不益賦而天下用饒後漢章帝時尙

書張林上言宜自交趾益州上計吏來市珍瑋收採其利武帝所謂均輸也（謂租賦幷雇運之直官總取而官轉輸於京故曰均輸也）詔議之尚書僕射朱暉奏曰按王制天子不言有無諸侯不言多少食祿之家不與百姓爭利今均輸之法與賈販無異鹽利歸官則下窮怨布帛爲租則吏姦盜誠非明主所當宜行帝不從其後用度益奢

平糴（常平　義倉）

漢宣帝時數歲豐穰穀石至五錢農人少利大司農中丞耿壽昌請令邊郡皆築倉以穀賤時增其價而糴以利農穀貴時減價而糶名曰常平倉人便之上乃下詔賜壽昌爵關內侯元帝卽位罷之後漢明帝永平五年作常平倉晉武帝欲平一江表時穀賤而布帛貴帝欲立平糴法用布帛市穀以爲糧儲四年乃立常平倉豐則糴儉則糶以利百姓宋文帝元嘉中三吳水潦穀貴人饑彭城王義康立議以東土災荒人凋穀踊富商蓄米日成其價宜班下所在隱其虛實

珍倣宋版印

令積蓄之家聽留一年儲餘皆勒使糴貨爲制平價此所謂常道行於百代權宜用於一時也又緣淮歲豐邑地沃壤麥既已登黍粟行就可折其估賦仍就交市三吳飢人即以貸給使強壯轉運以贍老弱未盡施行人賴之矣齊武帝永明元年天下米穀布帛賤上欲立常平倉市積爲蓄六年詔出上庫錢五千萬於京師市米買絲綿紋絹布揚州出錢千九百一十萬揚州治建業今江寧縣也南徐州二百萬南徐州治京口各於郡所市糴南荊河州二百萬南荊河州治壽春市絲綿紋絹布米大麥江州五百萬市米胡麻荊州五百萬郢州三百萬皆市絹綿布米大小豆大麥胡麻湘州二百萬市米布蠟司州二百五十萬司州治汝南今義陽郡是也西荊河州二百五十萬西荊河州治歷陽南兗州二百五十萬南兗州治廣陵雍州五百萬市絹綿布米使臺傳並於所在市易後魏孝莊時秘書丞李彪上奏曰今山東饑京師儉臣以爲宜折州郡常調九分之二京師都度支歲用之餘各立官司年豐糴積於倉時儉則減私之十

二糴之如此人必力田以買官絹又務貯錢以取官粟年豐則常積歲凶則直給明帝神龜正光之際自徐揚内附之後收内兵資與人和糴積爲邊備也北齊河清中令諸州郡皆别置富民倉初立之日准所領中下戸口數得一年之糧適當州穀價賤時斟量割當年義租充入（齊制每歲人出租二石義租五斗墾租送臺義租納郡以備水旱）穀貴下價糴之賤則還用所糴之物依價糴貯後周文帝創置六官司倉掌辨九穀之物以量國用足即蓄其餘以待凶荒不足則止餘用足則以粟貸人春頒秋斂隋文帝開皇三年衛州置黎陽倉陝州置常平倉華州置廣通倉轉相灌注漕關東及汾晉之粟以給京師京師置常平監五年工部尚書長孫平奏古者三年耕而餘一年之積九年作而有三年之儲雖水旱爲災人無菜色皆由勸導有方蓄積先備請令諸州百姓及軍人勸課當社共立義倉收穫之日隨其所得勸課出粟及麥於當社造倉窖貯之即委社司執帳檢校每年收積勿使損敗若時或不

珍倣宋版印

熟當社有饑饉者卽以此穀賑給自是諸州儲峙委積至十五年以
義倉貯在人間多有費損詔曰本置義倉止防水旱百姓之徒不思
久計輕爾費損於後乏絕又北境諸州異於餘處靈夏甘瓜等十一
州所有義倉雜種並納本州若人有旱歉少糧先給雜種及遠年粟
十六年又詔秦渭河廓豳隴涇寧原敷丹延綏銀等州社倉並於當
縣安置又詔社倉准上中下三等稅上戶不過一碩中戶不過七斗
下戶不過四斗唐貞觀初尚書左丞戴胄上言曰水旱凶災前聖之
所不免國無九年之儲蓄禮經之所明誡今喪亂之後戶口凋殘每
歲租米未實倉廩隨卽出給纔供當年若遇凶災將何賑恤故隋開
皇立制天下之人節級輸粟名爲社倉終於文皇得無饑饉及大業
中國用不足並取社倉以充官費故至末塗無以支給今請自王公
以下爰及衆庶計所墾田稼穡頃畝每至秋熟准其見苗以理勸課
盡令出粟稻麥之鄉亦同此稅各納所在爲立義倉年穀不登百姓

饑饉當所州縣隨便取給太宗從之自是天下州縣始置義倉每有饑饉則開倉賑給高宗永徽二年九月頒新格義倉據地取稅實是勞煩宜令戶出粟上上戶五碩餘各有差六年京東西市置常平倉高宗武太后數十年間義倉不許雜用其後公私窘迫貸義倉支用自中宗神龍之後天下義倉費用向盡開元二十五年定式王公以下每年戶別據所種田畝別稅粟二升以爲義倉其商賈戶若無田及不足者上上戶稅五碩上中以下遞減各有差諸出給雜種准粟者稻穀一㪷伍勝當粟一㪷其折納糙米者稻三碩折納糙米一碩四㪷天寶八載凡天下諸色米都九千六百六萬二千二百二十碩

和糴一百一十三萬九千五百三十碩

關內五十萬九千三百四十七石

河東十一萬二百二十九石

河西三十七萬一千七百五十石

隴右一十四萬八千三百四石

諸色倉糧總千二百六十五萬六千六百二十碩

北倉六百六十一萬六千八百四十石

太倉七萬一千二百七十石

含嘉倉五百八十三萬三千四百石

太原倉二萬八千一百四十石

永豐倉八萬三千七百二十石

龍門倉二萬三千二百五十石

正倉總四千二百一十二萬六千一百八十四碩

關內道百八十二萬一千五百一十六石

河北道百八十二萬一千五百一十六石

河東道三千五十八萬九千一百八十石

河西道七十萬二千六十五石

隴右道三十七萬二千七百八十石

劍南道二十二萬三千九百四十石

河南道五百八十二萬五千四百一十四石

淮南道六十八萬八千二百五十二石

江南道九十七萬八千八百二十五石

山南道十四萬三千八百八十二石

義倉總六千三百一十七萬七千六百六十碩

關內道五百九十四萬六千二百一十二石

河北道一千七百五十四萬四千六百石

河東道七百三十萬九千六百一十石

河西道三十八萬八千四百三石

隴右道三十萬三十四石

劍南道百七十九萬七千二百二十八石

河南道千五百四十二萬五千七百六十三石

淮南道四百八十四萬八百七十五石

江南道六百七十三萬九千二百七十石

山南道二百八十七萬一千六百六十八石

常平倉總四百六十萬二千二百三十碩

關內道二十七萬五千五百七十石

河北道百六十六萬三千七百七十八石

河東道五十三萬五千三百八十六石

河西道三萬一千九十石

隴右道四萬二千八百五十石

劍南道七萬七百四十石

河南道百二十一萬二千四百六十四石

淮南道八萬一千二百五十二石

山南道四萬九千一百九十石

江南道闕

食貨略第二

藝文略第一 通志卷第六十三

經類第一

易 古易 石經 章句 傳 注 集注 義疏 論說 類例 譜 考正 數 圖 音 讖緯 擬易

連山十卷 夏后氏易至唐始出今亡 歸藏三卷 商易晉薛貞注

三皇太古書三卷 柴霖傳

連山亡矣歸藏唐有司馬膺注十三卷今亦亡隋有薛貞注十三卷今所存者初經齊母本蓍三篇而已言占筮事其辭質其義古後學以其不文則疑而棄之往往連山所以亡者復過於此矣獨不知後之人能爲此文乎子曰周監於二代郁郁乎文哉以周易較商易則周商之文質可知也以商易較夏易則商夏之文質又可知也三易皆始乎八而成乎六十四有八卦卽有六十四卦六十四卦非至周而備也但法之所立數之所起皆不相爲用連山

用三十六策歸藏用四十五策周易用四十九策誠以人事代謝星紀推移一代二代漸繁漸文又何必近耳目而信諸遠耳目而疑諸三皇太古書亦謂之三墳一曰山墳二曰氣墳三曰形墳天皇伏羲氏本山墳而作易曰連山人皇神農氏本氣墳而作易曰歸藏地皇黃帝氏本形墳而作易曰坤乾雖不畫卦而其名皆曰卦爻大象連山之大象有八曰君臣民物陰陽兵象而統以山歸藏之大象有八曰歸藏生動長育止殺而統以氣坤乾之大象有八曰天地日月山川雲氣而統以形皆八而八之爲六十四其書漢魏不傳而元豐中始出于唐州比陽之民家世疑僞書然其文古其辭質而野其錯綜有經緯恐非後人之能爲也如緯書猶見取於前世況此乎且歸藏至晉始出連山至唐始出然則三墳始出於近代亦不爲異事也

右古易三部十六卷

石經周易十卷　今字石經易篆三卷

一字石經周易一卷

按石經之學始於蔡邕始也秦火之後經籍初出諸家所藏傳寫或異箋傳之儒皆憑所見更不論文字之訛謬邕校書東觀奏求正定六經文字靈帝許之乃自爲書而刻石于太學門外後儒晚學咸所取正柰當漢之末祚所傳未廣而兵火無存後之人所得者亦希矣今之所謂石經者但刻之石耳多非蔡氏之經

右石經三部十四卷

周易十卷漢魏郡太守京房章句　周易十卷漢出臺長孟喜章句隋八卷唐十卷

周易四卷漢費直章句費氏之學出於民間不列學官至唐其書始出

周易十卷漢南郡太守馬融章句　周易五卷漢荊州牧劉表章句

周易十卷漢司空荀爽章句

右章句六部四十九卷

周易傳二卷卜子夏
易傳三卷漢京房傳吳陸績注
周易傳一卷後魏關朗撰唐趙蕤注
周易傳三卷唐陸希聲去彖象而自爲辭亦自注
周易外傳二十二卷高定撰
周易言象外傳十卷宋朝王洙撰

右傳注附六部四十一卷

周易十卷後漢大司農鄭玄注隋九卷唐十卷
周易十卷漢宋忠
周易十卷魏將軍王肅
周易十卷魏大司農董遇
周易七卷魏尚書郎王弼
周易十卷吳太常姚信
周易九卷吳侍御史虞翻
周易十三卷吳陸績
周易十卷魏散騎常侍荀煇
周易十卷晉散騎常侍干寶
周易十卷蜀才
周易十卷晉儒林從事黃穎注梁十卷隋四卷唐復十卷
周易十卷後魏司徒崔浩
周易七卷姚規
周易十三卷崔覲
周易十卷梁處士何胤
周易十卷盧氏
周易十四卷傅氏

周易十卷王文元　周易十卷王凱沖
周易十卷任希古　符祥注十卷宋朝龍昌期
周易六卷劉牧　周易十卷張葆光
補注三卷皇甫泌　繫辭二卷晉桓玄注
繫辭二卷晉西中郎將謝方　繫辭二卷晉太常韓康伯
繫辭二卷梁太中大夫宋褰　繫辭二卷荀柔之
繫辭二卷荀諺

右注三十一部二百五十四卷

集解周易十卷馬鄭二王四家　集注周易十卷荀爽九家
集二王注十卷楊氏　集解周易十卷張璠
集注周易十七卷唐李鼎祚　集注周易一百卷唐元載
集注繫辭二卷隋志　周易會釋記二十卷僞吳僧陸希覺

右集注八部一百七十九卷

周易義疏二十卷宋明帝集羣臣講　周易講疏二十卷張該等羣臣講
周易講疏三十五卷梁武帝　周易講疏十六卷梁五經博士褚仲都
周易義疏十四卷梁都官尚書蕭子政　周易講疏三十卷陳諮議參軍張譏
周易義疏十六卷陳尚書左僕射周弘正　周易文句義疏二十卷梁蕃
周易講疏十三卷國子祭酒何妥　周易文句義疏二十四卷陸德明
周易新傳疏十卷陰弘道　周易王道小疏十卷
周易廣疏三十六卷勾微　乾坤義疏一卷劉瓛
周易大義二十一卷梁武帝　周易證義疏二十卷宋朝范諤昌
周易正義十四卷唐孔穎達　會通正義三十二卷縱康乂
周易新注本義十四卷唐薛仁貴　正義補闕七卷四庫書目
周易甘棠正義三十卷五代任貞一　繫辭義疏二卷劉瓛
周易口義二十卷宋朝胡瑗　繫辭義疏一卷梁武帝
繫辭義疏二卷梁蕭子政

右義疏二十五部四百二十八卷

周易論十卷齊中書郎周顒　周易論四卷范氏

略論一卷張璠　周易論三卷唐僧一行

周易論一卷應吉甫　周易論三十三卷宋朝王昭素

周易論十卷陳皐　周易窮微論一卷王鄯

周易盡神論一卷晉司空鍾會　通易象論三卷晉尚書郎欒肇

大衍論三卷唐明皇　通易象論一卷宣聘

通易論一卷晉荆州刺史宋岱　周易卦序論一卷晉司徒右長史楊乂

統略論三卷晉少府卿鄒湛　二阮難答論二卷阮長成阮仲容

卦德統論一卷劉牧　制器尚象論一卷陳希亮

易卦正名論一卷劉不疑　廣論一卷

又大義疑問二十卷　周易大義一卷

又周易發義一卷　周易開題義十卷梁蕃

周易大義二卷 陸德明　周易幾義一卷 梁南平王蕭偉
周易異議論十卷 劉遵　周易外義三卷
周易義六卷 魏徵撰唐志無　易義五卷 盧行超
易說精義三卷 四庫書目　周易括囊大義十卷 四庫書目
易義八卷 皇甫泌　易義十卷 聲隅先生黃晞
易義一卷 黃通　易義二卷 李貢
易義一卷 周孟陽　周易義略九卷 張簡
周易問二十卷　周易問難二卷 王氏撰
周易難王輔嗣義一卷 晉顧夷等　義決一卷 唐藝文志
爻義一卷 于寶　大衍義一卷 李覺
繫辭義二卷 蕭子政　周易新義上下二卷 沈季長
易義二卷 葉子長　周易釋序義三卷 梁蕃
周易元品二卷　周易發揮五卷 唐王勃

周易物象釋疑一卷唐東鄉助　易忘象三卷崔良佐
周易玄統一卷白雲子述　周易聖斷七卷鮮于侁
周易流演五卷　周易發題一卷張元
周易明疑錄一卷　周易啓玄一卷張元
周易啓源十卷蔡黃成　辨劉牧易一卷陳希亮
王劉易辯二卷宋咸　易旨歸議一卷
周易玄談六卷　周易要削三卷
周易釋疑一卷　周易玄悟三卷
周易文言一卷　周易髓十卷郭璞
周易意學十卷陸秉　周易意蘊一卷徐庸
周易卦斷一卷丘鑄　周易口訣六卷唐魏鄭公
周易口訣六卷王錡　周易口訣六卷史之證
周易口訣七卷陸太易　周易微旨三卷陸希聲

周易隱訣一卷　　周易精微三卷皇甫謐

周易析微通說三十卷楚泰　　易筌一卷阮逸

周易質疑卜傳三十卷楚泰　　易訓三卷宋咸

周易明文十卷郭思永　　周易析蘊一卷孫坦

易箝精義二卷　　周易通神二卷

周易精微三卷周鎮　　窮理盡性經一卷

周易義證總要二卷　　周易絕筆書四卷龍昌期

周易發隱二十卷陳良獻　　易書一百五十卷唐裴通

右論說九十二部五百八十八卷

周易統例十卷崔覲　　周易略例一卷王弼

周易略例義一卷黃黎獻　　略例疏一卷莊道名

略例一卷桂詢　　周易編例十卷

周易義類三卷顧棠　　經類一卷

一珍倣宋版印

卦類一卷　　類纂一卷

右類例十部二十卷

周易譜一卷隋志　　略譜一卷袁宏

周易譜一卷沈熊

右譜三部三卷

周易舉正三卷唐郭京　　周易證墜簡二卷范諤昌

先儒遺事一卷劉牧一作陳純臣

右考正三部六卷

周易卦象數旨一卷東晉李顒　　揲蓍法一卷丌爲子

易數一卷陳高

右數三部三卷

大衍玄圖一卷唐僧一行　　鈎隱圖三卷劉牧

續鈎隱圖一卷黄黎獻　　周易稽頤圖三卷荆州田家書目

龍圖一卷　河圖洛書解一卷沈濟

伏羲俯仰畫卦圖一卷彭汝礪　周易乾生歸一圖十卷彭汝礪

刪定易圖一卷　八卦小成圖一卷

右圖十部二十三卷

周易音一卷東晉尚書郎李軌　周易音一卷范氏

周易幷注音七卷唐陸德明　雜音三卷唐志

周易釋音一卷陸德明

右音五部十三卷

乾坤鑿度二卷伏戲文黃帝演倉頡修注　乾鑿度二卷鄭玄注

易緯稽覽圖七卷鄭玄注　京房易鈔一卷

右讖緯四部十二卷

太玄經九卷楊雄撰宋衷注　太玄經十卷陸績宋衷注

太玄經十卷蔡文邵注　太玄經十二卷陸績注

太玄經十四卷虞翻注　太玄經十二卷范望注
太玄經講疏四十六卷章察　太玄經發隱三卷章察
說玄一卷王涯　玄頤一卷
太玄經六卷王涯注　太玄經十卷宋維翰注
太玄經十卷林瑀注　太玄經傳三卷杜元穎撰
太玄經疏十八卷郭元亨　演玄十卷陳漸
補正太玄經十卷范諤昌　太玄經釋文一卷林瑀
太玄經手音一卷程貴　太玄音訓一卷馮元
太玄圖一卷林共　玄圖發微三卷
太玄正義一卷孫胄　太玄叩鍵一卷
通玄十卷晉王長文　洞極真經一卷
玄包十卷唐衛元嵩撰蘇源明傳李江注　太易十五卷唐張志和撰
潛虛一卷司馬温公作擬太玄

右擬易二十九部二百三十一卷

凡易十六種二百四十一部一千八百九十卷

書 古文經 石經 章句 傳 注
集注 義疏 問難 義訓 小學
逸篇 圖 音
續書 讖緯 逸書

古文尚書十三卷漢臨淮太守孔安國傳 古文尚書九卷鄭玄注

按易詩書春秋皆有古文自漢以來盡易以今文惟孔安國得屋壁之書依古文而隸之安國授都尉朝朝受膠東庸生謂之尚書古文之學鄭玄爲之注亦不廢古文使天下後學於此一書而得古意不幸遭明皇更以今文其不合開元文字者謂之野書然易以今文雖失古意但參之古書於理無礙亦足矣明皇之時去隸書既遠不通變古之義所用今文違於古義尤多臣於是考今書之文無妨於義者從今有妨於義者從古庶古今文義兩不相違曰書考迨武成而未及終編又有書辨訛七卷皆可見矣

古文尚書舜典一卷晉豫章太守范甯注

按百篇之書莫大於二典而舜典自永嘉後失孔氏所傳故范甯爲之解至齊建武四年姚方興於大航頭得而獻之議者以爲安國之所注也或言王肅注耳隋志作姚與方於大行市得其書奏上

古文大義二十卷任孝恭

三字石經尚書古篆三卷

右古文經五部四十六卷

今字石經鄭玄尚書八卷

今字石經尚書本五卷

一字石經尚書六卷見隋志

三字石經尚書九卷

右石經四部二十八卷

歐陽章句三十一卷

大小夏侯章句各二十九卷

右章句三部八十九卷

伏生大傳三卷鄭玄注

今字尚書十三卷孔安國傳按隋志十四卷

洪範五行傳論十一卷漢光祿大夫劉向

五行傳記一篇漢許商　洪範外傳十卷唐穆元休
洪範傳一卷曾致
右傳六部三十九卷
尚書十一卷馬融　尚書十一卷王肅
尚書十五卷晉祠部郎謝沈　尚書十卷范甯
尚書十卷王度元
右注五部五十七卷
集解尚書十一卷李顒　集釋尚書十一卷宋給事中姜道盛
尚書會解十三卷四庫書目
右集注三部三十五卷
尚書大義二十卷梁武帝　尚書述義二十卷隋國子助教劉炫
尚書正義二十卷唐國子祭酒孔穎達等　尚書義疏十卷梁國子助教費甝
尚書義疏三十卷梁司徒蔡大寶　尚書義疏七卷隋志

尚書疏二十卷顧彪

尚書義疏三十卷隋劉焯

義疏十卷梁國子教巢

右義疏九部一百六十七卷

尚書駁議五卷王肅

尚書釋問四卷魏侍中王粲

尚書百問一卷齊太學博士顧歡

尚書百釋三卷梁國子助教巢猗

尚書釋問一卷虞氏

尚書釋問四卷鄭玄注

尚書糾繆十卷王元感

右問難七部二十八卷

尚書義三卷梁國子助教巢猗

尚書義三卷隋劉先生

尚書釋義四卷伊說

尚書新釋二卷李顒

尚書義注三卷呂文優

尚書文外義一卷顧彪

尚書閏義一卷

尚書大義二卷吳孜

暢訓一卷漢伏勝

百篇義一卷劉炫

略義三卷劉炫　　尚書孔目一卷劉炫
尚書義宗三卷　　尚書闕言三卷黃君俞
略義一卷樂敦逸　　書義十述一卷孫覺
洪範口義一卷胡瑗　　尚書斷章十三卷成伯璵
右義訓十八部四十七卷
古文尚書一卷　　尚書要記名數一卷
右小學二部二卷
尚書亡篇序一卷梁五經博士劉叔嗣注　　尚書逸篇二卷
尚書逸篇三卷徐邈注
右逸篇三部六卷
河圖傳一卷李平西　　尚書治要圖一卷
右圖二部二卷
古文尚書音一卷徐邈　　今文尚書音一卷顧彪

音義四卷王儉　古文尚書釋文十三卷

右音四部十九卷

續尚書唐陳正卿纂漢至唐十二代詔策章疏歌頌符檄議論成書開元末上之卷亡

續尚書三卷本朝韓氏　尚書演範唐崔良佐撰卷亡

右續書三部三卷餘卷亡

尚書緯三卷鄭玄注　尚書中候五卷鄭玄注

右讖緯二部八卷

周書七十一篇顏師古曰劉向云周時誥誓號令也蓋孔子所論百篇之餘也今存四十五篇

汲冢周書十卷　汲冢周書八卷孔晁注

古文璅語四書汲冢書

右逸書四部二十二卷七十一篇

凡書十六種八十部五百九十八卷七十一篇

詩石經　故訓　傳　注　義疏　問辨
統說　譜　名物　圖　音　緯學

一字石經魯詩六卷隋志　　今字石經毛詩三卷

右石經二部九卷

魯故訓二十五卷漢魯申公　　齊后氏故訓二十卷漢齊后蒼

齊孫氏故訓二十七卷　　韓故訓三十六卷漢常山太傅韓嬰

毛詩故訓二十卷漢河間太守毛萇撰鄭玄箋

按詩舊惟魯齊韓三家而已魯申公齊轅固燕韓嬰也終于後漢惟此三家並立學官漢初又有趙人毛萇者自言其詩傳自子夏蓋本論語起予者商之言也河間獻王雖好之而漢世不以立學官毛公嘗爲北海相其詩傳於北海鄭玄北海人故爲之箋毛詩自鄭氏既箋之後而學者篤信鄭玄故此詩專行三家遂廢齊詩亡於魏魯詩亡於西晉隋唐之世猶有韓詩可據迨五代之後韓詩亦亡致今學者只憑毛氏且以序爲子夏所作更不敢擬議蓋事無兩造之詞則獄有偏聽之惑臣爲作詩辨妄六卷可以見其

得失

右故訓五部一百二十八卷

韓嬰傳二十二卷薛氏章句　　毛萇傳十卷

韓詩內傳四卷　　韓詩外傳十卷

齊后氏傳三十九卷　　齊孫氏傳二十八卷

按后孫之傳其亡已久必不可得今存其名使學者知傳注之門戶也今之學者專溺毛氏由其不知有他之故

右傳六部一百一十二卷

毛詩二十卷王肅注　　毛詩二十卷葉遵注

毛詩二十卷王元度注　　石經毛詩二十卷蜀本

毛詩集注二十四卷梁桂州刺史崔靈恩

周詩集解二十卷宋朝邱鑄注只取序中第一句以爲子夏作後句則削之

右注集注附六部一百二十四卷

毛詩大義十一卷梁武帝　毛詩大義三卷蘇子才
毛詩正義四十卷唐孔穎達等　毛詩義疏二十卷舒援
毛詩義疏二十八卷梁常侍沈重　毛詩述義四十卷隋劉炫
毛詩章句義疏四十卷魯世達　毛詩小疏二十卷崇文館目
毛詩釋義十卷晉祠部郎謝沈　毛詩纂義十卷許叔牙
張氏義疏五卷　毛詩義方二十卷林洪範
毛詩折衷義二十卷劉宇
右義疏十三部二百六十七卷
毛詩義問十卷魏太子文學劉公幹　毛詩義駁八卷王肅
毛詩駮五卷魏司空王基隋志一卷　毛詩異同評十卷晉孫毓
難孫氏毛詩評四卷晉陳統　毛詩辨異三卷晉楊乂
毛詩異義二卷楊乂　問難二卷唐藝文志
毛詩雜答問五卷韋昭朱育等　雜義難十卷唐藝文志

箋傳辨誤八卷周式
毛詩餘辨四卷
毛詩釋疑一卷
毛詩正論十卷劉孝孫
右問辨十四部八十二卷
韓詩翼要十卷漢侯苞
毛詩奏事一卷王肅
毛詩拾遺一卷郭璞
毛詩解序義一卷顧歡等
毛詩序義二卷宋通直郎雷次宗
毛詩集小序一卷劉炫
毛詩發題序義一卷梁武帝
毛詩序義疏一卷劉瓛等
毛詩誼府三卷後魏元延明
表隱二卷晉陳統
毛詩指說一卷唐成伯璵
毛詩斷章二卷
毛詩章疏二卷
毛詩題綱一卷
毛詩玄談一卷
毛詩別錄一卷張郃
毛鄭詩學十卷
毛詩外義二卷宋咸
毛詩重文說七卷
判篇二卷劉泉

別集正義一卷　毛詩正記一卷
詩統解序一卷　關言二十三卷黃君俞
毛詩十五國解一卷吳申
右統說二十五部七十九卷
毛詩譜三卷鄭玄撰　毛詩譜三卷吳太常卿徐整撰
毛詩譜二卷太叔求及劉炫注　謝氏毛詩譜鈔一卷
詩譜補闕三卷歐陽修
右譜五部十二卷
草木鳥獸魚蟲疏二卷吳陸機　毛詩名物解十卷
毛詩物性八卷
右名物三部二十卷
毛詩圖三卷　毛詩孔子圖經十二卷
毛詩古賢聖圖二卷三書並蕭梁人作已亡

毛詩草木魚蟲圖二十卷（唐藝文志）　小戎圖二卷

右圖五部三十九卷

毛詩箋音證十卷（後魏太常劉芳）　毛詩音十六卷（梁徐邈等撰）

毛詩音二卷（徐邈撰）

按徐氏音今雖亡然陸音所引多本於此

毛詩并注音八卷（隋秘書學士魯世達撰按唐志有魯世達音義二卷）

鄭玄等諸家音十五卷

右音五部五十一卷

詩緯十八卷（魏博士宋均注）

右緯學一部十八卷

凡詩十二種九十部九百四十二卷

春秋

經　五家傳注　三傳義疏　傳論

序　條例　圖　文辭

地理　世譜　卦繇

音　讖緯

春秋經十一卷吳衛將軍士燮注　春秋經十二卷

春秋左氏長經二十卷漢侍中賈逵章句

三傳經解十一卷胡訥集撰　春秋加減一卷

三傳經字異同一卷丁副　一字石經春秋一卷

三字石經春秋三卷

按春秋之經則魯史記也初無同異之文亦無彼此之說亘由三家所傳之書有異同故是非從此起臣作春秋考所以是正經文以凡有異同者皆是訛誤古者簡編艱繁學者希見親書惟以口相授左氏世爲楚史親見官書其訛差少然有所訛從文起公穀漢之經生惟是口傳其訛差多然有所訛從音起以此辨之了無滯礙又有春秋傳十二卷以明經之旨備見周之憲章

右經八部六十卷

三字石經左傳古篆書十二卷　今字石經左傳經十卷

一珍倣宋版印

春秋左氏解詁三十卷賈逵　春秋左氏傳解誼三十一卷服虔
春秋左氏傳三十卷王肅　春秋左氏經傳章句三十卷董遇
春秋左氏傳義注十八卷孫毓　春秋左氏傳十二卷魏司徒王朗
春秋左氏經傳集解三十卷杜預

杜預解左氏顏師古解漢書所以得忠臣之名者以其盡之矣左氏未經杜氏之前凡幾家一經杜氏之後後人不能措一辭漢書未經顏氏之前凡幾家一經顏氏之後後人不能易其說縱有措辭易說之者經朝月曉星不能有其明也如此之人方可以解經苟爲文言多而經旨不見文言簡而經旨有遺自我說之後後人復有說者皆非箋釋之手也傳注之學起惟此二人其殆庶幾乎其故何哉古人之言所以難明者非爲書之理意難明也實爲書之事物難明也非爲古人之文言難明也實爲古人之文言有不通於今者之難明也能明乎爾雅之所作則可以知箋注之所當

然不明乎爾雅之所作則不識箋注之旨歸也善乎二子之通爾雅也顏氏所通者訓詁杜氏所通者星歷地理當其顏氏之理訓詁也如與古人對談當其杜氏之理星歷地理也如羲和之步天如禹之行水然亦有所短杜氏則不識蟲魚鳥獸草木之名顏氏則不識天文地理孔子曰知之爲知之不知爲不知是知也杜氏於星歷地理之言無不極其致至於蟲魚鳥獸草木之名則引爾雅以釋之顏氏於訓詁之言甚暢至於天文地理則闊略焉此爲不知爲不知也其他紛紛是何爲者釋是何經明是何學

春秋左氏注十卷杜服二氏　王元度注左傳卷亡

一字石經公羊傳九卷　春秋公羊傳十二卷嚴彭祖

春秋公羊解詁十一卷何休　春秋公羊經傳十三卷王愆期

春秋公羊傳十二卷高襲　春秋公羊集解十四卷孔衍

春秋公羊傳五卷　春秋穀梁傳十五卷漢諫議大夫尹更始

春秋穀梁傳十三卷吳唐固　春秋穀梁傳十二卷魏平樂太守麋信

穀梁傳十卷晉堂邑太守張靖　春秋穀梁傳十六卷程闡

春秋穀梁傳十四卷孔衍　春秋穀梁傳十二卷徐邈

春秋穀梁傳十四卷段肅注疑漢人　春秋穀梁傳五卷孔君指訓

春秋穀梁傳十二卷范甯集解　春秋穀梁傳四卷殘缺張程孫劉四家集解

春秋穀梁傳十三卷晉給事郎徐乾　春秋鄒氏傳十一卷

春秋夾氏傳十一卷

鄒夾傳雖亡今取而備之以見五家之所始

右五家傳注三十二部四百五十一卷

春秋左氏經傳義略二十五卷陳國子博士沈文阿唐志二十七卷

王元規續沈文阿春秋左氏傳義略十卷

春秋義略三十卷陳右軍將軍張冲　春秋左氏義略八卷

春秋左氏傳立義十卷崔靈恩

春秋左氏傳述義四十卷東京太學博士劉炫

左氏鈔十卷

春秋義函傳十六卷于寶隋志作春秋左氏函傳十五卷

春秋正義三十六卷孔穎達　　左氏義疏六十卷徐文遠

春秋精義三十卷　　春秋公羊疏十二卷見隋志

春秋公羊疏三十卷　　春秋穀梁傳義十卷徐邈

春秋穀梁疏十二卷唐楊士勛

右三傳義疏十五部三百三十九卷

春秋釋訓一卷賈逵　　春秋決事十卷董仲舒

春秋繁露十七卷董仲舒　　春秋左氏經傳朱墨列一卷賈逵

春秋決疑論一卷　　左氏膏肓十卷何休

穀梁廢疾三卷何休　　公羊墨守十四卷何休

春秋漢議十三卷何休　　駮何氏漢議二卷鄭玄

駮何氏漢議敘一卷

春秋左氏膏肓釋痾一卷 服虔

駮何氏漢議十一卷 服虔

理何氏漢議二卷 魏麋信

春秋議十卷 何休

春秋成長說九卷 服虔

春秋左氏達義一卷 漢司徒掾王玢

春秋塞難三卷 服虔

春秋說要十卷 麋信

春秋左傳評二卷 杜預

春秋傳賈服異同略五卷 孫毓

春秋叢林十二卷 李謐

春秋左氏區別三十卷 宋尚書郎何始真

春秋義林一卷

春秋五辨一卷 梁博士沈宏

春秋辨證六卷

春秋旨通十卷 王述之

春秋申先儒傳論十卷 崔靈恩

春秋左氏經傳解四卷 王述之

徐邈答春秋穀梁義三卷

春秋經傳解六卷 崔靈恩

薄叔玄問穀梁義二卷

春秋公羊穀梁集傳十二卷 晉博士劉兆

春秋公羊穀梁二傳評三卷

春秋三家經本訓詁十二卷 賈逵

春秋三傳論十卷 魏大長秋韓益
春秋經合三傳通論十卷 潘叔度
春秋成奪十卷 潘叔度
春秋三傳評十卷 胡訥 以上見隋志
左氏釋滯十卷 殷興
經傳解六卷 沈宏
經傳解六卷 崔靈恩
攻昧十二卷 劉炫
規過三卷 劉炫
難答論一卷 王愆期
荀爽徐欽答問五卷
公羊違義三卷 劉寶
蕭邕問傳義三卷
三家集解十一卷 劉兆
公穀二傳評三卷 江熙
春秋二傳異同十二卷 李鉉
雜義難五卷
左氏杜預評二卷
春秋纂要四十卷 高重
三傳旨要十五卷
春秋振滯二十卷 王元感
春秋通一卷 韓滉
春秋指掌十五卷 李瑾
春秋指元十卷 張傑
左氏釋疑七卷 裴安時
春秋折衷論三十卷 陳岳

春秋義鑑三十卷郭翔撰以上見唐志　集傳春秋微旨三卷唐陸淳
集傳春秋辨疑七卷陸淳　左傳引帖斷義七卷僞蜀蹇遵品
春秋龜鑑一卷　春秋纂要十卷僞唐姜虔嗣
春秋集傳十五卷宋朝王沿　春秋纂類義統十卷
春秋原要二卷王曉　春秋三傳雜評十卷
春秋闡微纂類義統十二卷陸淳　春秋先儒異同三卷李鉉
春秋義囊七卷　春秋要論五卷馬擇言
春秋會元十二卷鄭昭慶　三傳集義三十卷李堯俞
左氏鼓吹一卷吳元緒　春秋異義解十二卷王哲
春秋通義十二卷王哲　皇綱論五卷王哲
春秋左氏傳鑑三卷　春秋摘微一卷盧仝
春秋經社十二卷　春秋關言十二卷黃君俞
春秋義二十卷王棐　春秋本旨四卷何涉

春秋碎玉一卷唐李瑾

春秋索隱五卷陳洙

春秋經社要義六卷孫覺

春秋尊王發微十二卷孫復

春秋總論三卷孫復

左氏指元十卷楊希範

春秋會義三十卷杜諤

春秋新義十卷宋堂

春秋義略十四卷董敦逸

春秋要義三十卷胡瑗

春秋口義二十卷胡瑗

春秋正論三卷龍昌期

春秋復道論十五卷龍昌期

春秋意十五卷皮元

春秋襃貶志五卷劉夔

春秋折衷義十一卷吳孜

三傳玄談一卷

右傳論一百四部九百三十六卷

劉實等集解春秋序一卷

春秋序論二卷于寶撰

春秋序一卷賀道養注

春秋序一卷崔靈恩撰

春秋序一卷田元休注

春秋左傳杜預序集解一卷劉炫注

春秋序義疏二卷　　春秋公羊解序一卷鮮于公撰

右序八部十卷

春秋釋例十卷漢公車聘士潁容　　左傳條例九卷漢大司農鄭衆

春秋釋例十五卷杜預　　春秋條例十一卷晉太尉劉寔

春秋經例十一卷晉方範　　左氏傳條例二十五卷

春秋義例十卷　　春秋左傳例苑十九卷梁簡文帝

春秋五十凡義疏二卷　　春秋公羊諡例一卷何休

公羊傳條例一卷何休　　穀梁傳例一卷范甯

牒例章句九卷鄭衆　　春秋經傳說例疑隱一卷梁吳略

申先儒傳例一卷　　三傳總例二十卷韋表微

李氏三傳異同例十三卷　　集傳春秋纂例十卷陸質

春秋通例三卷陸希聲　　公穀總例十卷成玄

春秋總例十二卷周希聖　　春秋統例二十卷朱臨

春秋演聖統例二十卷丁副　春秋雜體例一卷

右條例二十四部二百三十五卷

春秋左氏圖十卷梁簡文帝　春秋圖七卷漢嚴彭祖

春秋圖五卷唐張傑　春秋手鑑圖一卷

春秋圖鑑五卷　春秋明例隱括圖一卷王哲

右圖六部二十九卷

春秋大夫辭三卷　春秋嘉語六卷以上見隋志

春秋文苑六卷梁沈宏　春秋辭苑五卷

右文辭四部二十卷

春秋盟會地圖一卷漢嚴彭祖　春秋土地名三卷晉裴秀客京相璠等撰

春秋諸國錄　春秋釋例地名譜一卷杜預

春秋列國圖一卷

右地理五部六卷

春秋左氏諸大夫世族譜十三卷（顧啓期）
春秋世譜七卷　帝王曆紀譜二卷
演左傳謚族圖五卷　春秋名號歸一圖二卷（馮繼先）
小公子譜六卷（杜預）　春秋公子譜一卷（楊吳蘊）
春秋世次圖四卷（鄭壽）　春秋名字異同錄五卷（馮繼先）
春秋諸臣傳三十卷（鄭昂）　春秋列國諸臣贊傳五十一卷（王當）
春秋括甲子　春秋十二國年歷一卷
春秋機要一卷　春秋宗族名謚譜五卷
春秋國君名例一卷　春秋謚族譜一卷
右世譜三十七部一百三十五卷
師春二卷　魯史春秋卦名一卷
右卦繇二部三卷
春秋左傳音三卷（魏中散大夫嵇康）　左傳音三卷（李軌）

左傳音三卷杜預　左傳音三卷徐邈

左傳音隱一卷　左傳音三卷王元規

左傳音十二卷見唐志　左傳音三卷徐文遠

春秋音義六卷陸德明　公羊音二卷王儉

又一卷陸德明　穀梁音一卷徐邈

又一卷陸德明

右音十三部四十二卷

春秋災異十五卷郄萌撰　春秋災異應錄五卷

春秋緯三十卷宋均注　春秋內事四卷

春秋包命二卷　春秋秘事十一卷

右讖緯六部六十七卷

凡春秋十三種二百四十六部二千三百三十二卷

春秋外傳國語注解非駁　章句音

春秋外傳國語二十卷賈逵　春秋外傳國語二十一卷虞翻

春秋外傳國語二十二卷韋昭　春秋外傳國語二十卷晉五經博士孔晁

春秋外傳國語二十一卷唐固

右注解五部一百四卷

春秋外傳章句二十二卷王肅

右章句一部二十二卷

非國語二卷柳宗元

右非駮一部二卷

國語補音三卷宋庠　國語音略一卷

右音二部四卷

凡國語四種九部一百三十二卷

孝經　古文　注解　義疏　音　廣義　讖緯

古文孝經一卷孔安國傳梁末亡逸今疑非古本　古文孝經旨解一卷司馬溫公

秦人焚書孝經爲河間人顔芝所藏漢初芝子貞出之凡十八章
而長孫氏博士江翁少府后蒼諫議大夫翼奉安昌侯張禹皆名
其學又有古文孝經與古文尙書同出而長孫有閨門一章其餘
經文大較相似篇簡缺解又有衍出三章幷前合爲二十二章孔
安國爲之傳至劉向典校經籍以顔本比古文除其繁惑以十八
章爲定鄭衆馬融並爲之注又有鄭氏注或云鄭玄非也其義與
鄭玄所注餘書不同梁代安國及鄭氏二家並立國學而安國之
本亡於梁亂陳及周齊惟傳鄭氏至隋秘書監王劭於京師訪得
孔傳送至河間劉炫炫因序其得喪述其義疏講於人間漸聞之
朝廷後遂著令與鄭氏並立儒生諠諠皆云炫自作之非孔氏舊
本也

右古文二部二卷

孝經一卷蘇氏注　孝經一卷王肅

孝經一卷劉邵
孝經一卷韋昭
孝經一卷孫熙
孝經一卷蘇林
孝經一卷謝方
孝經一卷虞盤佐
孝經一卷孔光
孝經一卷殷仲文
孝經一卷殷叔道
孝經一卷釋慧琳
孝經一卷唐明皇
孝經一卷袁克己
孝經一卷尹知章
孝經一卷王元感
孝經嘿注一卷徐整
集議孝經一卷荀勗
集議孝經一卷晉東陽太守袁敬仲
孝經集解一卷

右注解二十部二十卷

孝經義疏十八卷梁武帝
孝經義疏一卷趙景韶
孝經義疏三卷皇侃
孝經講疏六卷徐孝克
孝經義一卷
古文孝經述義五卷劉炫

孝經義一卷梁揚州文學從事太史叔明　孝經敬愛義一卷蕭子顯

孝經私記四卷　孝經私記二卷周弘王

宋大明中皇太子講義疏二卷何約之

孝經發題四卷太史叔明　孝經新義十卷任希古

御注孝經二卷元行冲　孝經疏五卷賈公古

孝經指要一卷李嗣真　孝經義疏孔穎達卷亡

孝經正義三卷宋朝邢昺　孝經簡疏一卷張崇文

孝經疏一卷蘇彬　孝經講疏一卷任希古

右義疏二十一部七十二卷

孝經釋文一卷陸德明

右音一部一卷

演孝經十二卷張上儒　廣孝經十卷徐浩

國語孝經一卷魏氏遷洛未達華語孝文命侯伏侯可悉陵以夷言譯孝經之旨教國人

右廣義三部二十三卷

孝經勾命決六卷宋均注　孝經援神契七卷宋均注

孝經內事一卷　孝經緯五卷宋均注

孝經雜緯十卷宋均注　孝經元命包一卷

孝經古秘援神二卷　孝經左右握一卷

孝經左右契圖二卷　孝經雌雄圖三卷

孝經分野圖一卷

孝經內事星宿講堂七十二弟子圖一卷

口授圖一卷　應瑞圖一卷

讖緯之學起於前漢及王莽好符命光武以圖讖興遂盛行於世漢時又詔東平王蒼正五經章句皆命從讖俗儒趨時益爲其學惟孔安國毛公王璜賈逵獨非之至宋大明中始禁圖讖梁天監以後又重其制隋煬帝發使四方搜天下書籍與讖緯相涉者皆

焚之爲吏所糾者至死自是無復有其學至唐惟餘書易禮樂春秋論語孝經七緯詩二緯共九緯書而已

右讖緯十四部四十三卷

凡孝經六種六十一部一百六十一卷

論語 古論語 義疏 正經 論難 注解 辨正 章句 名氏 音釋 續語 讖緯

古文論語十卷鄭玄注　古論語義注譜一卷徐氏

右古論語二部十一卷

蔡邕今文石經論語二卷

右正經一部二卷

論語十卷鄭玄　論語十卷王肅

論語七卷盧氏　論語十卷晉著作郎李充

論語十卷梁顗　論語九卷孟釐

論語十卷袁喬　論語十卷尹毅
論語十卷張氏　論語十卷韓愈
集解論語十卷何晏　集注論語六卷衞瓘
論語集義八卷晉尚書左中兵郎崔豹　集解論語十卷晉兗州別駕江熙
盈氏集義十卷　集解論語十卷晉孫綽
續注論語十卷史辟原　贊鄭玄注十卷虞喜
補衞瓘注十卷宋明帝
右注解十九部百八十卷
論語章句二十卷劉炫　論語講疏文句義五卷徐孝克
右章句二部二十五卷
論語別義十卷范廙　論語義疏十卷褚仲都
論語義疏十卷梁皇侃　論語大義解十卷崔豹
論語述義十卷劉炫　論語義疏八卷

論語義疏二卷張冲　論語述義二十卷戴詵
雜義十三卷　別義十卷
論語正義十卷宋朝邢昺　論語展掌疏十卷
右義疏十二部一百二十三卷
論語難鄭一卷　論語標指一卷司馬氏
論語雜問一卷　論語體略二卷晉郭象
論語旨序三卷晉繆播　論語釋疑三卷王弼
論語釋一卷張憑　論語釋疑十卷晉欒肇
論語駁三卷欒肇　論語義注隱三卷
論語陳說一卷僧贊甯　論語筆解二卷韓愈
論語樞要十卷　論語玄義二卷
右論難十四部四十三卷
論語刊誤二卷李涪　論語辨十卷周式

右辨正二部十二卷
論語孔子弟子目錄一卷鄭玄　論語撰人名一卷
論語世譜一卷
右名氏譜三部三卷
論語音二卷徐邈　論語釋文十一卷
右音釋二部十三卷
論語讖八卷
右讖緯一部八卷
孔叢子七卷陳勝博士孔鮒撰　孔志十卷梁劉被撰
孔叢子釋文一卷宋咸　孔子家語二十一卷王肅注
當家語二卷魏博士張融撰　孔子正言二十卷梁武帝
次論語十卷王勃撰
右續語七部七十一卷

凡論語十一種六十五部四百八十二卷

爾雅注解　雜爾雅　圖　釋言　義　釋名　音　方言　廣雅

爾雅三卷漢中散大夫樊光　爾雅七卷孫炎

爾雅三卷劉歆　爾雅三卷漢犍爲文學中黃門李巡

爾雅五卷郭璞　集注爾雅十卷梁黃門沈璇

右注解六部三十一卷

爾雅圖十卷郭璞　爾雅圖贊二卷江灌

右圖二部十二卷

爾雅正義十卷邢昺　爾雅兼義十卷

爾雅發題一卷

右義三部二十一卷

爾雅音八卷江灌　爾雅音一卷孫炎

爾雅音義一卷　爾雅音略三卷郭璞

音訓二卷

右音五部十五卷

廣雅四卷魏博士張揖

廣雅音四卷隋秘書學士曹憲

博雅十卷曹憲撰避煬帝諱改曰博

右廣雅三部十八卷

小爾雅一卷楚孔鮒撰李軌注

續爾雅一卷劉伯莊

蜀爾雅三卷李商隱

羌爾雅一卷

右雜爾雅四部六卷

釋俗語八卷劉霽

稱謂五卷後周盧辨

俗說三卷沈約

古今訓十一卷張顯

右釋言四部二十七卷

釋名八卷劉熙

辨釋名一卷韋昭

右釋名二部九卷

方言十三卷楊雄撰郭璞注
方言十四卷王浩撰
方言釋音一卷吳良輔撰
河洛語音一卷王長孫
列郡雅言一卷
國語十五卷
國語真歌十卷
國語十八傳一卷
國語御歌十一卷
國語雜文十五卷
國語物名四卷後魏侯伏侯可悉陵
國語雜物名三卷侯伏侯可悉陵
國語號令四卷
後魏初定中原軍容號令皆以夷語後染華俗多不能通故錄其本言相傳教習謂之國語
鮮卑語五卷
鮮卑語十卷
鮮卑號令一卷周武帝
林邑國語一卷
雜號令一卷
辨鵃錄一卷
西蕃譯語一卷
釋梵語一卷

譯夷語錄一卷僧惟古　蕃爾雅一卷

右方言二十三部一百一十六卷

凡爾雅九種五十二部二百五十五卷

經解謚法

五經通義九卷劉向　白虎通六卷班固等

五經異義十卷許慎　五經然否論五卷晉散騎常侍譙周

五經鈎沈十卷晉楊方　五經大義三卷戴逵

五經咨疑八卷周楊思　五經異同評一卷賀瑒

五經大義十卷後周樊文深　經典大義十二卷沈文阿

五經大義五卷何妥　五經通義八卷劉炫

五經要義五卷雷氏　五經正名十二卷劉炫

五經析疑二十八卷邯鄲綽　五經宗略二十三卷元延明

五經雜義六卷孫暢之　長春義記一百卷梁簡文帝

遊玄桂林二十卷張譏　六經通數十卷梁舍人鮑泉
七經義綱略三十卷樊文深　七經論三卷樊文深
質疑五卷樊文深　經典元儒大義序錄十卷沈文阿
六藝論一卷鄭玄　聖證論十二卷王肅
鄭志十一卷魏侍中鄭小同　鄭記六卷鄭玄弟子
五經對訣四卷趙英　五經要略顏真卿
六說五卷劉迅　六經外傳三十七卷劉貺
五經微旨十四卷張鎰　九經師授譜一卷韋表微
微言集注四卷袁僑卿　經傳要略十卷高重
經史釋題二卷唐李肇　授經圖三卷
九經餘義一百卷宋朝處士黃敏　演聖通論三十六卷胡旦
辨經正義七卷張沂　兼明書五卷邱光庭
五經要旨五十卷齊唐　九經類義二卷

九經抄二卷
九經要抄一卷
敘元要抄一卷
九經釋難五卷
九經演義十卷
九經旨九卷
經典質疑六卷胡順之
詩樂說三卷
羣經索隱三十卷
七經小傳五卷劉炫
經傳發隱七卷李景陽
刊謬正俗八卷顏師古
經典釋文序錄一卷陸德明

右經解五十八部七百四十四卷

周公謚法一卷
春秋謚法一卷
謚法三卷劉熙
謚例十卷特進中軍將軍沈約
魏晉謚議十三卷何晏
謚法五卷梁太府卿賀瑒
續今古謚法十四卷唐王彥威
君臣謚議一卷虞世南
謚議五卷蘇洵
汝南君謚議二卷見隋志

諱行錄一卷見唐志

右謚法十一部五十六卷

凡經解二種六十九部八百卷

藝文略第一

禮類第二

周官　傳注　義疏　論難　義類　音　圖

周官禮十二卷馬融傳　周官禮十二卷鄭玄注

周官禮十二卷王肅注　周官禮十二卷伊說注唐有十卷

周官禮十二卷干寶注　周官禮集注二十卷崔靈恩

按漢有李氏得周官以爲周公所制官政之法上於河間獻王獨闕冬官一篇獻王求以千金不得遂取考工記以補之至王莽時劉歆始置博士以行於世河南緱氏及杜子春受業於歆因以教授是後馬融作傳以授鄭玄玄作周官注

右傳注六部八十卷

周官禮義疏四十卷沈重　周禮疏五十卷唐賈公彥

周禮闕言十二卷黃君俞

右義疏三部百單二卷

周官禮異同評十二卷晉司空長史陳劭　周官論評十二卷傅玄

周官禮駁難四卷孫略　周官駁難五卷孫琦問干寶駁虞喜撰

周禮義決三卷唐王玄度

右論難五部三十六卷

繼氏要鈔六卷　周官寗朔新書八卷司馬伷

周官分職四卷　周官致太平論十卷李泰伯撰

右義類四部二十八卷

禮音三卷劉昌宗　周官音訓三鄭異同辨二卷王曉

右音二部五卷

周官禮圖十四卷隋經籍志

右圖一部十四卷

凡周官六種二十一部二百六十五卷

按漢曰周官江左曰周官禮唐曰周禮推本而言周官則是

儀禮石經注疏音

一字石經儀禮九卷隋志　今字石經儀禮四卷

右石經二部十三卷

儀禮十七卷鄭玄注　儀禮十七卷王肅注

儀禮一卷袁準注　儀禮一卷孔倫注

儀禮一卷陳銓注　儀禮二卷蔡超宗注

儀禮二卷田僧紹注

按漢初有高堂生傳十七篇又有古經出於淹中河間獻王得而獻之合五十六篇又得穰苴兵法及明堂陰陽之記唯古經十七篇與高堂生所傳不殊自高堂生至宣帝時后蒼最明其業乃爲曲臺記蒼授梁人戴德及德從兄子聖沛人慶普於是有大戴小戴慶氏三家並立是知禮記出於儀禮三家出於高堂也

右注十七部四十一卷

儀禮義疏二卷　儀禮義疏六卷

儀禮疏五十卷唐賈公彥

右疏三部五十八卷

儀禮音二卷鄭玄　儀禮音二卷王肅

儀禮音二卷李軌劉昌宗

右音三部六卷

凡儀禮四種十五部一百十八卷

喪服傳注　集注　義疏　記要　問難
喪服儀注　譜　圖　五服圖儀

喪服經傳一卷馬融　喪服經傳一卷鄭玄

喪服經傳一卷王肅　喪服經傳一卷晉給事中袁準

略注喪服經傳一卷雷次宗　喪服經傳一卷陳銓

喪服傳一卷梁裴子野

右傳注七部七卷

集注喪服經傳一卷晉孔倫　集注喪服經傳一卷宋裴松之

集注喪服經傳二卷宋蔡超宗　集注喪服經傳二卷齊田僧紹

右集注四部六卷

喪服義疏二卷梁五經博士賀瑒　喪服經傳義疏一卷梁何佟之

喪服經傳義疏四卷沈文阿　喪服文句義疏十卷陳皇侃

喪服義十卷陳謝嶠　喪服義鈔三卷

右義疏六部三十卷

喪服要記一卷王肅　喪服要記一卷蜀蔣琬

喪服要記十卷賀循　喪服世行要記十卷齊光祿大夫王逸

喪服記十卷王氏　喪服古今集記三卷齊太尉王儉

喪服要記五卷庾蔚之　喪服正要二卷孟洗

喪服要集二卷杜預　喪服五要一卷嚴氏撰

喪服要略一卷晉博士環濟　喪服要略二卷
喪服制要一卷徐氏　喪服義鈔三卷
喪服鈔三卷王隆伯　喪服變除一卷戴德
喪服變除一卷葛洪　喪服加減一卷
右記要十八部五十八卷
喪服答要難一卷袁祈　駁喪服經傳一卷卜氏傳
喪服疑問一卷樊氏　喪服要問一卷
喪卷問答目十三卷皇侃　喪服發題二卷沈文阿
論喪服決一卷　喪服極議一卷殷价
右問難八部二十一卷
喪服儀一卷晉衛瓘　新定喪禮一卷漢劉表
凶禮一卷晉廣陵孔衍　陳雜儀注凶儀禮十三卷
凶禮一卷鄭珣瑜　雜凶禮四十二卷

梁皇帝崩凶儀十一卷　梁皇太子喪禮五卷

梁王侯以下凶禮九卷　士喪禮儀注十四卷

梁天子喪禮七卷　又五卷

梁大行皇帝皇后崩儀注一卷　梁太子妃薨凶儀注九卷

喪服假寧制三卷　梁諸侯世子卒凶儀注九卷

梁陳大行皇帝崩儀注八卷　陳皇太子妃薨儀注四卷

陳諸帝后崩儀注五卷　陳皇太后崩儀注四卷

唐葬王播儀一卷　北齊皇太后喪禮十卷

喪儀纂要九卷張戩　喪服治禮儀注九卷何胤

晉修復山陵故事五卷車灌撰

右儀注二十五部一百八十七卷

喪服譜一卷鄭玄注　喪服譜一卷晉蔡謨撰

喪服譜一卷賀循　喪服制一卷麗景昭

右譜四部四卷

喪服圖一卷王儉　喪服圖一卷賀游

喪服圖一卷崔逸　喪服禮圖一卷

喪服君臣圖一卷　喪服圖一卷崔游

喪服天子諸侯圖一卷

右圖七部七卷

五服略例一卷　喪禮五服七卷袁憲

五服制度一卷　五服圖張薦撰卷十

五服圖十卷仲子陵　五服志三卷

南齊五服制一卷　五服法纂三卷

五服年月勑一卷

右五服圖儀九部二十七卷

凡喪服九種八十八部三百四十七卷

珍倣宋版印

禮記　大戴　小戴　義疏　書鈔　評論
名數　音義　中庸　讖緯

大戴禮記十三卷漢信都王傅戴德撰

漢初河間獻王得仲尼弟子及後學者所記一百三十篇獻之時亦無傳之者至劉向考校經籍檢得百三十篇向因第而敘之又得明堂陰陽記三十三篇孔子三朝記七篇王史氏記二十有一篇樂記二十三篇凡五種合二百十四篇戴德刪其煩重合而記之爲八十五篇謂之大戴記而戴聖又刪大戴之書爲四十六篇謂之小戴記漢末馬融遂傳小戴之學融又足月令一篇明堂位一篇樂記一篇合四十九篇鄭玄受業於融爲之注解後學惟傳鄭氏學故小戴禮行於世

右大戴一部十三卷

禮記二十卷漢戴聖撰鄭玄注　禮記二十卷漢北中郎將盧植注

禮記三十卷王肅注　禮記三十卷魏孫炎注

禮記十二卷葉遵注隋志作業遵　禮記略解十卷庾氏

戴聖爲九江太守行治多不法何武爲揚州刺史聖懼自免後爲博士毀武於朝廷武聞之終不揚其惡而聖子賓客爲盜繫廬江聖自以子必死武平心決之卒得不死自是聖慚服武每奏事至京師聖未嘗不造門謝恩戴聖爲禮家之宗身爲贓吏而子爲賊徒可不監哉學者當玩其言而已矣

右小戴注附六部一百二十二卷

禮記新義疏二十卷賀瑒　禮記義疏九十九卷皇侃

禮記講疏四十八卷皇侃　禮記義疏四十卷沈重

禮記義疏三十八卷　禮記義疏四十卷熊安生

禮記義十卷何佟之　禮記大義十卷梁武帝

禮記文外大義二卷秘書學士褚暉撰　禮記義記四卷鄭小同

禮記正義七十卷孔穎達等　禮記正義八十卷唐賈公彥

禮記正義十卷王方慶　禮記小疏二十卷
禮記精義十六卷李文叔　禮記外傳四卷成伯璵撰張幼倫注
禮略二卷
右義疏十七部五百十四卷
禮記寧朔新書二十卷司馬伷撰王懋約注　禮記要鈔十卷緱氏
魏徵次禮記二十卷
右書鈔三部五十卷
禮記評十卷劉雋　禮記繩愆三十卷王玄感
禮記義證十卷劉芳　禮記評要十五卷
右評論四部六十五卷
禮記名數要記三卷　禮記名義十卷
禮記外傳名數二卷　禮記含文三卷
右名數四部十八卷

禮記音義隱二卷謝慈　禮記音義隱七卷
禮記音二卷徐爰　禮記音三卷徐邈
禮記音三卷曹耽　禮記音二卷李軌
禮記音二卷尹毅　禮記字例異同一卷
右音義八部二十三卷
禮記中庸傳二卷戴顒　中庸講疏一卷梁武帝
禮記制旨中庸義五卷　中庸傳一卷胡瑗
右中庸四部九卷
禮緯三卷鄭玄注　禮記默房二卷宋均注
右讖緯二部五卷
凡禮記九種四十九部八百一十八卷
月令
古月令　續月令
時令　歲時
夏小正一卷戴德撰　月令章句十二卷漢蔡邕撰

月令章句十二卷（戴顒撰）
御刊定禮記月令一卷
月令疏二卷
周書月令一卷
王涯月令圖一卷
右古月令（七部三十卷）
崔寔四民月令一卷
孫氏千金月令三卷（孫思邈撰 失一卷）
月令并時訓詩一卷（李林甫撰）
復月令奏議一卷
月令詩一卷（杜仲連撰）
乘輿月令十二卷（裴澄）
十二月纂要一卷
十二月鑑一卷（任婉撰）
纂要月令
保生月錄一卷（韋行規撰）
齊民月令一卷（崇文總目）
日書三卷（譚融）
右續月令（十二部二十六卷）
國朝時令一卷（丁度修）
國朝時令六卷（賈昌朝重定）
時鑑新書五卷（劉安靖）
四序總要四卷（李彤撰）

四時纂要五卷韓鄂撰　四時記二十卷薛登

王氏四時錄十二卷　四時總要十二卷李彤撰

續時令故事一卷

右時令十九部六十六卷

荆楚歲時記二卷梁宗懔撰杜公瞻注　玉燭寶典十二卷杜臺卿撰

楚苑實錄一卷　金谷園記一卷唐李邕撰

秦中歲時記一卷李綽撰　歲華紀麗二卷韓鄂撰

歲時廣記一百十二卷徐鍇撰　歲中記一卷

歲時雜錄二十卷

右歲時九部一百五十二卷

凡月令四種三十七部二百七十四卷

會禮論鈔　問難

三禮　禮圖

石渠禮論四卷戴聖　禮論三百卷宋御史中丞何承天

禮論條牒十卷任預　禮論帖三卷任預
禮論鈔二十卷庾蔚之　禮論要帖十卷王儉
禮論要鈔一百卷賀瑒　禮論鈔六十九卷按唐志有六十六卷
禮論要鈔十卷　禮論六十卷李敬玄
禮論鈔二十卷　禮雜鈔略二卷荀萬秋
禮統十二卷賀述　禮論要鈔十三卷
禮區分十卷　禮論鈔略十三卷
禮略十卷杜肅　禮粹二十卷張頻
禮志十卷丁公著　禮類聚十卷
類禮二十卷陸質　類禮義疏五十卷元行沖
右論鈔二十二部七百七十六卷
禮論答問八卷宋徐廣　禮論答問十三卷徐廣
禮答問二卷徐廣　禮問答六卷庾蔚之

禮荅問三卷王儉　禮雜問十卷范甯
禮論答問九卷范甯　禮答問十卷何佟之
禮雜問答鈔一卷何佟之　問禮俗十卷董勛
問禮俗九卷董子弘　答問雜儀二卷杜預
禮義答問八卷王儉　禮疑義五十二卷梁護軍周捨
禮義一卷何隆　雜禮義問答四卷

右問難十六部百四十八卷

三禮目錄鄭玄撰　三禮義宗三十卷崔靈恩撰
三禮宗略二十卷元延明　三禮大義十三卷
三禮大義四卷　三禮雜大義三卷

右三禮十六部七十一卷

三禮圖九卷鄭玄及後漢阮湛等撰　三禮圖九卷張鎰
三禮圖十二卷夏侯伏朗　三禮圖二十卷聶宗義集

周室王城明堂宗廟圖一卷祁諶撰　王制井田圖一卷阮逸

王制井田圖一卷徐希文　禮書一百五十卷陳祥道

唐禮圖等雜書五十六卷　宣和博古圖六十卷

右禮圖十部三百十九卷

凡會禮四種五十四部一千三百一十四卷

儀注

禮儀　吉禮　賓禮　軍禮　嘉禮
封禪　汾陰　諸祀儀注　陵廟制　家禮祭儀
東宮儀注　后儀　王國州縣儀注　會朝儀
耕籍儀　車服　書儀　國璽

漢舊儀四卷衛宏　蔡邕獨斷二卷

晉尚書儀曹新定儀注四十一卷徐廣

晉儀注三十九卷　晉新定儀注四十卷晉安成太守傅瑗

晉尚書儀曹事九卷　甲辰儀五卷江左撰

晉雜儀注二十一卷　宋尚書儀注三十六卷

宋儀注二卷　宋尚書雜注十八卷

南齊儀注二十八卷嚴植之
梁儀注十卷沈約
梁尚書儀曹儀注十八卷
又二十卷
雜儀注百八十卷
陳雜儀注六卷
陳尚書雜儀注五百五十卷
後魏儀注五十卷常景
後齊儀注二百九十卷
雜儀注一百卷
新儀三十卷鮑泉
理禮儀注九卷何點
齊典四卷王逸
要典三十九卷王景之
要典雜事五十卷
皇典五卷邱仲孚
五禮要記三十卷韋叔夏
隋儀注目錄四卷
中禮儀注八卷王懋
隋江都集禮一百二十卷牛弘潘徽
大唐儀禮一百卷
永徽五禮一百三十卷
開元禮一百五十卷蕭嵩等
開元禮儀鑑一百卷蕭嵩
開元禮京兆義羅十卷
開元禮類釋二十卷

開元禮目錄一卷　開元禮百問二卷
貞元新集開元後禮二十卷韋渠牟　唐禮纂要六卷柳郢
禮閣新儀二十卷韋公肅　元和曲臺禮三十卷王彥威
續曲臺禮三十卷　竇氏吉凶禮要二十卷
開寶通禮二百卷　通禮目錄三卷
直禮一卷李宏澤　古今儀集五十卷王方慶
開寶通禮義纂一百卷　義纂目錄一卷
禮閣新編六十卷王諲　禮院雜錄卷亡
太常新禮四十卷賈昌朝等　類儀一卷魏鄭公
五禮新儀二百四十卷　歷代創制儀五卷
決疑要注一卷摯虞　禮樂集十卷顏真卿

右禮儀五十九部三千一百一十九卷

晉尚書儀曹吉禮儀注三卷　梁吉禮十八卷明山賓等

梁吉禮儀注四卷　梁吉禮儀注十卷
陳吉禮百七十一卷　陳雜吉儀注三十卷
隋吉禮五十四卷高熲　吉書儀二卷王儉
祭典二卷　雜制注六卷盧諶
祀典五卷盧辯　太清宮祠三卷劉智
駕幸昭應宮儀注一卷
右吉禮十三部三百十卷
梁賓禮一卷賀瑒　梁賓禮儀注十三卷賀瑒
陳賓禮六十五卷　陳賓禮儀注六卷張彥
右賓禮四部八十五卷
梁軍禮四卷陸璉　陳軍禮六卷
右軍禮二部十卷
梁嘉禮三十五卷司馬褧　嘉禮儀注四十五卷

珍倣宋版印

陳嘉禮一百二卷　冠昏儀四卷

右嘉禮四部一百八十六卷

古封禪羣祀二十二篇　封禪議對十九篇

漢封禪羣祀三十六篇　封禪儀六卷

東封記一卷韋述　封禪錄十卷孟利貞

皇帝封禪儀六卷令狐德棻　神岳封禪儀注十卷裴守真

祥符封禪記五十二卷丁謂等修

右封禪九部八十五卷七十七篇

祥符祀汾陰記五十二卷丁謂等修　汾陰后土故事三卷

右汾陰二部五十五卷

晉明堂郊社議三卷孔晁等　明堂儀一卷張大頤

明堂儀注三卷姚璠等　大享明堂儀注二卷郭山惲

明堂序一卷李襲譽　明堂新禮十卷李嗣真

明堂記紀要二卷　皇佑大享明堂記二十卷文彥博

皇祐大享明堂記紀要二卷文彥博　駕幸玉清昭應宮儀注一卷

魏氏郊丘三卷　南郊記圖一卷

大唐郊祀錄十卷王涇　梁南郊儀注一卷

梁祭地祇陰陽儀注二卷　南郊圖一卷

天禧大禮記五十卷王欽若

元豐釋奠祭社稷風雨師儀注三卷

諸州縣祭社稷儀一卷　紀風雨雷師儀注一卷

釋奠儀注一卷　祈雨雪法一卷

郊廟奉祀禮文三十卷楊全等

右明堂郊祀社稷釋奠風雨師儀注二十三部百五十卷

晉七廟議三卷蔡謨　親享太廟儀注三卷

崇豐二陵集禮裴瑾卷亡　永昭陵儀式一卷

四季祠祭文一卷　列國祖廟式一卷梁隱
三品官祔廟禮二卷王方慶　景靈宮須知一卷
仁宗山陵須知一卷
右陵廟制九部一十三卷
家祭儀一卷唐徐潤　家祭禮一卷孟詵
寢堂時享儀一卷唐范傳式　祠享儀一卷唐鄭正則
祭錄一卷唐周元陽　家薦儀一卷唐賈頊
盧宏宣家祭儀卷亡　孫氏仲享儀一卷唐孫日用
家儀一卷徐爰　婚儀祭儀二卷崔浩
右家禮祭儀十部十卷
晉東宮舊事一卷張敞撰　東宮新記二十卷蕭子雲
宋東宮儀記二十三卷張鏡　東宮雜事二十卷蕭子雲
東宮典記七十卷宇文愷等　隋皇儲故事二卷

國親皇太子序親簿一卷　皇太子方岳亞獻儀二卷

青宮懿典十五卷宋朝王純臣撰

右東宮儀注九部百五十四卷

王后儀範三卷　坤儀令一卷偽蜀王衍撰

右后儀二部四卷

諸王國雜儀注十卷　雜府州郡儀十卷范汪

縣令禮上儀一卷李淑等

右王國州縣儀注三部二十一卷

武后紫宸禮要十卷　閤門儀制十卷陳彭年修

景祐閤門儀注十二卷李淑等　閤門儀制六卷梁顥

寶元二年閤門儀制十二卷　內東門儀制五卷宋綬修

熙寧閤門儀制十卷　正旦朝會儀注十卷

至道合班儀幷追封條一卷　朝堂須知一卷

奉朝要課一卷　朝制要覽十五卷宋咸撰

右會朝儀一十二部九十三卷

雍熙籍田故事二卷　耕籍田儀制五卷

恭謝籍田儀注三卷　州縣打春牛儀一卷

右耕籍儀四部十一卷

大漢輿服志一卷魏博士董巴　車服雜注一卷徐廣

禮儀制度十三卷王逡之　古今輿服雜事二十卷梁周遷撰

古今輿服雜事二十卷蕭子雲　陳鹵簿儀二卷

陳鹵簿圖一卷　晉鹵簿圖一卷

齊鹵簿圖一卷　大駕鹵簿一卷

鹵簿圖三卷王欽若　鹵籍圖記十卷宋綬

內衣庫須知一卷　隋諸衛左右廂旗圖樣十五卷

染院須知一卷　二儀實錄一卷劉孝孫

二儀實錄衣服名義圖一卷袁郊　服飾變古元錄三卷袁郊
內外親族五服儀二卷裴茝　北蕃冠帽巾髻牌信制度一卷
右車服二十部九十九卷
玉璽譜一卷紀僧真　傳國璽十卷姚察
玉璽正錄一卷徐令言　國寶傳一卷無名氏著秦玉璽相傳至肅宗時
秦傳玉璽譜一卷謝朏　玉璽雜記一卷
國璽記一卷嚴士元　續國璽記一卷
國璽傳一卷
右國璽九部一十八卷
內外書儀四卷謝玄　書儀二卷謝超
書筆儀二十一卷謝朏　宋長沙檀太妃薨弔答書十二卷
弔答書儀十卷王儉　書儀疏一卷周捨
皇室書儀十三卷鮑行卿　吉書儀二卷王儉

文儀二卷梁修端　書儀十卷唐瑾
言論儀十卷　婦人書儀八卷唐瑾
僧家書儀五卷釋曇瑗　書儀二卷謝允
童悟十三卷　大唐書儀十卷裴矩虞世南
書儀三卷裴茝　書儀二卷鄭餘慶
裴度書儀二卷　杜有晉書儀二卷
新定書儀二卷劉岳　胡先生書儀二卷
右書儀二十二部一百三十八卷
凡儀注十八種二百十六部四千五百六十一卷七十七篇
樂類第三樂書　歌辭　題解　曲簿　聲調　鐘磬　管絃　舞　鼓吹　琴　讖緯
樂元起二卷漢桓譚　樂社大義十卷梁武帝
樂論三卷梁武帝　樂論一卷蕭吉
删注樂書九卷後魏信都芳　古今樂錄十二卷陳沙門智匠

樂雜書三卷
樂元二卷魏僧撰
樂要一卷何妥
樂部一卷
樂略四卷元殷
樂律義四卷沈重
鍾律五卷沈重
鍾律義一卷
樂論事二卷
樂府志十卷蘇夔
樂經三十卷李玄楚
古今樂記八卷李守真
樂書要錄十卷唐武后
新樂書十二卷張文收
太樂令壁記三卷劉貺
歷代樂儀三十卷徐景安
教坊記一卷崔令欽撰開元中雜伎始隸太常以不應典禮乃置教坊以處俳優
聲律要訣唐田琦
樂府雜記一卷
大周正樂一百二十卷
樂苑五卷陳游
補亡樂書三卷房庶
樂儀十卷李上交
樂說五卷和峴
新纂樂書三十卷聶冠卿

景祐大樂圖三十卷聶冠卿　大樂圖儀二卷宋祁
景祐廣樂記八十一卷　皇祐樂圖記三卷阮逸胡瑗
樂論一卷沈括　樂府記一卷李上交
太常樂纂一卷　樂本書二十卷宋朝王箴
元祐新定樂法一卷范鎮　律管說一卷阮逸
顯德正樂目一卷　樂書二十卷劉炳
隆韶導和集一卷姚公立　詩樂說三卷吳良輔
樂記三十六卷　大晟樂書十三卷
樂書五卷吳良輔　樂演卦一卷
樂傳二卷　景祐大樂制度一卷
樂髓新經一卷　審樂要記一卷
樂府雜錄一卷段安節
右樂書五十四部五百七十五卷

大樂雜歌辭三卷晉荀勗　大樂歌辭二卷荀勗
樂府歌詩十卷　新錄樂府集十一卷謝靈運
樂府歌辭八卷隋岐州刺史鄭譯　翟子樂府歌詩十卷
翟子三調相和歌辭五卷　周優人曲辭二卷
歷代歌六卷　和樂府古辭一卷裴煜
齊三調雅辭五卷　三調相和歌辭五卷
奏鞞鐸舞曲二卷　陳郊廟歌辭三卷徐陵
樂府新歌十卷秦王記室崔子發撰　樂府新歌二卷秦王司馬殷僧首
皇府三校歌詩十卷　魏燕樂歌辭七卷
晉燕樂歌辭十卷荀勗　宋太始祭高禖歌辭十一卷
右歌辭二十部一百二十三卷
樂府古題要解一卷吳兢　樂府古題解一卷劉餗
樂府詩目錄一卷沈建　樂府古今題解三卷郗昂

樂府解題一卷　　樂府題解十卷劉次莊

右題解六部一十七卷

樂簿十卷　　齊朝曲簿一卷

隋總曲簿一卷　　正聲伎雜等曲簿一卷

太常寺曲名一卷　　太常寺曲簿十一卷

歌曲名五卷　　歷代樂名一卷

唐郊祀樂章譜二卷張說王涇　　歷代曲名一卷

外國伎曲三卷　　又一卷

樂府廣題一卷　　太常大樂曲部并譜一卷

樂章記五卷

右曲簿十五部四十五卷

樂府聲調六卷鄭譯　　樂府聲調三卷鄭譯

推七音二卷并尺法　　聲律指歸一卷元殷

律呂五法圖一卷 蕭吉
黃鍾律一卷
明堂教習音律一卷
右聲調七部一十五卷
鐘磬志二卷 公孫崇
鐘書六卷 四庫書目
寶鐘釋文一卷 任之奇
樂懸一卷 隋藝文志
又樂懸圖一卷
右鐘磬五部十一卷
管絃記十卷 凌秀
管絃記十二卷 留進
琵琶譜一卷 賀懷智
琵琶錄一卷 段安節
當管七聲二卷 魏僧撰
觱栗格三卷
胡笳錄一卷 蔡文姬
集胡笳辭一卷 劉商
胡笳調一卷 蔡文姬
胡笳十八拍一卷
小胡笳十九拍一卷 蔡翼纂

右管絃十一部三十四卷

歌舞式一卷　柘枝譜一卷

舞鑑圖三卷　採蓮舞譜一卷

右舞四部六卷

漢魏吳晉鼓吹曲四卷　鼓吹樂章一卷

羯鼓錄一卷南卓　衙鼓吹格一卷

右鼓吹四部七卷

琴操三卷晉廣陵相孔衍　琴操鈔二卷

琴操鈔一卷　琴譜四卷戴氏

琴經一卷　琴說一卷

琴曆頭簿一卷以上並隋志　琴譜二十一卷陳懷

琴敘譜九卷趙邪利　金風樂一卷唐明皇

無射商九調譜一卷蕭祐　琴書三卷趙惟暕

大唐正聲新徵琴譜十卷 陳拙
廣陵止息譜一卷 呂渭
廣陵止息譜一卷 李良輔
東杓引譜一卷 李約
琴雅略一卷 齊嵩
琴調四卷 陳康士
琴譜十三卷 陳康士
離騷譜一卷
琴手勢譜一卷 趙耶利
琴說一卷 李勉
琴說一卷 鄭文祐
三樂圖一卷 世言樂啓期撰
雅樂均聲格一卷
正聲五弄譜一卷
琴箋一卷 崔遵度
琴經一卷 崔亮
琴訣一卷 薛易簡
琴操引三卷
琴心三卷
琴義一卷 劉籍
阮譜一卷
琴指圖一卷
進琴式一卷
擘阮指法一卷
琴傳七卷
隱韶集一卷

珍倣宋版印

琴阮二弄譜一卷　阮咸譜一卷蔡邕撰

琴調十七卷　琴聲韻圖一卷

琴德譜一卷　沈氏琴書一卷

張淡正琴譜一卷　琴式圖一卷

三樂譜一卷　琴書正聲九卷

阮咸調弄二卷　阮咸金羽調一卷

降聖引譜一卷　阮咸譜二十卷

雅琴名錄一卷謝希逸　碧落子斷琴法一卷石汝礪

右琴五十四部一百六十八卷

樂緯三卷宋均注

右讖緯一部三卷

凡樂十一種一百八十一部一千單四卷

小學類第四　小學　文字　音韻　音釋　古文　法書　蕃書　神書

三蒼三卷郭璞撰秦相李斯作蒼頡篇漢楊雄作訓纂篇後漢郎中賈魴作滂喜篇故曰三蒼

蒼頡訓詁二卷杜林注　　埤蒼三卷張揖隋志二卷

三蒼訓詁三卷　　廣蒼一卷樊恭

急就章一卷史游　　急就章二卷崔浩注

急就章一卷顏之推注　　急就章三卷豆盧氏撰

急就章一卷顏師古注　　吳章二卷陸機

在昔篇一卷班固　　太甲篇一卷班固

凡將篇一卷司馬相如　　黃初篇一卷

小學篇一卷晉下邳內史王義　　小學篇九卷楊方

始學一卷　　勸學一卷蔡邕

幼學篇一卷朱嗣卿　　始學篇十二篇項峻

小學篇一卷王羲之　　發蒙記一卷晉著作郎束皙

啓蒙記三卷晉顧愷之　　啓疑記三卷顧愷之

詁幼文三卷（顧延之）　千字文一卷（蕭子雲）

次韻千字文一卷（梁周興嗣）　演千字文五卷

古今字詁三卷（張揖）　雜字指一卷（後漢郭顯卿）

字指二卷（晉李彤）　小學總錄二卷

右小學三十三部七十七卷

說文二十卷（漢許慎纂唐李陽冰刊定）　說文十五卷（宋朝徐鉉刊定）

說文解字繫傳三十八卷（徐鍇）　補說文字解三十卷（僧曇域）

說文音隱四卷　說文韻譜十卷（徐鍇）

說文字源一卷（唐李騰集）　字林七卷（晉弦令呂忱）

字林音義五卷（宋楊州督護吳恭）　古今字書十卷

字書十卷　字統二十一卷（楊承慶）

玉篇三十一卷（陳左將軍顧野王）　像文玉篇三十卷（唐釋慧力）

玉篇解疑三十卷（道士趙利正）　類篇四十五卷（司馬光等）

字類敘評三卷 侯洪伯
要字苑一卷 宋豫章太守謝康樂
括字苑十三卷 馬幹
要用字苑一卷 葛洪
常用字訓一卷 殷仲堪
字屬篇一卷 賈魴
要用雜字三卷 鄒里
文字要記三卷 王義
解文字七卷 周成
文字集略六卷 梁阮孝緒
字宗三卷 薛立
文字譜一卷
釋文十卷 江邃
文字志三卷 王愔
文字要說一卷 王氏
難字要三卷
覽字知源三卷
字源偏旁小說三卷 東林生解
字旨篇一卷 郭訓
桂苑珠叢一百卷 諸葛穎
桂林珠叢略要二十卷
俗語難字一卷 隋王劭
雜字要三卷 隋李少通
雜字書八卷 偕正度
文字整疑一卷
正名一卷

珍倣宋版印

纂文三卷何承天　纂要六卷顏延之
文字釋疑一卷　今字辨疑三卷李少通
啓疑三卷顧愷之　文字指歸四卷
字海一百卷唐武后　干祿字書一卷顏元孫
佩觿三卷郭忠恕　稽正辨訛一卷
龍龕手鑑四卷燕僧智光　文字釋訓三十卷梁僧寶志
開元文字音義三十卷唐明皇　五經文字三卷唐張參
九經字樣一卷唐玄度　經典分毫正字一卷唐歐陽融

右文字五十八部七百二卷

音書考源一卷　聲韻四十一卷周研
聲類十卷魏左校令李登　韻集十卷
韻集六卷晉安復令呂靜　四聲韻林二十八卷張諒
韻集八卷段弘　羣玉典韻五卷

文章音韻二卷王該　韻略一卷陽休之
修續音韻決疑十四卷李槩　纂韻鈔十卷
四聲指歸一卷劉善經　四聲一卷沈約
四聲韻略十二卷夏侯詠　韻篇十二卷趙氏
音譜四卷李槩　韻英三卷釋靜洪
切韻五卷陸慈　音韻二十卷蕭鈞
唐韻五卷孫愐　韻銓十五卷唐武元之
韻英五卷明皇　韻海鑑源三百六十卷顏真卿
切韻十卷唐李舟　辨體補修加字切韻五卷唐僧猷智
唐廣韻五卷張參　唐切韻五卷
唐韻要略一卷李邕　雍熙廣韻一百卷宋朝句中正等詳定
集韻十卷丁度等修　禮部疑韻二十卷
宋朝重修廣韻五卷陳彭年　五音廣韻五卷吳鉉

景祐韻五卷　禮部韻略五卷王洙等修

離文字音七卷王延　辨嫌音一卷陽休之

異字同音一卷　證俗音三卷張推

證俗音略一卷顏愍楚　敘同音三卷

聲韻圖一卷　五音切韻樞三卷柳曜

切韻指元論三卷　切韻指元疏五卷僧鑑言

歸字圖一卷劉守錫　三十六字母圖一卷僧守溫

切韻之學起自西域舊所傳十四字貫一切音文省而音博謂之婆羅門書然猶未也其後又得三十六字母而音韻之道始備中華之韻只彈四聲然有聲有音聲爲經音爲緯平上去入者四聲也其體縱故爲經宮商角徵羽半徵半商七音也其體橫故爲緯經緯錯綜然後成文臣所作韻書備矣釋氏謂此學爲小悟學者誠不可忽也

定清濁韻鈐一卷僧行慶　切韻內外轉鈐一卷

內外轉歸字一卷

右音韻五十一部七百九十卷

經典釋文三十卷陸德明　經典集音三十卷劉鎔

音訣八卷郭逸　羣經音辨七卷宋朝賈昌朝

右音釋四部七十五卷

古文官書一卷後漢議郎衞宏集　古文奇字二卷郭顯卿集

古文雜字一卷　汗簡八卷郭忠恕

纂古一卷崔希裕集　尙書古字一卷

古文略李商隱　集綴古文裴光遠

集古文張楫　義雲章

古文字訓二卷　集古四聲韻五卷夏竦

鍾鼎篆韻三卷王楚　古篆禮部韻五卷釋守隆

右古文十四部二十九卷

六文書一卷

四體書勢一卷晉衛恆

雜體書九卷釋正度

古今八體六文書法一卷

古今篆隸雜字體一卷蕭子政

古今篆隸訓詁名錄一卷

古今文等書一卷

篆隸雜體書二卷

古今字圖雜錄一卷隋曹憲

文字圖二卷

秦皇東巡會稽刻石文一卷

聖章草一卷蔡邕

飛龍篇篆草勢合三卷崔瑗

法書目錄六卷虞龢

五十二體書一卷蕭子雲

書品一卷庾肩吾

筆墨法一卷顏之推

麤紙筆墨疏一卷

書後品一卷李嗣真

書譜一卷徐浩

古跡記徐浩撰

書斷三卷張懷瓘

評書藥石論一卷張懷瓘

書則一卷張景玄撰

書指論一卷 褚長文
法書要錄十卷 張彥遠
草書雜體 裴行儉撰
荊浩筆法記一卷
王氏八體書範四卷 王方慶
書祖一卷 張懷瓘
書法藥石論一卷 張懷瓘
六體論一卷 張懷瓘
御注評書一卷 唐太宗
有唐名書評贊一卷
臨書關要一卷 僧應之
字學要錄一卷
授筆法一卷
古文篆隸體書記二卷
辨字圖一卷
敘書四卷
懷素傳一卷 陸羽
書禁經一卷
傳授記一卷
篆髓六卷 鄭惇方
飛白書錄一卷
文房四譜四卷
金壺記二卷 僧適之
隸書決疑賦一卷
書品十卷
明皇八分孝經一卷

一珍倣宋版印

十般篆書十卷　王逸少筆勢圖一卷

續書評一卷呂總　法書一卷蔡希綜

古今書人優劣評一卷梁武帝　述書賦三卷竇永撰竇泉注

古來能書人名一卷王僧虔　隸書正字賦一卷石懷德

張長史筆法十二意一卷　圖書會粹十卷

蔡氏口訣一卷　書隱法一卷

墨藪五卷　古今書法苑十卷宋朝周越

書評一卷袁昂　筆體論一卷虞世南

筆法要訣一卷李陽冰篆　筆法一卷羊欣

筆經一卷　法帖釋文十卷石蒼舒

法帖釋文劉次莊

右法書七十一部一百五十一卷

婆羅門書四卷隋志一卷　外國書四卷

右蕃書二部八卷

蜀川鐵鑑子一卷　　吳國山天篆一卷

崆峒山石文一卷　　合山鬼篆一卷

湘潭鑑銘一卷　　羅漢寺仙篆一卷

羅漢寺仙隸一卷

右神書七部七卷

凡小學八種二百四十部一千八百三十九卷

藝文略第二

史類第五

正史　史記　漢　後漢　三國　晉
宋　齊　陳　梁　後魏
北齊　後周　隋
唐　通史

史記一百三十卷目錄一卷漢中撰

史記八十卷宋南中郎外兵參軍裴駰注

史記一百三十卷許子儒注　史記一百三十卷王元感注

史記一百三十卷陳伯宣注今存八十七卷　史記一百三十卷徐堅注

史記一百三十卷李鎮注　續史記一百三十卷唐韓琬撰

史記音義十二卷宋中散大夫徐廣　史記音三卷梁輕車錄事參軍鄒誕注

史記音三卷許子儒注　史記鈔十四卷葛洪撰

史記義林二十卷李鎮　史記索隱三十卷司馬貞

史記纂訓二十卷裴安時　史記地名二十卷劉伯莊

史記正義三十卷唐張守節　史記名臣疏三十四卷竇羣
史要十卷衛颯撰約史記要言以類相從　史記正傳九卷張瑩
右史記二十部一千一百九十五卷
漢書一百五十卷漢護軍班固撰太山太守應劭集解　漢書一百二十卷顏師古注
御銓定漢書八十七卷　漢書音訓一卷服虔
漢書集解音義二十四卷應劭　漢書音二卷梁尋陽太守劉顯
漢書音義七卷韋昭　漢書音義十二卷國子博士蕭該
漢書音二卷夏侯泳　漢書音義九卷孟康
漢書音十二卷廢太子勇命包愷等　漢書音義十七卷晉灼
漢書音一卷諸葛亮　孔氏漢書音義鈔二卷孔文祥
漢書音義二卷崔浩　漢書音十二卷蕭該
漢書音義二十六卷劉嗣等
漢書律歷志音義一卷徐景倫撰　漢書音義十二卷恭播撰

漢書集注十三卷晉灼撰　漢書注一卷齊金紫光祿大夫陸澄撰
漢書注四十卷恭播撰　漢書續訓三卷梁北平諮議參軍韋稜撰
漢書訓纂三十卷陳吏部尚書姚察撰　漢書集解一卷姚察撰
漢書議苑元懷景撰　漢書紹訓四十卷姚珽撰
論前漢事一卷諸葛亮撰　漢書駁議二卷晉安北將軍劉寶撰
定漢書疑二卷姚察撰　漢書決疑十二卷顏游秦撰
漢書辨惑三十卷李喜撰　漢書問答五卷沈遵撰
漢書敘傳五卷項岱撰　漢疏四卷
漢書舊隱義一卷舉三使者禮部問科目百餘條
漢書正義三十卷唐僧務靜撰　漢書正名氏義十二卷
漢書英華八卷　漢書古今集義二十卷顧胤撰
前漢考異一卷　漢書鈔三十卷葛洪撰
漢尚書一十卷孔衍撰

右漢書四十三部八百一卷

東觀漢記一百四十三卷起光武記注至靈帝長水校尉劉珍等撰

後漢書一百三十卷無帝紀吳武陵太守謝承撰

後漢記一百卷晉散騎常侍薛瑩撰

續漢書八十三卷晉秘書監司馬彪撰

後漢書九十七卷隋得十七卷唐得三十一卷晉少卿華嶠撰

後漢南記五十八卷晉江州從事張瑩撰

後漢書一百一卷晉秘書監袁山松撰

後漢書九十七卷宋太子詹事范曄撰

後漢書五十八卷梁剡令劉昭補注

後漢書一百二十二卷范曄本劉熙撰

後漢書一百卷章懷太子賢注

後漢書音義二十七卷韋機撰

後漢書音一卷後魏太常劉芳撰

後漢音訓三卷陳宗道先生臧兢撰

後漢外傳十卷謝沈撰

後漢音二卷蕭該撰

後漢書纘十八卷范曄撰

後漢書鈔三十卷葛洪撰

後漢書論贊五卷范曄撰

後漢尚書六卷孔衍撰

前後漢著明論二十卷

三史刊誤四十五卷宋朝余靖等撰　三史要略三十卷張温撰

三史菁英三十卷

右後漢二十四部一千三百一十六卷

魏書四十八卷晉司空王沈撰　魏尚書八卷孔衍撰

吳書五十五卷韋昭撰　吳書實錄三卷

魏國志三十卷晉太子庶子陳壽撰　蜀國志十五卷陳壽撰

刪補蜀記七卷王隱撰　吳國志二十一卷陳壽撰

魏志音義一卷盧宗道撰　吳志鈔一卷

論三國志九卷何常侍撰　三國志評三卷徐爰撰

三國志序評三卷晉王濤撰

右三國志十三部二百四卷

晉書九十三卷晉著作郎王隱撰　晉書五十八卷晉散騎常侍虞預撰

晉書十四卷未成晉中書郎朱鳳撰訖元帝　晉書三十六卷宋臨川內史謝靈運撰

晉中興書七十八卷宋湘東太守何法盛撰起東晉

晉書一百十卷齊徐州主簿臧榮緒撰　晉書九卷本百二卷殘缺蕭子雲撰

晉書二十二卷殘缺于寶撰　晉史草三十卷梁蕭子顯撰

晉書一百三十卷唐太宗命羣臣撰　晉書一百一十卷徐堅撰

注晉書百三十卷高希嶠撰　晉書鴻烈六卷張氏撰

晉書音義三卷唐處士何超撰　晉書鈔三十卷張緬撰

晉諸公贊二十二卷傅暢撰

右晉書十六部八百八十一卷

宋書六十五卷宋中散大夫徐爰撰　宋書六十五卷齊孫嚴撰

宋書一百卷梁尚書僕射沈約撰　宋書三十卷梁王智深撰舊六十一卷殘缺

齊書六十卷梁吏部尚書蕭子顯撰　齊紀十三卷劉陟撰

齊紀二十卷沈約撰　齊史十卷吳兢撰

梁書四十九卷梁中書郎林吳撰　梁史五十三卷陳領軍大著作郎許亨撰

珍倣宋版印

梁書帝紀七卷姚察撰　梁書五十六卷姚思廉撰
梁史十卷吳兢撰　陳書三卷顧野王撰
陳書三卷傅縡撰　陳書四十二卷訖宣帝陳吏部尚書陸瓊撰
陳書三十六卷唐姚思廉撰　陳史五卷吳兢撰
右宋齊梁陳書二十八部六百二十七卷
後魏書一百三十卷後齊僕射魏收撰　後魏書一百卷隋著作郎魏彥深撰
後魏書一百卷張太素撰今惟有天文志二卷　元魏書三十卷裴安時撰
北齊書二十四卷脩未成書李德林撰　北齊書二十卷張太素撰
北齊書五十卷李百藥撰　後周書五十卷令狐德棻撰
周史十卷吳兢等撰　隋書三十二卷張太素撰
隋書八十五卷　隋志三十卷
唐貞觀中詔諸臣分修五代史顏師古孔穎達撰次隋事起文帝
作三紀五十列傳惟十志未奏又詔于志寧李淳風韋安化李延

壽令狐德棻共加裒綴高宗時上之志寧乃上包梁陳齊周屬之隋事析爲三十篇號五代志與書合八十五篇臣按隋志極有倫類而本末兼明惟晉志可以無憾遷固以來皆不及也正爲班馬只事虛言不求典故實迹所以三代紀綱至遷八書固十志幾於絕緒雖其文彩灑然可喜求其實用則無有也觀隋志所以該五代南北兩朝紛然殽亂豈易貫穿而讀其書則了然如在目良由當時區處各當其才顏孔通古今而不明天文地理之序故只令修紀傳而以十志付之志寧淳風輩所以粲然具舉

隋史二十卷吳兢等撰　隋書六十卷未成祕書監王劭撰

右後魏北齊後周隋書十四部七百四十一卷

唐書一百卷吳兢撰　唐書一百三十卷韋述等撰

國史一百六卷　國史一百一十三卷

舊唐書二百卷劉昫張昭遠等撰　唐書直筆新例一卷呂夏卿撰

唐書釋音二十五卷董氏撰　新唐書二百二十五卷歐陽修宋祁等撰
新唐書糾繆二十卷吳縝撰
史系二十卷自會昌至光啓時事有禮樂刑法食貨五行地理志孝行忠節儒林隱逸傳
右唐書十部九百四十卷
通史六百二卷梁武帝撰起三皇訖梁　古史考二十五卷晉義陽亭侯譙周撰
南史八十卷李延壽撰　北史一百卷李延壽撰
高氏小史一百二十卷高峻撰　劉氏洞史二十卷劉權乃晏曾孫
史雋十卷唐鄭暐撰紀南北朝事　統史三百卷姚康復撰
令史二十卷　古史六十卷宋朝蘇轍撰
五代史一百五十卷宋朝薛居正等撰　五代史記七十五卷歐陽脩撰
五代史纂誤五卷吳縝撰　五代志三十卷
十三代史選五十卷敘史記前後漢三國志晉宋齊梁陳後魏北齊後周隋十三家史
正史削繁十四卷阮孝緒撰　史要二十八卷王延秀撰

續史雋二十卷張伯玉撰　史通二十卷唐劉知幾撰

史通析微十卷唐李璨撰　正史雜論十卷僞蜀陽九齡撰

史列三卷唐劉餗撰

右通史二十二部一千七百五十二卷

凡正史九種一百八十二部八千四百六十卷

編年古魏史　兩漢　魏　吳　晉　宋　齊　梁　陳　後魏　北齊　隋　唐　五代　運歷

紀錄

紀年十四卷汲冢書幷竹書同異一卷　隋志作十二卷

右古魏史一部十四卷

漢紀三十卷

漢獻帝以班史文繁難省故令祕書監荀悅約二百四十三年之行事起高祖迄王莽准左傳爲漢紀三十篇辭約而事詳本末先後不失條理當世偉之學者循習班馬之日久故此書不行自唐

以前猶不能忘焉今或幾乎泯矣

漢紀三十卷應劭等撰　漢紀音義三卷崔浩撰

漢表十卷袁希之撰　漢皇德紀三十卷侯瑾撰

後漢紀三十卷袁宏撰　後漢紀三十卷張璠撰

後漢略二十五卷張緬撰　後漢靈獻二帝紀六卷劉文撰

漢獻帝春秋十卷袁曄撰　山陽公載紀十卷樂資撰

漢春秋十卷孔衍撰　漢春秋一百卷宋朝胡旦撰

漢春秋問答一卷胡旦與門人鄒羽問答　後漢春秋六卷孔衍撰

右兩漢十五部三百三十一卷

漢魏春秋九卷孔舒元撰　魏氏春秋二十卷孫盛撰

魏陽秋異同八卷孫壽撰　魏武本紀年歷五卷

魏紀十二卷左將軍魏澹撰　魏略五十卷魚豢撰

吳紀十卷晉太學博士環濟撰　吳曆六卷胡沖撰

吳錄三十卷張勃撰　吳書實錄三卷

右魏吳十部一百五十三卷

漢晉陽秋五十四卷訖愍帝晉滎陽太守習鑿齒撰

晉紀四卷陸機撰　晉紀二十三卷干寶撰訖愍帝

晉紀十卷晉前軍諮議曹嘉之撰　晉紀十一卷晉荊州別駕王粲撰訖明帝

晉陽秋三十二卷訖哀帝孫盛撰　晉紀二十五卷宋中散大夫劉謙之撰

晉紀十卷宋吳興太守王韶之撰　晉紀四十五卷宋中散大夫徐廣撰

續晉紀五卷宋新興太守郭季産撰　續晉陽秋二十卷宋永嘉太守檀道鸞撰

晉錄五卷　晉史草三十卷蕭景暢撰隋志作蕭子顯

晉春秋略二十卷唐杜延業撰　晉後略五卷荀紀撰

晉曆二卷　漢魏晉帝要紀三卷賈匪之撰

右晉十七部三百四卷

建康實錄二十卷唐許嵩撰記江左六朝事作編年體

宋略二十卷梁通直郎裴子野撰　宋春秋二十卷梁吳興令王琰撰

宋春秋二十卷鮑衡卿撰　宋紀三十卷王智深撰

右宋六朝附五部一百十卷

齊春秋三十卷梁奉朝請吳均撰　齊典五卷王逸撰

右齊二部三十五卷

梁典三十卷劉璠撰　梁典三十卷陳始興王諮議何之元撰

梁撮要三十卷陳征南諮議陰僧仁撰　梁後略十卷姚最撰

梁太清紀十卷梁長沙藩王蕭韶撰　梁典三十九卷謝昊撰

梁末代紀一卷　皇帝紀七卷

棲鳳春秋五卷臧嚴撰　梁帝紀七卷

梁承聖中興略十卷劉仲威撰　後梁春秋十卷蔡允恭撰

右梁十二部一百八十九卷

陳王業曆二卷陳中書郎趙齊旦撰

右陳一部二卷

後魏紀三十三卷盧彥卿撰　魏國紀十卷梁祚撰

魏典三十卷唐元行沖撰

三國典略二十卷唐丘悅撰以關中鄴都江南爲三國記南北朝事

右後魏四部九十三卷

北齊紀三十卷崔子發撰　北齊志十卷王劭撰

周史十八卷未成隋牛弘撰

右北齊周附三部五十八卷

隋後略十卷張太素撰　隋記二十卷呂才撰

隋記十卷丘啓期撰

右隋三部四十卷

唐歷四十卷唐柳芳撰起隋義寧元年訖建中三年

續唐歷二十二卷韋澳等撰　唐歷目錄一卷唐崔令欽撰據柳芳歷鈔其事目

珍倣宋版印

唐春秋三十卷吳兢撰　唐春秋二十卷韋述撰
唐春秋六十卷陸長源撰　唐統紀一百卷陳嶽撰
唐朝年代記十卷唐焦璐撰　唐紀四十卷宋朝陳彭年撰
唐年歷一卷唐劉軻撰　唐年補錄六十五卷晉賈緯撰
唐歷帝紀一卷　唐餘錄六十卷王皞撰
唐年統略十一卷郭修撰　續唐錄一百卷宋敏求撰
唐典七十卷王彥威撰　唐錄政要十二卷凌璠撰自獻祖迄僖宗
唐鑑十二卷范祖禹撰　唐鑑五卷石介撰

右唐十九部六百六十卷

五代通錄六十五卷宋朝范質撰起梁開平元年盡周顯德六年
開皇紀三十卷鄭向撰　五代春秋二卷尹洙撰
周恭帝日歷三卷扈蒙撰

右五代四部百卷

王氏五位圖十卷（唐王起撰）　廣五運圖
五運錄十二卷（唐曹珪撰）　正閏位歷三卷（唐柳璨撰）
歷代帝王正閏五運圖一卷　五運歷一卷
運歷圖六卷（宋朝龔穎撰至雍熙）　五運紀年志一卷
五運甲子編年歷三卷（劉蒙叟撰）　三五歷紀二卷（徐整撰）
渾天帝王五運歷年紀一卷　通歷二卷（徐整撰）
雜歷五卷　長歷十四卷
千年歷二卷　許氏千歲歷三卷
帝王年歷五卷（陶弘景撰）　分王年歷五卷（羊瑗撰）
國志歷五卷（孔衍撰）　年歷六卷（皇甫謐撰）
共和以來甲乙紀年一卷（盧元福撰）　古今年代歷一卷（唐賈欽文撰）
建元歷二卷（唐張敦素撰）　帝王歷數歌一卷（唐劉軻撰）
古今年號錄一卷（唐封演撰）　嘉號錄一卷（唐進士韋美撰）

兩漢至唐年紀一卷唐李康乂撰　唐至五代紀年記二卷

歷代君臣圖三卷　元類一卷

歷代年號一卷宋朝李昉等奉詔撰　帝王年代圖一卷郭伯邕撰訖隋

紀年錄一卷起黃帝至宋朝至道

古今類聚年號圖一卷僞蜀杜光庭撰自漢至魏蜀

年號歷一卷起漢建元訖唐天祐　古今年表一卷

表年歷一卷　歷代年譜一卷徐鍇撰

編年手鑑一卷周韶纂　帝王歷數圖十卷路惟衡撰

歷代統紀一卷章寶撰　視古圖一卷侯利建撰

古今通系圖一卷魏森撰　帝王事迹相承圖三卷牛檢撰

紀年指歸五卷　唐聖運圖二卷唐薛璠撰

紀運圖一卷　疑年譜二卷劉恕撰

帝系譜二卷唐張愔撰　帝系圖一卷

國朝年表八卷

右運歷五十一部一百四十八卷

帝王世紀十卷皇甫謐撰起三皇盡漢魏　帝王世紀音四卷虞綽撰

帝王本紀十卷來奧撰　續帝王世紀十卷何茂林撰

洞紀四卷韋昭撰起庖犧已來至漢建安十七年　續洞紀一卷臧榮緒撰

帝王要略十二卷環濟撰紀帝王及天官地理喪服

十五代略十卷吉文甫撰起庖犧至晉　周載八卷東晉孟儀撰略記前代下至秦其書已亡缺

先聖本紀十卷劉縚撰唐志作滔　帝王世錄一卷甄鸞撰

華夷帝王紀三十七卷楊曄撰　年歷帝紀二十卷姚恭撰

帝王諸侯世略十一卷　歷代記三十二卷庾和之撰

世譜四十八卷　帝錄十八卷諸葛耽撰

十代記十卷熊襄撰　帝王編年錄五十一卷盧元福撰

洞歷記九卷周樹撰　帝王紀錄三卷褚無量撰

三國春秋二十卷唐員半千撰　六代略三十卷李吉甫撰
稽古典一百三十卷唐穎撰　三國春秋崔良佐撰卷亡
古今紀年新傳三十卷張昌宗撰　史略三十卷杜信撰
廣軒轅本記三卷王權撰　通歷七卷李仁實撰
通歷十卷馬總撰　續通歷十卷孫光憲撰
東海三國通歷十卷　古今通要四卷苗台符撰
紀年通譜十二卷宋庠撰　續補通歷十五卷王淑撰
編年通載十卷章衡撰　資治通鑑二百九十四卷司馬光撰
舉要歷八十卷司馬光撰　資治通鑑節六十卷司馬光撰
資治通鑑外紀三卷劉恕撰　外紀目錄三卷劉恕撰

右紀錄四十一部一千九十卷

凡編年十五種一百八十八部三千三百二十一卷

霸史

華陽國志十二卷 晉常璩撰以巴漢風俗及公孫以後據蜀者各爲之志

漢志書十卷 常璩撰

蜀李書九卷

漢趙紀十卷 和苞撰

趙書二十卷 一曰趙石記一曰二石集載石勒事僞燕太傅長史田融撰

二石傳二卷 晉北中郎參軍王度撰

二石僞治時事二卷 王度撰

燕書二十卷 記慕容儁事僞燕尚書范亨撰

南燕錄五卷 記慕容德事僞燕尚書張銓撰

南燕錄六卷 僞燕中書郎王景暉撰

南燕書七卷 游覽先生撰

燕志十卷 記馮跋事後魏侍中高閭撰

秦書八卷 記符健事何仲熙撰

符朝雜記一卷 田融撰

秦紀十卷 記姚萇事魏左民尚書姚和都撰

秦紀十一卷 宋殿中將軍裴景仁撰梁雍州主簿席惠明注

涼記八卷 記張軌事僞燕右僕射張諮撰

涼書十卷 記張軌事僞涼大將軍從事中郎劉昞撰

西河記二卷 記張重華事晉侍御史喻歸撰

涼記十卷 記呂光事僞涼著作佐郎段龜龍撰

涼書十卷 高道讓撰

涼書十卷 沮渠國史撰

珍倣宋版印

拓跋涼錄十卷　敦煌實錄十卷劉昞撰

吐谷渾記二卷宋新亭侯段國撰　桓玄僞事二卷

鄴洛鼎峙記十卷　天啓記十卷記梁元帝子諝據州事守節先生撰

十六國春秋一百二十卷魏崔鴻撰　十六國春秋略二卷

三十國春秋三十卷梁湘東王世子蕭方撰起漢建安訖晉元熙凡百五十六年以晉爲主包吳孫劉淵等三十國事

三十國春秋鈔二卷　三十國春秋一百卷武敏之撰

戰國春秋二十卷李槩撰

右霸史上三十四部五百一十卷

吳越備史十五卷宋朝范坰林禹撰記錢氏據有吳越事

忠懿王勳業志三卷錢儼撰　錢氏戊申英政錄一卷錢儼編

錢氏家話一卷錢易編　吳錄二十卷僞唐徐鉉等撰記楊行密據淮南盡楊溥

淝上英雄小錄二卷僞吳信都鎬撰記楊行密起廬州入廣陵所從將吏五十人

邗溝要略九卷記楊行密據淮南事　吳楊氏本紀六卷僞吳陳濬撰記楊氏始終

吳將佐錄一卷記楊行密時功臣三十九人行事又三十四人只載姓名

江南錄十卷徐鉉湯悅等撰記江南李氏三主事　江南別錄四卷陳彭年撰

高皇帝過江事實一卷記僞吳太和三年李昪還鎮金陵事

烈祖開基錄十卷僞唐王顏撰記李昪據金陵事昪號烈祖

江南李氏事迹一卷　江表志三卷鄭文寶撰

江南野史二十卷龍衮撰　江南餘載二卷

吳唐拾遺錄十卷許氏撰　南唐近事二卷鄭文寶撰

前蜀王氏紀事二卷僞蜀毛文錫撰記王建未僭號前事

前蜀書四十卷僞蜀李昊撰記王氏本末

後蜀孟先主實錄三十卷僞蜀李昊等撰記孟知祥一朝事

後蜀孟後主實錄八十卷李昊等撰記孟昶事

後蜀孟氏紀事二卷宋朝董淳撰記孟昶事

廣政雜錄三卷偽蜀何光遠撰廣政乃偽蜀年號紀王孟據蜀事

廣政雜記十五卷偽蜀浦仁裕撰　蜀檮杌十卷張唐英撰

劉氏興亡錄一卷敘偽漢劉巖等四主事

三楚新錄三卷宋朝周羽沖撰記湖南馬殷周行逢荊南高季興事

湖湘馬氏故事二十卷宋朝曹衍撰　荊湘近事十卷陶岳撰

閩中實錄十卷蔣文懌撰紀王氏據閩盡留從效李仁達事惟不及陳洪進

閩王審知傳一卷偽唐陳致雍撰　渤海行年記十卷曾顏撰

陰山雜錄四卷

十國紀年四十二卷宋朝劉恕撰紀五代十國事

九國志四十九卷曾顏撰記五代國事　五國故事二卷記吳唐蜀漢閩五國事

天下大定錄十卷

右霸史下三十五部四百六十九卷

凡霸史上下七十三部九百七十六卷

雜史 古雜史 兩漢 魏 晉 南北朝 隋 唐 五代 宋朝

越絕書十六卷子貢撰或曰子胥舊有內紀八外傳十七今纔二十篇又載春申官疑後人竄定或言二十篇者非是

春秋前傳十卷何承天撰　春秋前傳雜語十卷何承天撰

春秋後傳三十一卷晉著作郎樂資　魯後春秋二十卷劉允濟撰

吳越春秋十二卷趙曄撰　吳越春秋削繁五卷楊方撰

吳越春秋傳十卷皇甫遵撰　吳越記六卷

戰國策三十四卷劉向錄　戰國策二十一卷高誘撰注

戰國策論一卷漢京兆尹延篤撰　南越志八卷沈氏撰

十二國史四卷　春秋時國語十卷孔衍撰

春秋後國語十卷孔衍撰　聖賢事迹三十卷宋朝蘇易簡撰

閫古堂名臣贊一卷韓琦撰

右古雜史十八部二百三十九卷

楚漢春秋九卷陸賈撰　九州春秋十卷司馬彪撰記漢末事

九州春秋鈔一卷劉孝標注　史漢要集二卷王蔑撰
漢表十卷袁希之撰　漢末英雄記十卷王粲撰
後漢雜事十卷　後漢文武釋論二十卷王越客撰
右兩漢八部七十二卷
魏晉世語十卷晉襄陽令郭頒撰　魏末傳二卷
呂布本事一卷毛范撰　晉武平吳記二卷周世宗將討江南張昭撰
右魏晉四部十五卷
宋中興伐逆事二卷　宋拾遺十卷梁少卿謝綽撰
王霸記三卷潘傑撰　宋齊語錄十卷孔思尚撰
五代新記二卷唐張絢古撰記梁陳北齊周隋事
金陵樞要一卷王豹撰記六朝事　六朝採要十卷
齊梁相繼事迹一卷　乘輿龍飛記二卷鮑衡卿撰
淮海亂離志四卷蕭世怡撰敘梁末侯景之亂

右南北朝十部四十五卷

隋開業平陳記十二卷裴矩撰　隋平陳記一卷稱臣悅亡其姓

大業拾遺一卷唐杜寶撰　大業略記三卷唐趙毅撰

大業拾遺錄一卷記煬帝幸江都　大業雜記十卷杜寶撰

隋季革命記五卷唐杜儒童撰記大業之亂

劉氏行年記十卷唐劉仁軌撰起大業十三年盡武德三年紀河洛寇攘事

朝野僉載二十卷唐張鷟撰記周隋以來事迹

右隋九部六十三卷

唐創業起居注三卷溫大雅撰記高祖起義至于禪位

唐聖述一卷裴炬之撰　今上王業記六卷溫大雅撰

唐太宗勳史一卷吳兢撰　太宗建元實迹一卷

貞觀政要十卷吳兢撰　太宗政典三十卷李延壽撰

高宗承祚實迹一卷裴炬之撰　唐書備缺記十卷吳兢撰起太宗至明皇

明皇政錄十卷李康撰

明皇雜錄二卷鄭處晦撰

天寶亂離西幸記一卷溫畬撰

幸蜀記一卷宋巨撰

開天傳信記一卷鄭綮撰得開元天寶事於傳聞

開元天寶遺事六卷王仁裕撰

天寶艱難記十卷

河洛春秋二卷唐包諝撰起祿山叛訖史朝義敗

祿山事迹三卷唐華陰尉姚汝能

邠志一卷凌準撰天寶之亂準從事邠府

大唐新語十三卷唐劉肅撰起武德訖大曆

奉天記一卷唐徐岱撰起德宗幸奉天

奉天錄四卷唐趙元一撰

德宗幸奉天錄一卷唐崔光庭

建中西狩錄十卷張讀撰

文宗朝備問一卷

國史補三卷唐李趙撰雜記開元至長慶間事

補國史六卷唐林慎思傳

唐朝綱領圖一卷唐南卓撰載唐事之綱目

逸史三卷大中時人所作

闕史三卷唐高彥休撰記大曆以後至乾符事

唐書純粹一百卷林瑨撰

唐機要三十卷劉首方撰

唐小記一卷

玉泉子見聞真錄五卷紀唐懿宗至昭宗時事

封氏見聞記五卷唐封演撰　天祚承歸記一卷唐蕭叔和撰記睿宗即位

唐末見聞八卷紀僖昭兩朝事　金華子雜編三卷偽唐劉崇遠記大中咸通後事

燕南記三卷唐谷況撰以建中時河朔叛帥易定張孝忠不從

唐故事稽疑十卷唐崔立撰　平蔡錄一卷唐鄭澥記李愬平吳元濟事

平淮西記一卷唐路隋撰記吳元濟始末事　河南記一卷薛圖存撰記元和中平李師道事

元和辨謗錄三卷李德裕撰

太和摧兇記一卷記太和甘露事誅鄭注等作十八傳

乙卯記李潛用撰記太和乙卯歲李訓等甘露事　甘露記二卷

開成紀事三卷記太和甘露事　次柳氏舊聞一卷李德裕撰

開成承詔錄二卷李石纂記文宗與鄭覃等奏對事

文武兩朝獻替記三卷李德裕撰記太和會昌期事

唐錄備闕十五卷偽蜀歐陽炳撰記武宗僖宗中和初事

珍倣宋版印

上黨紀叛一卷劉從諫事　貞陵遺事二卷唐令狐澄撰

會昌伐叛記一卷記李德裕相武宗破回鶻平劉稹

壺關錄三卷韓昱撰昱遭安史之亂追述李密王世充事

續貞陵遺事一卷唐柳玭撰　太和野史十卷公沙仲穆撰

平剡錄一卷唐鄭吉撰記太和末禽越盜裘甫平剡縣

東觀奏記三卷唐裴延裕撰記宣懿僖三宗事　彭門紀亂三卷唐鄭樵撰記懿宗朝徐州龐勛叛

咸通解圍錄一卷張雲撰記咸通中雲南蠻寇成都

南楚新聞三卷唐尉遲樞記寶曆至天祐時事

廣陵妖亂志三卷唐郭廷誨撰記高駢鎮廣陵爲妖人呂用之所惑致生亂至楊行密

中朝故事三卷僞唐尉遲樞撰記宣懿昭三宗事

唐補紀二卷唐程柔撰記宣懿僖宗事　會稽錄一卷記唐末越州董昌叛

雲南事狀一卷記唐末羣臣奏議招輯雲南蠻事

譚賓錄十卷唐胡據撰雜載唐世事正史遺者

金鑾密記一卷唐韓偓撰記昭宗幸華州梁太祖以兵圍華事

三朝革命錄三卷載隋唐事盡于天祐禪梁僞吳徐寘撰

右唐七十一部 四百卷

汴水滔天錄一卷五代王振撰記梁太祖事　汴州記一卷記梁太祖鎮汴州事

梁太祖編遺錄三十卷梁敬翔撰　梁列傳十五卷周張昭遠撰

後唐列傳三十卷周張昭遠撰　莊宗召禍記一卷後漢黄彬撰

晉朝陷蕃記四卷宋朝范質等修　陷蕃記四卷范質撰

陷虜記三卷周胡嶠撰嶠陷虜歸記其事　周世宗征淮錄一卷記征壽州劉仁贍事

入洛私書十卷周江文秉撰記同光至顯德事　後史補三卷周高若拙雜記唐及五代史

備史六卷賈緯撰記晉末之亂每一事作一詩以系之

五代史初要十卷歐陽頴撰　王氏聞見集三卷晉王仁裕撰記前蜀事

續皇王寶運錄十卷唐韋昭度等撰楊岑作皇王寶運錄止於憲宗而昭度續其後記唐末亂世事楊岑錄已亡

五代史補五卷陶岳撰　五代史闕文一卷王禹偁撰

皮氏見聞錄十三卷皮光業撰記唐乾符至五代時事
玉堂閑話十卷漢王仁裕撰　耳目記二卷記唐末五代以來事
北夢瑣言三十卷孫光憲撰
右五代二十二部一百九十三卷
宋世龍飛故事一卷　仙源積慶圖一卷
太宗皇帝潛龍事迹一卷王延德撰　光聖錄一卷錢儼撰
三朝逸史一卷陳湜撰　三朝聖政錄三卷石介撰
宋朝政錄十二卷　三朝訓鑒圖十卷李淑等撰
太平故事二十卷　三朝聖政略十四卷
三朝寶訓三十卷呂夷簡撰　兩朝寶訓二十卷林希編
仁宗政要四十卷　寶訓要言十五卷
邇英聖覽十卷丁度編　神宗聖訓錄二十卷林虙編
宋朝事實三十卷沈攸編　熙寧奏對日錄一百卷王安石撰

熙豐政事十五卷　太平紀要二十卷

太平盛典五卷　三朝經武聖略十五卷王洙編

治平經費節要三卷　皇猷錄一卷錢信撰記太平興國以後事

嘉祐名臣傳五卷張唐英撰　仁英兩朝列傳二十卷

皇祐平蠻記二卷馮炳撰　征南錄一卷滕甫撰

儂賊入廣州事一卷霍建中撰　征蠻錄一卷呂璹撰

元祐分疆語錄一卷游師雄撰　本朝要錄一卷

水洛城記一卷李格非　平燕錄一卷

南歸錄一卷沈琯撰　孤臣泣血錄一卷丁時起撰

右宋朝三十六部四百二十四卷

起居注起居注會要　實錄

穆天子傳六卷汲冢古文郭璞注其言似今起居注

漢獻帝起居注五卷　晉泰始起居注二十卷李軌撰

晉咸寧起居注十卷李軌撰
晉太康起居注二十一卷李軌撰
晉元康起居注一卷
晉建武大興永昌起居注九卷
晉咸和起居注十六卷李軌撰
晉咸康起居注二十二卷
晉建元起居注四卷
晉永和起居注本七卷
晉升平起居注十卷
晉太元起居注五十二卷
晉太寧起居注十卷
晉起居注三百十七卷劉道薈撰
流別起居注三十七卷
晉宋起居注鈔五十一卷何始真撰
晉起居注鈔二十四卷
宋永初起居注十卷
宋景平起居注三卷
宋元嘉起居注五十五卷
宋孝建起居注十二卷
宋大明起居注十五卷
宋泰始起居注十九卷
宋泰豫起居注四卷
齊永明起居注二十五卷
梁大同起居注十卷
後魏起居注三百三十六卷
陳永定起居注八卷

陳天嘉起居注二十三卷　陳天康光大起居注十卷
陳至德起居注四卷　後周太祖號令三卷
隋開皇起居注六十卷　南燕起居注六卷
三代起居注鈔十五卷王逡之撰　大唐創業起居注三卷溫大雅撰
開元起居注三千六百八十二卷
修時政記四十卷姚璹撰
右起居注三十九部四千九百七十六卷
梁皇帝實錄二卷周興嗣撰　梁皇帝實錄五卷謝昊撰
梁太清實錄十卷　唐高祖實錄二十卷
太宗實錄二十卷　貞觀實錄四十卷長孫無忌撰
高宗後實錄三十卷劉知幾撰　高宗實錄三十卷韋述撰
則天實錄二十卷劉知幾等撰　中宗實錄二十卷劉知幾吳兢撰
太上皇實錄十卷劉知幾撰起景雲元年　睿宗實錄五卷吳兢撰

珍倣宋版印

開元實錄四十七卷

明皇實錄五卷元載等撰

明皇實錄二十卷張說撰

肅宗實錄三十卷元載撰

代宗實錄四十卷令狐峘撰

建中實錄十卷沈既濟撰

德宗實錄五十卷裴垍撰

順宗實錄五卷韓愈撰

憲宗實錄四十卷路隋等撰

穆宗實錄二十卷路隋撰

敬宗實錄十卷

文宗實錄四十卷李讓夷等撰

武宗實錄三十卷韋保衡等撰

宣宗實錄三十卷宋敏求撰

懿宗實錄三十卷宋敏求修

僖宗實錄三十卷宋敏求修

昭宗實錄三十卷宋敏求修

哀宗實錄八卷宋敏求修

梁太祖實錄三十卷梁郗象等撰

後唐獻祖紀年錄二卷

後唐懿祖紀年錄一卷

後唐太祖紀年錄十七卷

後唐莊宗實錄三十卷後唐趙鳳史官張昭遠等修獻祖懿祖太祖爲紀年莊宗爲實錄

後唐明宗實錄三十卷姚顗等撰

後唐廢帝實錄十七卷宋朝張昭劉温叟同修

後唐愍帝實錄三卷張昭等修

晉高祖實錄三十卷漢竇貞固史官賈緯等修

晉少帝實錄二十卷竇貞固等修

漢高祖實錄二十卷漢蘇逢吉等修

漢隱帝實錄十五卷張昭等修

周太祖實錄三十卷張昭劉温叟等修

周世宗實錄四十卷宋朝王溥等修

本朝政錄十二卷

三朝錄要十二卷

六朝實錄五百四十卷

續添一百七十卷

三朝紀十卷呂夷簡修

聖政紀百五十卷丁謂等修

右實錄五十部一千八百六十六卷

西漢會要十卷

會要四十卷唐蘇冕撰起高祖訖代宗

續會要四十卷唐崔鉉撰次德宗以來至大中間事

唐會要一百卷宋朝王溥撰起宣宗至唐末以蘇冕崔鉉二書合爲百卷

國朝會要一百五十卷章得象等編

國朝會要三百卷王珪等編

五代會要三十卷王溥撰起梁訖周

右會要七部六百七十卷

凡起居注三種九十六部七千五百一十二卷

故事

秦漢以來舊事十卷　漢武故事二卷

韋氏三輔舊事三卷　西京雜記二卷葛洪撰

建武故事三卷　永平故事二卷

漢魏吳蜀舊事八卷　晉朝要事三卷

晉故事四十三卷　晉泰始太康故事八卷

晉建武故事三卷隋志一卷

晉建武咸和咸康故事四卷孔愉撰隋志無建武字

晉諸雜故事二十二卷　交州雜事九卷記士燮及陶璜事

晉八王故事十二卷盧琳撰　晉四王起事四卷盧琳撰

大司馬陶公故事二卷　桓玄僭偽事二卷
沔南故事三卷應思遠撰　天正舊事三卷
華林故事名一卷　先朝故事二十卷劉道薈撰
中興伐逆事二卷　魏永安故事三卷溫子昇撰
梁魏舊事三十卷蕭大圜撰　征南故事三卷應詹撰
救襄陽上都府事一卷王愆期撰　春坊要錄四卷杜正倫撰
春坊舊事三卷　鄴都故事十卷裴矩撰
唐年小錄八卷馬總撰　國朝舊事四十卷紀唐事
集說一卷紀唐十五事　孝和中興故事三卷張齊賢撰
南宮故事十二卷王方慶撰　南宮故事三十卷盧若虛撰
衞公平突厥故事二卷李仁實撰　文貞公傳事四卷敬播撰
文貞公事六卷劉褘之撰　魏文貞故事八卷張大業撰
文貞公事錄一卷王方慶撰　英公故事四卷謝偃撰

英國貞武公故事四卷劉禕之撰
彭城公故事一卷陳諫等撰
張九齡事迹一卷
李渤事迹一卷
杜悰事迹一卷
吳湘事迹一卷

凡故事一種四十八部三百五十三卷

職官

漢官解詁三卷漢新汲令王隆撰胡廣注
漢官五卷應劭注今存一卷
漢官儀十卷應劭撰
漢官典儀一卷漢衛尉蔡質撰
漢官儀式選用一卷丁孚撰
魏官儀一卷荀攸撰
魏晉百官名五卷
晉公卿禮秩故事九卷傅暢撰
晉新定儀注十四卷
晉官品一卷徐宣瑜撰
百官表注十六卷荀綽撰
晉惠帝百官名三卷陸機撰
晉百官名十四卷舊三十卷
晉官屬名四卷
晉過江人士目一卷
晉永嘉流士二卷衛禹撰

登城三戰簿三卷

百官階次一卷范曄撰

宋百官階次三卷荀欽明

宋百官春秋六卷

魏官品令一卷

齊職官儀五十卷齊長水校尉王珪之撰

齊職儀五卷

梁新定官品十六卷沈約撰

職官要錄三十卷陶藻唐志作彥藻

梁官品格一卷

百官階次三卷

官族傳十四卷何晏撰

百官春秋五十卷王秀道撰

百官春秋二十卷

梁尚書職制儀注四十一卷郭衍撰

職令古今百官注十卷郭衍撰

職員舊事三十卷

陳太建十一年百官簿狀二卷

隋官序錄十二卷郭楚之撰

職官要錄鈔三卷上古訖隋

具員故事十卷梁載言撰

唐六典三十卷唐明皇撰李林甫注

具員事迹十卷

職該二卷唐杜英師撰

官品纂要十卷任戩撰

珍倣宋版印

元和國計簿十卷李吉甫撰　元和百司舉要一卷李吉甫撰
太和國計二十卷韋處厚撰　元和會計錄三十卷
會昌中唐雜品一卷　唐百官職紀二卷
唐書官品志一卷　官班兩列一卷
歷任儀式一卷　寄祿新格一卷
文昌損益二卷唐張之緒撰　唐百官俸料一卷何慶撰
職林二十卷楊侃撰　官職訓一卷
唐外典職官紀十卷杜佑撰　官制目錄格子
職官分紀十四卷孫逢吉撰　搢紳集三卷
朝官班簿一卷天聖四年修　敘官朝儀一卷
唐國要圖五卷　文武百官圖一卷萬當世撰
右職官上六十三部五百八十一卷
尙書考功簿五卷王方慶撰　尙書考功課績簿十卷王方慶撰

尚書科配簿五卷
梁選簿三卷徐勉撰
梁勳選格一卷
天官舊事一卷劉晛撰
選譜十卷裴行儉撰
選舉志十卷沈既濟撰
舉選衡鑑三卷
占額圖一卷王彥威撰
隋吏部用人格一卷
唐循資格一卷天寶中修定
唐循資格一卷王涯修定
梁循資格一卷後唐清泰中修定
循資歷一卷
銓曹條例遠近一卷
五省遷除二十卷
唐宰相表三卷柳芳撰
宋輔相表十卷陳繹撰
熙豐宰輔年表一卷
鳳池錄五十卷唐馬宇撰
輔佐記十卷賀蘭氏撰
中台志十卷唐李筌撰起商訖唐
國相事狀七卷唐韋琯撰
唐宰輔錄七十卷蔣乂撰
唐宰輔圖二卷起高祖訖昭宗宰相名氏拜免年月
宋宰輔拜罷錄二十四卷
中書故事一卷尉遲渥撰

宰輔明鑑十卷偽吳張翼撰　唐中書則例一卷

唐宰相歷任記二卷　大丞相唐王官屬記一卷温大雅撰

司徒儀注五卷晉干寶撰　陳新定將軍名一卷

御史臺雜注五卷唐杜易簡撰　御史臺記十二卷唐韓琬撰

御史臺記十卷唐韋述撰　御史臺故事三卷唐李構撰

御史臺儀一卷　御史臺直廳雜儀一卷

御史臺儀制六卷張知白撰　御史臺三院因話一卷

御史臺總載一卷　右臺記一卷

翰林志一卷唐李肇撰　翰林內志一卷

翰林學士院舊規一卷唐楊鉅撰　翰林故事一卷唐韋執誼撰

續翰林故事一卷申文炳撰　承旨學士院壁記一卷唐元稹撰

蓬山志五卷宋朝羅畸撰　續翰林志二卷本朝蘇易簡撰

次續翰林志二卷宋朝蘇耆撰　翰林雜事鈔一卷

翰林雜記一卷李宗諤撰　掖垣叢志三卷宋庠撰
舍人院題名一卷　金門統例三卷
金坡遺事三卷錢惟演撰　續金坡遺事一卷
集賢注記三卷唐韋述撰　史館故事錄三卷五代周史官所錄
史官懋官志五卷宋朝趙麟幾撰　宮卿舊事一卷王方慶撰
東宮官屬一卷　九寺三監錄一卷
羣牧故事三卷王曉撰　養馬事宜一卷廖康撰
金牧圖一卷　州牧要一卷
牧宰政術一卷蕭秩撰　客省條例七卷
四方館儀一卷　外臺糺纏敘事一卷
鹽鐵轉運圖一卷夏侯頠撰　制置司指掌一卷
制置司備問一卷　廣州市舶錄三卷趙思協撰
十七路轉運司圖一卷　景德會計錄六卷丁謂撰

皇祐會計錄六卷田況撰　慶曆會計錄二卷

漑漕新書四十卷

右職官下八十三部四百四十三卷

凡職官二種一百四十六部一千二十四卷

刑法　律　令　格　式　勅　總類　古制　專條　貢舉　斷獄　法守

律本二十一卷賈充杜預撰　漢晉律序注一卷晉僮長張斐撰

雜律解二十一卷張斐撰　晉宋齊梁律二十卷蔡法度撰

齊永明律八卷宗躬撰　梁律二十卷蔡法度撰

陳律九卷范泉撰　後魏律二十卷

北齊律十二卷　周律二十五卷趙肅等撰

隋律十二卷高熲等撰　隋大業律十八卷

唐武德律十二卷　貞觀律十二卷

永徽律十二卷　律略論五卷劉邵撰

律疏二十卷
律音義一卷宋朝孫奭撰
律鑑一卷
律令手鑑一卷唐王行先撰
四科律心要訣一卷
金科玉律二卷
金科易覽一卷趙緒撰

右律二十三部二百六十五卷

晉令四十卷賈充杜預撰
梁令三十卷
北齊令五十卷
北齊權令二卷
陳令三十卷范泉等撰
隋開皇令三十卷牛弘等撰
隋大業令三十卷
唐武德令三十一卷長孫無忌等撰
貞觀令二十七卷
永徽令三十卷
梁令三十卷朱梁時修
宋朝淳化令三十卷
天聖令三十卷
元豐令五十卷
元祐令二十五卷

熙寧編勅赦降附令二十二卷王安石定

右令十六部四百八十七卷

梁科三十卷

賈充杜預刪定律令有律有令有故事故事即張蒼之章程也梁時又取故事之宜於時者爲梁科後齊武帝時又於麟趾殿刪正刊典謂之麟趾格後周太祖又命蘇綽撰大統式隋則律令格式並行

陳科三十卷　麟趾格四卷

唐格十八卷　留司格一卷

留本司行格十八卷　散敓天下格七卷

永徽留本司格後十一卷　垂拱格十卷

新格二卷　散頒格三卷

留司格六卷　太極格十卷

開元前格十卷　開元後格十卷
開元格鈔一卷　開元新格十卷李林甫等修
開元詳定格十卷狄兼謩撰　梁格十卷
朱梁格目錄一卷　後唐長定格一卷
傍通開元格一卷　宋乾德長定格十卷陶穀修
開寶長定格三卷盧多遜等修　元豐賞格五卷
右格二十五部二百二十二卷
周大統式三卷蘇綽撰　唐武德式十四卷
貞觀式三十三卷　宋徽式十四卷
式本一卷　垂拱式二十卷
開元式二十卷　式苑四卷唐元泳撰
梁式二十卷　併贓折杖式一卷
熙寧支賜式一卷

珍倣宋版印

右式十一部一百三十一卷

開元格後長行敕六卷　太和格後敕四十卷

大中刑法總要格後敕六十卷宣宗朝編

元和格敕三十卷　元和刪定制敕三十卷

雜敕三卷唐大中以後至昭宗朝詔敕　天成雜敕三卷後唐詔敕僞蜀人編

天福編敕三十卷後唐制敕晉朝編　天福編敕一卷

宋朝建隆編敕四卷竇儀與法官編　太平興國編敕十五卷

咸平敕十二卷柴成務等編　咸平敕目一卷

大中祥符編敕三十卷陳彭年與法官編

諸路宣敕十二卷天聖中刊正祥符敕頒下諸路

舉明自首敕一卷　天聖編敕十二卷呂夷簡等修

景祐刺配敕五卷　慶曆編敕二十卷韓琦等定

熙寧續降敕二十卷　元豐敕二十卷

元祐勅二十卷

右勅二十二部三百五十五卷

漢建武律令故事三卷　大中刑律統類十二卷唐張戣撰

江南刑律統類十卷僞吳天祚中姜虔嗣撰

顯德刑律二十卷周張昭撰　顯德刑統目一卷

開寶刑統三十卷寶儀與法官蘇曉等撰　刑統釋文三十卷范遂良撰

唐開元格令科要一卷裴光庭撰記律令科目

刑法要錄十卷唐盧紓撰

唐格式律令事類四十卷李林甫纂律令格式長行勅附尚書省二十四司總爲篇目

五刑纂徑三卷唐黃克昇撰雜鈔律令格式　法鑑八卷唐李崇編律令格式條目

僞吳刪定格令五十卷楊行密時太修　後唐統類目一卷後唐滕起撰

江南刪定條三十卷僞唐李氏刪定　唐趙仁本法例二卷

唐崔知悌法例一卷　刑法總曆七卷張舍言纂

珍倣宋版印

元豐諸司總統要目一卷
元豐勅令格式七十卷
元祐勅令格式五十六卷
元符勅令格式一百三十二卷
崇寧申明勅令格式二卷
政和勅令格式一百三十四卷
紹興勅令格式一百卷
類刑賦一卷王言撰
法紀精英二卷王大川撰
敘法二卷
五刑旁通圖一卷路仁恕纂
儀制赦書德音十卷陳彭年刪定

右總類三十部七百七十一卷

漢朝議駁三十卷應劭撰
漢名臣奏事三十卷
廷尉決事二十卷
廷尉駁事十一卷
廷尉雜詔書二十六卷
晉雜議十卷
晉彈事十卷
南臺奏事二十二卷
魏王奏事十卷
魏名臣奏四十卷陳壽撰
晉駁事四卷
晉雜制六十卷

陳新制六十卷　後魏六條一卷蘇綽撰
右古制三十四部三百三十四卷
晉刺史六條制一卷　度支長行旨五卷李林甫編
諸路轉運司編敕三十卷陳彭年編　皇祐審官院敕一卷賈壽編
三司編敕二卷宋朝索湘等編　三司延平糴敕十二卷林特等撰
景德農田敕四卷丁謂等定　元豐司農敕令式十五卷
嘉祐祿令十卷　嘉祐驛令四卷
熙寧常平敕三卷　元豐江湖鹽令敕六卷
熙寧八路差官敕一卷　元祐新修差官出使條三卷
一司一務敕三十卷　兩浙轉運須知一卷
元祐廣西衙規一卷　茶法易覽一卷
茶法總例一卷
右專條三十九部一百三十一卷

熙寧貢舉勅三卷　元祐貢舉勅三卷
貢舉條制五卷　貢舉事目一卷
元祐新修制科條一卷　崇寧通用貢舉法十二卷
崇寧州學制一卷　御製八行八刑條一卷
大觀州縣學法十卷　大觀新修學制三卷
大觀學制勅令格式三十五卷　禮部考試進士勅一卷宋朝晁迥等撰
右貢舉十二部七十六卷
熙寧法寺斷例八卷　元祐法寺斷例十二卷
紹聖斷例四卷　大理寺例總要十二卷
六贓論一卷　疑獄集三卷後晉和凝撰
續疑獄一卷　斷獄指南一卷
繩墨斷例三卷　斷獄立成三卷
許公辨正案問錄一卷許長卿編　案前決遣二卷

右斷獄十二部五十一卷

仕途守法二卷　　元豐仕途守法二卷

作邑自箴十卷　　呂觀文縣法十卷

牧宰政術二卷唐蕭佚撰　　公侯政術十卷唐魯人名初撰

右法守六部三十六卷

凡刑法十一種一百九十部二千八百八十九卷

傳記耆舊　高隱　孝友　忠烈　名士　交遊　列傳
家傳　列女　科第　名號　冥異　祥異

三輔決錄七卷漢太僕趙岐撰摯虞注　　海內先賢傳四卷魏明帝時撰

四海耆舊傳一卷韋氏撰　　海內士品錄三卷魏文帝撰

海內先賢行狀三卷李氏撰　　諸國先賢傳一卷

兗州先賢傳一卷　　徐州先賢傳九卷王義度撰

徐州先賢傳贊九卷劉義慶撰　　海岱志二十卷齊前將軍記室崔蔚祖撰

魯國先賢傳三卷晉大司農白褒撰　　東萊耆舊傳一卷王基撰

陳留耆舊傳二卷漢議郎圈稱撰
陳留耆舊傳一卷魏散騎侍郎蘇林撰
陳留先賢像贊一卷陳英宗撰
陳留人物志十五卷東晉剡令江敞撰
濟北先賢傳一卷
廬江七賢傳二卷
廣陵烈士傳一卷華隔撰
襄陽耆舊傳五卷習鑿齒撰
汝南先賢傳五卷魏周斐撰
會稽先賢傳七卷謝承撰
會稽後賢傳記二卷鍾離岫撰
會稽典錄二十四卷虞豫撰
會稽先賢像贊四卷賀氏撰
會稽記四卷朱育撰
會稽太守像贊二卷賀氏撰
吳先賢傳四卷吳左丞相陸凱撰
吳先賢像贊三卷
吳郡錢塘先賢傳五卷吳均撰
東陽朝堂像贊一卷晉南平太守留叔先撰
豫章舊志三卷熊默撰
豫章烈士傳三卷徐整撰
零陵先賢傳一卷
長沙舊傳贊三卷晉臨川王郎中劉彧撰
武昌先賢志二卷宋郭緣生撰
江表傳三卷虞溥撰

楚國先賢傳十二卷晉張方撰　荊州先賢傳三卷高範撰
山陽先賢傳一卷仲長統撰　交州先賢傳三卷晉范瑗撰
廣州先賢傳一卷陸胤志撰　廣州先賢傳七卷劉芳撰
桂陽先賢畫贊五卷吳左中郎張勝撰　益部耆舊傳十四卷陳壽撰
續益部耆舊傳三卷　蜀文翁學堂像題記二卷
錦里耆舊傳八卷勾延慶撰　續錦里耆舊傳十卷偽蜀張彭撰
幽州古今人物志三十卷陽休之撰　閬川名士傳一卷黃璞撰
臨川聖賢名跡傳三卷　南陽先氏傳二十卷王氏撰
釣臺耆舊傳三卷

右耆舊五十四部二百九十一卷

聖賢高士傳贊三卷嵇康撰　高士傳十卷晉皇甫謐撰
逸士傳一卷皇甫謐撰　逸民傳七卷張顯撰
逸人傳七卷鍾離儒撰　高士傳二卷虞盤佐撰

高道傳十卷道士賈善翊撰　至人高士傳贊二卷晉孫綽撰
高隱傳十卷阮孝緒撰　真隱傳二卷袁淑撰
續高士傳七卷周弘讓撰　止足傳十卷齊竟陵文宣王子良撰
陰德傳二卷范晏撰　大隱傳三卷徐堅撰
遺士傳一卷　六賢圖贊一卷唐李渤撰撰前代夫婦偕隱者六人

右高隱十六部七十八卷

孝子傳十五卷晉輔國將軍蕭廣濟撰　孝子傳八卷師覺授撰
孝子傳贊三卷王韶之撰　孝子傳十卷宋員外郎鄭緝之撰
孝子傳二十卷宗躬撰　孝子傳三卷徐廣撰
孝德傳三十卷梁元帝撰　孝友傳八卷申秀撰
曾參傳一卷　孝子傳三十卷梁武帝撰
友義傳十卷崔元暐撰　友悌錄十五卷王方慶撰
孝行志二十卷趙琉撰　兄弟傳三卷裴懷貴撰

忠孝圖贊二十卷李襲譽撰　孝子後傳三十卷郎餘令撰
唐孝悌錄十五卷宋朝樂史撰　孝悌錄二十卷樂史撰起唐及五代至宋朝
唐孝新書五十卷樂史撰　孝子拾遺七卷宋朝危皐撰
孝女傳二十卷唐武后撰　孝感義聞錄三卷曹希達撰
右孝友二十二部三百四十一卷
顯忠錄二十卷梁元帝撰　忠臣傳三十卷梁元帝撰
自古忠臣傳二十卷武謹傳　功臣錄三十卷自太公至郭子儀
武成王廟配享事迹三十卷宋朝乾德三年修自太公及張良以下七十三人
凌煙功臣故事四卷令狐德棻撰　義士傳十五卷崔元暐撰
異域歸忠傳三卷唐李德裕撰起由余至尚可孤
丹陽尹傳十卷梁元帝撰　良吏傳十卷鍾岏撰
忠烈圖一卷僞吳徐温客記安金藏等二十六人
凌煙功臣秦府十八學士史臣等傳四十卷蔣乂撰

珍倣宋版印

英雄錄一卷記秦漢至唐佐命功臣

右忠烈十三部二百十四卷

海內名士傳一卷　正始名士傳三卷袁宏撰

江左名士傳一卷劉義慶撰　竹林七賢論二卷晉戴逵撰

七賢傳五卷孟氏撰　高才不遇傳四卷後齊劉晝撰

烈士傳二卷劉向撰

上古以來聖賢高士傳贊三卷周續之撰隋志作續之注

高識傳十卷傅弈撰　英雄錄一卷

先儒傳五卷　英藩可錄事三卷張萬賢撰邵武侯新注

六賢圖贊一卷李渤撰　梁四公子傳四卷唐盧詵撰

續高識傳十卷　文林館紀十卷鄭忱撰

文士傳五十卷張隲撰

益州文翁學堂圖一卷隋志作蜀文翁學堂像題記二卷

文館詞林文人傳一百卷許敬宗撰　續文士傳十卷裴朏撰

景龍文館記十卷李嶠宗楚客等二十四學士

唐十八學士眞贊一卷　悼善列傳四卷

幼童傳十卷劉昭撰

右名士二十四部二百五十一卷

懷舊志九卷　知己傳一卷盧思道撰

賓佐記二卷杜佑撰　交游傳二卷鄭世翼撰

官宦記七十卷李義府撰　幕府故吏錄一卷哥舒翰撰

成都幕府石幢記二卷記賓佐姓名起貞元訖咸通

右交遊十七部八十七卷

春秋列國名臣傳九卷孫敏撰　孔子弟子先儒傳十卷

元晏春秋三卷　訪來傳十卷來奧撰

雜傳三十六卷任昉撰　雜傳四十卷賀縱撰

雜傳十九卷陸澄撰
雜傳六十九卷
東方朔傳八卷
毌丘儉記三卷
管輅傳三卷管辰撰
李固別傳七卷
梁冀傳二卷
何顒傳一卷
桓玄傳二卷
陶潛傳一卷梁昭明太子撰
陶弘景傳一卷
列藩正論三十卷章懷太子撰
李密傳三卷賈閏甫撰
狄仁傑傳三卷李邕撰
張巡姚誾傳二卷李翰撰
高氏外傳一卷郭湜撰高氏即高力士也
顏公傳二卷唐殷亮撰顏杲卿事
段公別傳二卷唐馬宇撰段秀實事
孔子系葉傳三卷唐王恭之撰
自古諸侯王善惡錄二卷魏徵撰
諸葛亮隱沒五事一卷郭沖撰
永寧公輔梁記十卷王緒撰
尚書故實一卷唐李綽爲張延賞客因錄延賞事
許國公勤王錄三卷唐李巨川撰記韓建迎昭宗東幸事

郭元振傳一卷
周延禧傳一卷
种太尉傳一卷
陳明遠傳一卷瞿慶撰
王文正公文行錄一卷王皥撰
鄭畋事迹一卷
右列傳三十六部二百九十三卷
太原王氏家傳二十三卷
王朗王肅家傳一卷
褚氏家傳一卷褚覬等撰
薛常侍家傳一卷
江氏家傳七卷江祚等撰唐志作江饒
漢南庾氏家傳三卷庾斐撰南志作十卷唐志注虞守業
裴氏家傳四卷裴松之撰
虞氏家記五卷虞賢撰
曹氏家傳一卷曹毗撰
范氏世傳一卷范汪撰
紀氏家紀一卷紀友撰
韋氏家傳一卷
何顒使君家傳一卷
明氏家訓一卷僞燕衛尉明岌撰
明氏世錄六卷梁信武記室明粲撰
陸史十五卷陸煦撰

王氏江左世家傳二十卷王褒撰
孔子家傳五卷

崔氏五門家傳三卷崔氏撰
暨氏家傳一卷

周齊王家傳一卷姚氏撰
爾朱家傳二卷王劭撰

周氏家傳一卷
令狐氏家傳一卷

何妥家傳二卷
裴若弼家傳一卷

令狐家傳一卷令狐德棻撰
燉煌張氏家傳二十卷張太素撰

郭公家傳八卷陳氏撰
顏氏家傳一卷殷亮撰記杲卿事

鄴侯家傳十卷李繁撰
李趙公行狀一卷王起撰

河東張氏家傳三卷張茂樞撰
遠祖越國公行狀一卷鍾紹京撰

顏氏行狀一卷殷亮記魯公事
魏公桑維翰傳三卷宋朝范質撰

張公行狀一卷張宗益撰
章氏家傳慶德編一卷

右家傳二十八部一百六十一卷

列女傳十五卷劉向撰曹大家注
列女傳七卷趙母注

列女傳八卷高氏撰	列女傳頌一卷曹植撰
列女傳頌一卷劉歆撰	列女傳贊一卷繆襲撰
列女後傳十卷項原撰唐志作項宗	列女傳六卷皇甫謐撰
列女傳七卷綦毋邃撰	女記十卷杜預撰
后妃記四卷虞通之撰	王嬪傳五卷王方慶撰
貞潔記一卷諸葛亮撰	列女傳略七卷魏徵撰
列女傳一百卷唐武后撰	王氏女記十卷王方慶撰
保傅乳母傳七卷唐武后撰	美婦人傳六卷
妬記二卷虞通之撰	續妬記五卷王方慶撰
曹大家女誡一卷	內訓二十卷辛德源王劭等撰
婦人訓誡集十卷徐湛之撰	娣姒訓一卷馮少胄撰
女則要錄十卷唐長孫皇后撰	古今內範一百卷武后撰
內範要略十卷唐武后撰	鳳樓新誡二十卷

誡女書一卷李大夫撰　女論語十卷宋尚宮氏撰
女誡一卷王搏妻楊氏撰　女議一卷
續大家女訓十二章薛蒙妻韋氏撰　古今女規新類一卷
彤管懿七十卷王欽若編后妃事
右列女三十五部四百六十九卷十二章
科第錄十六卷唐姚康撰起武德盡長慶科第入仕者
唐顯慶登科記五卷崔氏撰　唐登科記二卷李弈撰
重定科第錄十卷宋朝樂史撰　諱行錄一卷唐由進士中第者姓名起貞元訖中和
宋朝登科記一卷建隆至景祐　宋朝登科記三卷樂史撰
重修登科記三十卷樂史撰起唐訖五代　江南登科記一卷樂史撰
五代登科記一卷趙修修撰　登科小錄二卷文嵩撰
大遼登科記一卷　周顯德二年小錄一卷
唐取士詔科目一卷　唐文場盛事一卷

唐代衣冠盛事錄一卷蘇持撰　唐衣冠盛事圖五卷竇氏撰
文場內舉人儀則一卷偽蜀禮部考試儀式多沿唐舊
初舉子一卷後唐同光時人記當時舉進士禮部試之式唐志作盧光啓
蜀桂堂編事二十卷偽蜀楊九齡撰　宋朝衣冠盛事一卷錢明逸撰
制舉編事八卷　制舉備對二卷
右科第二十三部一百十五卷
同姓名錄一卷梁元帝撰　同姓名譜六卷
南北朝小名錄一卷　小名錄五卷唐陸龜蒙撰記秦漢至隋人
名賢姓氏相同錄一卷丘光庭撰　歷代鴻名錄八卷偽蜀李遠撰記帝王稱號
名字族十卷楊知惲撰　同字錄一卷楊蘊撰
歷代聖賢名氏錄十五卷
右名號九部四十八卷
神異經二卷東方朔撰　宣驗記十三卷劉義慶撰

應驗記一卷宋光祿大夫傅亮撰　冥祥記十卷王琰撰
列異傳三卷魏文帝撰　感應傳八卷王延秀撰
古異傳三卷宋袁王壽撰　甄異傳三卷晉西戎主簿戴祚撰
述異記十卷祖沖之撰　異苑十卷宋給事劉敬叔撰
志怪二卷祖台之撰　志怪四卷孔氏撰
神錄五卷劉之遴撰　齊諧記七卷宋散騎常郎東陽無疑撰
續齊諧記一卷梁吳均撰　搜神記三十卷干寶撰
搜神後記十卷陶潛撰　靈鬼志三卷荀氏撰
幽明錄二十卷劉義慶撰　補續冥祥記一卷王曼穎撰
漢武洞冥記一卷郭氏撰　研神記十卷蕭繹撰
旌異記十五卷侯君素撰　近異錄二卷劉質撰
鬼神列傳二卷謝氏撰　集靈記二十卷顏之推撰
冤魂志三卷顏之推撰　因果記十卷劉泳撰

冥報記二卷唐臨撰　王氏神通記十卷王方慶撰
大唐奇事記十卷李隱撰　窮神祕苑十卷焦潞撰
傳奇三卷裴鉶撰　還魂記一卷戴少平撰
靈怪集二卷張薦撰　集異記三卷薛用弱撰
纂異記一卷李玫撰　獨異志十卷李元撰
博異志三卷谷神子撰　玄怪錄十卷牛僧孺撰
續玄怪錄五卷李復言撰　宣室志十卷唐張讀撰
瀟湘錄十卷唐柳祥撰　紀聞十卷唐牛肅撰記釋氏道家異事
通幽記三卷唐陳劭撰　古異記二卷
卓異記一卷唐陳翱撰　續卓異記一卷唐裴紫芝撰
廣卓異記三卷宋朝樂史撰
周子良冥通錄三卷記梁隱士周子良與神仙感應事
補江總白猿傳一卷記梁歐陽紇要事　感應類從譜一卷狐剛子撰

通籍錄異二十卷劉振撰
湖湘神仙類異三卷曹衍撰
聞奇錄三卷
異僧記一卷
離魂記一卷陳元祐雜記張氏女事
妖怪錄五卷皮光業撰
冥洪錄一卷
稽神錄十卷宋朝徐鉉撰
洛中紀異十卷宋朝秦再思撰
漸纂異要一卷唐段成式撰
黃靖國再生傳一卷廖子孟撰
感應書一卷
甘澤謠一卷唐袁郊撰
錄異誡一卷童蒙亨撰
虬鬚客傳一卷記李衛公事
拾遺錄二卷偽秦姚萇方士王子年撰
王子年拾遺記十卷
杜陽雜編三卷唐蘇鶚撰
前定錄一卷唐鍾輅撰
定命論十卷唐趙自勤撰
定命錄二卷唐呂道生撰
報應錄三卷後唐王轂撰
廣前定錄一卷唐鍾輅撰
警誡錄五卷偽蜀周珽撰
奇應錄三卷夏侯六珏撰
續定命錄一卷唐溫畬撰

感定命錄一卷　科名定分錄七卷宋朝張君房撰

右冥異八十部四百十三卷

嘉瑞記三卷陸瓊撰　祥瑞記三卷

符瑞記十卷許善心撰　祥瑞錄十卷魏徵撰

符瑞圖十卷陳顧野王撰起三代止梁武　符瑞故實一卷

符瑞圖目一卷顧野王撰　稽瑞一卷劉賡撰

二十二國祥異記三卷宋朝張觀撰起西晉包孫吳訖林邑國

祥瑞圖八卷侯亶撰　張掖郡元石圖一卷孟衆撰

又一卷高堂隆撰　瑞應圖記三卷孫柔之撰

瑞應圖贊三卷熊理撰　祥瑞圖十卷顧野王撰

皇隋靈感志十卷王劭撰　皇隋瑞文十四卷許善心撰

災異圖一卷見隋志　災祥一卷京房撰

災祥集七十六卷見隋志　地動圖一卷

禥祥記一卷　醴泉記一卷

瑞應翎毛圖一卷　祥瑞格式一卷

獬豸記一卷顏師古撰

右祥異二十六部一百七十六卷

凡傳記十三種三百八十三部二千八百五十七卷十二章

藝文略第三

藝文略第四 通志卷第六十六

地里

地里 都城 宮苑 郡邑
圖經 方物 川瀆
名山洞府 塔寺 朝聘
行役 蠻夷

地里書一百五十卷陸澄撰

地記二百五十二卷梁任昉增陸澄之書曰地記

隋諸州圖經集記一百卷郎蔚之撰

周地圖一百三十卷

雜記十二卷

雜地志五卷

三代地理志六卷

地里書抄二十卷陸澄撰

地里書抄九卷任昉撰

地里書抄十卷劉黄門撰

唐地域方丈圖一卷

唐地域方尺圖一卷

職方記十六卷

晉太康土地記十卷

太康三年地記六卷

元嘉六年地記三卷
輿地志三十卷顧野王撰
括地志五百五十卷
又序略五卷
長安四年十道圖十三卷
開元三年十道圖十卷
元和郡縣圖志五十四卷李吉甫撰
元和十道圖十卷
貞元十道錄一卷
十道志十六卷梁載言撰
賈耽地圖十卷
皇華四達記十卷賈耽撰
古今郡國縣道四夷述四十卷
文括九州要略三卷劉之推撰
元和郡國志十卷
十三州志十四卷闞駰撰
太康州郡縣名三卷
太康國照圖一卷孫結撰
圖照十卷曹璩撰
太平寰宇記二百卷宋朝樂史撰
方輿記一百三十卷僞唐徐鍇撰
九域圖三卷宋朝王曾撰
九域志十卷王孝等撰
十道記一卷
方岳志五十卷晏殊等撰
貞觀郡國志十卷

開元分野圖一卷　唐新集地里志九卷
十道四蕃志三卷梁載言撰　古今地名三卷
隋州郡縣簿七卷　九州郡縣名七卷
皇祐方域圖志五十卷王洙等撰　古來國名二卷
周公城名錄一卷　九州要記四卷
諸州雜記八卷　天下郡縣目一卷朱梁時人作
坤元錄鈔二十卷　巨鼇記六卷
元魏諸州記二十一卷　世界記五卷釋僧祐撰
隋諸郡土俗物產一百五十一卷
方物志二十卷許善心撰　京兆方物志二十卷
劍南方物略圖贊一卷宋祁撰　古今地譜二卷
風土記三卷晉周處撰　元康六年戶口簿記三卷

右地理六十四部二千二百七十五卷

三輔黃圖一卷記漢三輔宮觀陵廟明堂辟雍郊畤等事

漢宮閣簿三卷

洛陽宮殿簿三卷

歷代宮殿名一卷宋朝李昉撰

歷代宮名一卷

南朝宮苑記二卷

洛城圖一卷晉楊佺期撰

西京記三卷薛冥撰

洛陽記一卷陸機撰

洛陽記一卷戴延之撰

後魏洛陽記五卷

京師錄七卷

關中記一卷潘岳撰

兩京新記五卷韋述撰

東都記三十卷鄧世隆撰

東都記二十卷韋機撰

兩京道里記三卷唐世記洛陽至長安道路事

京師錄七卷

隋朝移洛都記一卷

京邦記二卷

國都城記九卷

十國都城記十卷顧野王撰

河南志二十卷宋敏求撰

長安志十卷宋敏求撰

洛陽類事一卷王正倫撰

東京記三卷宋敏求撰　又三卷

天下至京地里圖一卷　天下驛程記一卷

唐太極大明興慶三宮圖一卷　洛陽京城圖一卷

長安京城圖一卷　東京宮禁圖一卷

唐園陵記一卷　昭陵建陵圖一卷

聖賢冢墓記一卷李彤撰　城冢記一卷

後園記一卷　廟記一卷

治平八廟圖一卷

學士院新撰目一卷宋朝國初改軍鎮及宮殿名詔學士院撰

右都城宮苑四十一部一百六十八卷

金陵地記一卷黃元之撰　秣陵記二卷

江左記一卷張參撰　鄴中記二卷晉陸翽撰

鄴都故事二卷馬溫撰　魏永安記三卷溫子昇撰

鄴城新記三卷劉公銳撰　鄴縣記一卷
相臺志十二卷陳臻撰
唐關中隴右山南九州別錄六十卷
華陽風俗錄一卷唐張周封撰　九隴記一卷王韶撰
成都記五卷唐盧求撰　益州理亂記三卷唐鄭暐撰
續成都記一卷杜光庭撰　成都古今集注三十卷趙抃撰
蜀王本記一卷揚雄撰　益州記三卷隋李充撰
蜀志一卷後漢韋寬撰　巴蜀記一卷
三巴記一卷譙周撰　梁益記十卷
分吳會丹陽三都記三卷　吳興統記十卷
吳興記三卷山謙之撰　吳地記一卷齊陸道瞻撰
吳都記一卷張勃撰　吳地記一卷張勃撰
會稽土地記一卷朱育撰　會稽記一卷賀循撰

吳會須知一卷魏羽撰　南徐州記二卷山謙之撰
毗陵記一卷　京口記二卷宋劉損撰
南兗州記一卷阮敘之撰　南雍州記三卷鮑堅撰
荆州記二卷郭仲產撰　荆南地志二卷梁元帝撰
荆州記三卷宋盛宏之撰　渚宮故事十卷唐余知古撰
廣梁南徐州記九卷虞孝恭撰　陳留風俗傳三卷圈稱撰
司州記二卷　夷門記一卷王權撰
徐地錄一卷劉芳撰　三齊記一卷李朏撰
齊地記二卷晏模撰　齊州記四卷李叔布撰
鄱陽記一卷王仲通撰　鄱陽縣圖經一卷
零陵總記十五卷陶岳撰　零陵錄一卷韋宙撰
淮南記一卷　燉煌新錄一卷唐李延範撰
巴陵古今記一卷范致明撰　曹甸雜記一卷范致明撰

恩平郡譜三卷楊備撰　江夏辨疑一卷王得臣撰
豫章記一卷雷次宗撰　豫章記三卷雷次宗撰
東陽記一卷鄭緝之撰　尋陽記二卷張僧監撰
九江新舊錄三卷唐張容撰　湘州記四卷
湘川記一卷羅含撰　湘中記一卷
湘中新錄七卷周衡撰　湘州圖副記一卷
襄沔記三卷唐吳從政撰　中岳潁州志五卷樊文深撰
西河舊事一卷　并州入朝道里記一卷蔡允恭撰
并州總管內諸州圖一卷　趙記十卷
河東記三卷　代都略記三卷
太原事迹記十四卷李璋撰　東都記三十卷鄧行儼撰
南越記一卷陳承豁撰　南越志五卷宋沈懷遠撰
邕管雜記一卷宋朝范旻撰　珠崖傳一卷僞燕蓋泓撰

交廣二州記一卷王範撰　桂林風土記三卷唐莫休符撰
廣西要會五卷張田撰　安南會要一卷
番禺雜錄三卷鄭熊撰　廣東要會四卷
番禺建立城池一卷　番禺記一卷王德璉撰
甌閩傳一卷　閩中記一卷唐林諝撰
泉南錄一卷僧洞源撰　重修閩中記十卷林世程撰
戎州記一卷唐李仁實撰

右郡邑九十五部三百七十六卷

周地圖記一百九卷　冀州圖經一卷
齊州圖經一卷　幽州圖經一卷
隋諸州圖經集一百卷郎蔚之撰　潤州圖注二十卷孫處玄撰
唐劍南地圖二卷　開封府圖經十八卷
畿內諸縣圖經十八卷　河北三十四郡地圖一卷

京東路圖經九十八卷　京西路圖經四十六卷
河北路圖經一百六十一卷　陝西路圖經八十四卷
河東路圖經一百一十四卷　淮南路圖經九十卷
江南路圖經一百十四卷　兩浙路圖經九十五卷
吳郡圖經六卷李宗諤撰　吳郡續圖經三卷朱長之撰
荊湖南路圖經三十九卷　荊湖北路圖經六十三卷
川陝路圖經三十卷　益州路圖經八十二卷
利州路圖經六十三卷　夔州路圖經五十二卷
梓州路圖經六十九卷　廣東路圖經五十七卷
廣西路圖經一百六卷　福建路圖經五十三卷
南劍州圖經六卷　吉州圖經九卷
江寧府圖經六卷

右圖經三十三部一千七百一十七卷

山海經二十三卷郭璞撰　山海經十八卷
山海經圖贊二卷郭璞注　山海經圖十卷宋朝舒雅等撰
山海經音二卷　神異經二卷東方朔撰張華注
異物志一卷後漢楊孚撰　南州異物志一卷吳丹陽太守萬震撰
發蒙記一卷東晳撰　交州異物志一卷楊孚撰
扶南異物志一卷朱應撰　臨海水土異物志一卷隋沈瑩撰
涼州異物志一卷　南方異物志一卷房千里撰
嶺南異物志一卷孟琯撰　嶺表錄異一卷劉恂撰
晉安海物異名記二卷僞唐陳致雍撰　番禺紀異集五卷馮拯撰
異魚圖五卷　青城山方物志五卷句台符撰

右方物二十部八十四卷

水經三卷漢桑欽撰郭璞注　水經四十卷酈道玄注
四海百川水源記一卷晉僧道安撰　江圖一卷張氏撰

江圖二卷劉氏撰

江記五卷庾仲雍撰

浙江論一卷潘洞撰

漢水記五卷庾仲雍撰

尋江源記五卷

刪水經十卷唐李吉甫撰

水飾圖二十卷

江行備用圖一卷

太虛潮論一卷

燕肅海潮論三卷

丘光庭海潮論一卷

張君房海潮論三卷

海濤志一卷竇叔蒙撰

靈異治水記一卷

姑蘇水利一卷刺正甫撰

濟水圖一卷

岷江渠堰譜十卷張蹕撰

吐蕃黃河錄四卷

導河形勝書三卷李聖撰

古今大河指掌一卷

神壤記一卷黃閔撰記滎陽山水

永初山川古今記二十卷齊都官尚書劉澄之撰

司州山川古今記三卷劉澄之撰

諸導山河地名要略九卷唐韋澳撰

六路水陸地里記一卷　大禹治水玄奥錄一卷
河防通議一卷沈立撰
右川瀆三十一部一百六十卷
九嵕山記唐王方慶撰　嵩山記一卷盧僎撰
又一卷張景儉撰　廬山雜記一卷張密撰
武林山記一卷　九華山舊錄一卷
九華山新錄一卷滕宗諒撰　九華山錄一卷釋應物撰
西山圖一卷蔣炳撰　五嶽諸山記一卷
五嶽圖一卷　五嶽記一卷
九華山拾遺一卷　齊山記一卷
顧諸山記一卷　鴈蕩山記一卷
豫章西山記二卷李上交撰　幕阜山記一卷
九疑山圖記一卷　王屋山新記一卷

四明山記一卷　青城山記一卷
玉笥山記一卷唐道士令狐見堯撰　清溪山記一卷法琳撰
武夷山記一卷杜光庭撰　華山記一卷
茅山記一卷　茅山新小記一卷
諸山記一卷　武夷山記一卷劉夔撰
天台山記一卷　九疑山圖記一卷
會稽洞記一卷賀知章撰　閤阜山記一卷楊申撰
南嶽衡山記一卷　又一卷朱居士撰
羅浮山記一卷郭之美撰　南嶽小錄一卷李仲昭撰
遊名山記一卷謝靈運撰　居名山志一卷謝靈運撰
李氏宜都山川記一卷　湘中山水記一卷盧拯撰
十洲記一卷東方朔撰　洞庭譜一卷
嶽瀆福地圖一卷　福地記一卷

珍倣宋版印

玄中記一卷
瀨鄉記一卷崔氏撰
桃花源集二卷姚孳撰
名山洞天記一卷
十大洞天記三十六小洞天記一卷
洞天集五卷王正範撰

右名山洞府五十二部五十七卷

聘遊記三卷劉師知撰
朝覲記六卷
魏聘使行記五卷
聘北道里記三卷江德藻撰
遣使錄一卷陸贄撰
皇華四達記十卷賈耽撰
接伴語錄八卷
接伴入國館伴錄
林內翰北朝國信語錄二卷
接伴北使回答土物錄一卷
黠戛斯朝貢圖十卷呂述撰
富韓公入國語錄一卷
余襄公奉使錄一卷
陳襄奉使錄一卷
賀正人使例一卷
南北國信記一卷

通好後南北人使姓名錄一卷　使遼圖抄一卷沈括撰
遼庭須知一卷　重修遼庭須知一卷
西夏須知一卷　鄰國政事一卷
匈奴須知一卷　契丹須知一卷
北鄙須知一卷田瑋撰　奉使高麗記一卷
西南蠻入朝首領記一卷　商胡行道圖一卷
高麗國海外使程記三卷昇元中錄　西蕃會盟記三卷
錢王貢奉錄一卷　四夷朝貢錄十卷唐高少逸撰
于闐進奉記一卷　職貢圖一卷梁元帝撰
職貢圖三卷　古今貢錄一卷
軺車事類三卷編春秋及史傳奉使之辭
右朝聘三十七部九十二卷
張騫出關志一卷　江表行記一卷

封君義行記一卷
序行記十卷姚最撰
李諧行記一卷
南嶽勝遊錄一卷僧文政撰
周秦行記一卷韋瓘撰
輿駕東行記一卷隋薛泰撰
巡撫揚州記七卷諸葛穎撰
北伐記七卷諸葛穎撰
宋武北征記一卷戴氏撰
郭緣生述征記二卷
戴祚西征記二卷
姚最述行記二卷
隋王入沔記一卷宋侍中沈懷文撰
諸道行程血脈圖一卷馬敬寔撰
張氏燕吳行役記二卷
雲南行記一卷
韓琬南征記十卷
李德裕南遷錄一卷
丁謂南還錄一卷
平蜀記一卷
李氏朝陵記一卷李遵勗朝永熙陵撰
入洛記十卷周王仁裕撰
王氏東南行一卷
王仁裕南行記一卷
李昉南行記一卷遺祠南岳
蜀程記一卷唐韋莊撰

峽程記一卷唐韋莊撰　游蜀記一卷宋朝李用和撰
右行役三十部七十三卷
交州以南外國傳一卷　日南傳一卷
交趾事迹一卷　諸蕃風俗記二卷
突厥所出風俗事一卷
大隋翻經婆羅門法師外國傳五卷
外國傳五卷釋曇景撰　西域圖三卷裴矩撰
西域道里記三卷程士章撰　西域國志六十卷
大唐西域記十二卷唐僧玄奘撰　西域記十二卷唐僧辨機撰
諸蕃國記十七卷　北荒風俗記一卷
男女二國傳一卷　眞臘國事一卷
高麗風俗一卷裴矩撰　新羅國記一卷顧愔撰
渤海國記三卷張建章撰　諸蕃記一卷戴氏撰

海南諸蕃行記一卷 達奚通撰
蠻書十卷 樊綽纂
雲南記一卷 袁滋撰
北荒君長錄一卷 李繁撰
雲南別錄一卷 竇滂撰
南詔錄三卷 徐雲虔撰
投荒雜錄一卷 房千里撰
赤土國記三卷 常駿等撰
中天竺國行記十卷 王玄策撰
佛國記一卷 釋法顯撰
遊行外國傳一卷 釋智猛撰
歷國傳二卷 僧法盛撰
慧生行傳一卷
北戶雜錄三卷 段公路撰
契丹錄一卷
北庭會要一卷
聚光圖經五卷
陰山雜錄六卷 趙至忠撰
燕北雜記三卷
契丹夏州事迹一卷
平戎記五卷
西戎記二卷
大理國行程一卷
蒲甘國行程略一卷
邕管溪洞雜記一卷 譚掞撰
于闐國行程記一卷 平居誨撰

邊陲利害三卷薛向撰

右蠻夷四十七部二百一卷

凡地里十種四百五十部五千一百四十卷

譜系　帝系　皇族　總譜　損譜　郡譜　家譜

世本二卷劉向撰　世本四卷宋衷撰

帝譜世本七卷宋均撰　世本王侯大夫譜一卷

世本譜二卷王氏注　漢氏帝王譜三卷

帝系譜二卷張愔等撰　尚書血脈一卷

宋譜四卷　齊帝譜屬十卷

梁帝譜十三卷　後魏譜十卷

齊高氏譜六卷　周宇文氏譜一卷

大唐皇室新譜一卷唐李衢撰　唐皇室維城錄一卷唐李衢等撰

天潢源派一卷唐李匡文撰　本朝仙源積慶圖一卷

本朝維城錄一卷天聖十八年

右帝系十九部七十二卷

齊永元中表簿六卷　梁大同四年表簿三卷

齊梁宗簿三卷　國親皇太子親傳三卷賈冠撰

梁親表譜五卷　後魏皇帝宗族譜四卷

後魏辨宗錄二卷元暉業撰　魏孝文列姓族牒一卷

後齊宗譜一卷　南族譜二卷

皇唐玉牒一百一十卷李衢等撰

唐偕目譜一卷唐李匡文撰紀高祖至昭宗中宮及太子諸王宮主名號封拜出降年月

玉牒行樓二卷唐李匡文撰　皇孫郡王譜一卷唐李匡文撰

元和縣主譜一卷唐李匡文撰　唐書總紀帝系三卷

宗室齒序圖一卷　仙源類譜一卷王犟撰

皇族具員一卷　皇親故事二卷宋朝李至撰

右皇族戚里附二十部　百五十三卷

族姓昭穆記十卷晉摯虞撰　百家集譜十卷王儉撰

續百家譜四卷梁王逡之撰　百家譜拾遺一卷

百家譜三十卷王僧孺撰　百家譜集抄十五卷王僧孺撰

百家譜二十卷賈執撰　百家譜十五卷傅昭撰

百家譜世統十卷　百家譜鈔五卷賈執撰

百家譜二十卷徐勉撰　姓氏英賢譜一百卷賈執撰

姓苑十卷何承天撰　複姓苑一卷

氏族要狀十五卷賈希鏡撰　官族傳十五卷

諸姓譜一百十六卷梁司空王儉撰　大唐氏族志一百卷

姓氏譜二百卷呂才等撰　大唐姓族系錄二百卷柳沖撰

大唐十四家貴族一卷吳兢韋述等撰　衣冠譜六十卷路敬淳撰

考姓略記二十卷路敬淳撰　姓氏實論十卷王玄感撰

珍倣宋版印

姓苑略一卷崔日用撰　開元譜二十卷韋述撰
天寶雜譜一卷明皇撰　國朝宰相甲族一卷韋述撰
百家類例三卷韋述撰　唐新定諸家譜錄一卷李林甫等撰
姓氏雜錄一卷孔至撰　唐官姓氏記五卷李利涉撰
編古命氏三卷李利涉撰　永泰新譜二十卷柳芳撰
續譜十卷柳璟撰　聖朝臣寮家譜一卷宋朝人撰
姓史四卷　氏族譜一卷
姓氏祕略三卷　唐譜傳引一卷
姓解三卷邵思撰　熙寧姓纂六卷錢明逸撰
千姓編一卷吳可幾撰

右總譜四十三部一千七十四卷

姓氏韻略六卷柳璨撰　姓源韻譜四卷曹大宗撰
姓源韻譜三卷張九齡撰　系纂七卷唐寶從一撰

元和姓纂十卷李林寶撰　姓林五卷唐陳湘撰
五姓證事二十卷　元和姓纂抄一卷
右韻譜八部五十八卷
新集諸州譜十二卷司空王僉撰
梁武帝總責境內十八州譜七百十二卷王僧孺撰
益州譜四十卷　關東關北譜三十三卷
冀州姓族譜二卷　洪州諸姓譜九卷
吉州諸姓譜八卷　江州諸姓譜十一卷
諸州雜譜八卷　袁州諸姓譜八卷
揚州譜鈔五卷　天下姓望郡譜一卷
右郡譜十二部八百四十九卷
孔子系葉傳二卷黄恭之撰　孔聖真宗錄五卷
孔子家譜一卷　司馬氏世家三卷

京兆韋氏譜二卷　韋氏譜十卷
韋氏諸房略一卷　謝氏譜十卷
謝氏家譜一卷　楊氏血脈譜二卷
楊氏家譜狀幷墓記一卷　楊氏枝分譜一卷
楊氏譜一卷魏朝楊佩撰　北地傅氏譜一卷
蘇氏譜一卷　裴氏家牒二十卷裴守真撰
王氏家牒十五卷王方慶撰　家譜二十卷王方慶撰
王氏著錄十卷　王氏譜一卷
劉氏譜考三卷　劉氏家史十五卷
劉氏大宗血脈一卷劉復禮撰　河南劉氏傳一卷
劉輿家譜一卷　劉晏家譜一卷
南華劉氏家譜一卷　趙郡東祖李氏家譜二卷
李氏房從譜一卷　李用休家譜二卷唐李用休撰

李文家譜一卷唐李匡文撰　蔣王惲家譜一卷惲太宗第七子書載其後
紀王慎家譜一卷　南陽李英公家譜一卷
李韓王家譜一卷　東萊呂氏家譜一卷
薛氏家譜一卷　顏氏家譜一卷
虞氏家譜一卷　孫氏家譜一卷
吳郡陸氏宗系譜一卷唐陸景獻撰　徐氏譜一卷
徐義倫家譜一卷　徐詵家譜一卷
新定徐氏譜圖四卷唐徐商撰　周長球家譜一卷
周氏太宗血脈譜一卷　施氏家譜一卷
萬氏家譜一卷　滎陽鄭氏家譜一卷
竇氏家譜一卷唐竇澄之撰　鮮于氏家譜一卷
唐氏譜略一卷　唐納家譜一卷
趙異世家譜一卷　費兼家譜一卷

沈氏譜書一卷　沈氏衣冠集一卷藥玩撰

京兆杜氏家譜一卷　曲江張氏家譜一卷

錢氏慶系圖二十五卷　錢氏慶系譜一卷

符魏王譜一卷　向文簡譜一卷

潯陽陶氏家譜一卷　建安章氏家譜一卷

建陽陳氏家譜一卷　范陽家志五卷盧藏用撰

右家譜六十八部二百五卷

凡譜系六種一百七十部二千四百一十一卷

食貨　貨寶　器用　豢養　種藝　茶　酒

錢譜一卷梁顧烜撰　錢神論一卷晉魯褒撰

錢圖一卷　續錢譜一卷唐封演撰

錢譜三卷張台撰　錢本草一卷唐張說撰

錢譜一卷宋朝董逌撰　鑄錢故事一卷宋朝杜鎬撰

池州永豐錢監須知一卷
古今鼎錄一卷隋虞荔撰
九鼎記四卷唐許康佐撰
古今刀劍錄一卷梁陶弘景撰
銅劍讚一卷
鑄劍術一卷出道藏
劍法一卷
仙寶劍經二卷見隋志
古鑑記一卷隋王劭撰
錦譜一卷
玉格一卷段成式撰
鹽鐵論十卷漢桓寬撰
鹽筴總類二十卷
解鹽須知一卷
鹽池利害一卷

右貨寶二十三部五十七卷

魯史欹器圖一卷隋儀同劉徽注
欹器銘一卷
器準圖一卷後魏信都芳撰
水飾一卷
墨苑一卷
墨圖一卷
墨譜一卷蔡襄撰
硯錄二卷唐詢撰

文房四譜四卷蘇易簡撰　權衡記一卷祖暅撰
香譜四卷沈立撰　天香傳一卷丁謂撰
右器用十二部十九卷
治馬經三卷俞極撰　治馬經圖一卷
馬經孔穴圖一卷　伯樂相馬經一卷
相馬經三卷　周穆王相馬經三卷
相馬經二卷徐成等撰　相馬經六十卷諸葛穎撰
闕中銅馬法一卷　周穆王八駿圖一卷晉史道規畫
騏驥須知一卷　辨馬圖一卷
辨養良馬論一卷　辨馬口齒訣一卷
醫馬經一卷　景祐醫馬方一卷
甯戚相牛經一卷　高堂隆相牛經一卷
牛馬書一卷　醫牛經一卷

浮丘公相鶴經一卷　淮南八公相鵠經一卷
鷙擊錄二十卷堯須跋撰　東川白鷹經一卷
鷹經一卷　鷹鶻病候一卷齊諸葛穎撰
鷹鷂五藏病源一卷　淮南王蠶經三卷
蠶書二卷孫光憲撰　范蠡養魚經一卷
猩猩傳一卷王綱撰　禽經一卷師曠撰
卜式養猪羊法二卷　卜式月政畜牧栽種法一卷
相鴨經一卷　相雞經一卷
相鵝經一卷　相貝經一卷
論駞經一卷　醫駞方一卷
治馬牛駝騾等經三卷
右豢養四十一部一百三十二卷
竹譜一卷戴凱之撰見隋志　竹記一卷

珍倣宋版印

筍譜一卷宋朝僧贊甯撰　樹萱錄一卷

園庭草木疏二十一卷唐王方慶撰　四時栽接記一卷

種植法七十七卷唐諸葛頴撰　禁苑實錄一卷見隋志

花目錄七卷宋朝張宗誨撰　花品一卷宋朝僧仲林撰

海棠記一卷　郊居草木記一卷

荔枝新譜一卷蔡襄撰　又一卷

莆田荔枝譜一卷徐師閔撰　增城荔枝譜一卷張宗閔撰

洛陽花木記一卷周師厚撰　洛陽牡丹記一卷歐陽修撰

牡丹花品一卷越僧仲林撰　洛陽貴尚錄十卷丘濬撰

洛陽花譜三卷張峋撰　禾譜一卷

平泉山居草木記一卷唐李德裕撰　漆經三卷僞唐朱遵撰

右種藝二十四部一百三十九卷

茶經三卷唐陸羽撰　茶記三卷陸羽撰

採茶錄三卷唐溫庭筠撰　煎茶水記一卷唐張新撰
茶譜一卷偽蜀毛文錫撰　北苑茶錄三卷宋丁謂撰
茶山節對一卷蔡宗顏撰　茶譜遺事一卷蔡宗顏撰
北苑拾遺一卷丁謂撰　北苑煎茶法一卷
茶苑總錄十四卷曾伉撰　茶法易覽十卷
右茶十二部四十二卷
酒孝經一卷劉炫撰　貞元飲略三卷
醉鄉日月三卷皇甫松撰　醉鄉小略五卷胡節還撰
令圃芝蘭集一卷陽曾龜撰　酒錄一卷竇常撰
小酒令一卷　庭萱譜一卷同塵先生修飲酒令譜謂之庭萱
右酒八部十六卷
凡食貨六種一百二十部四百五十卷

目錄　總目　家藏總目　文章目　經史目

七略別錄二十卷劉向撰　七略七卷劉歆撰
晉中經簿十四卷荀勗撰
晉義熙已來新集目錄三卷丘深之撰
宋元徽元年四部書目錄四卷王儉撰
今書七志七十卷王儉撰　梁天監六年四部書目四卷殷鈞撰
梁東宮四部目錄四卷劉遵撰　梁文德殿四部目錄四卷劉孝標撰
七錄十二卷阮孝緒撰　魏闕書目錄一卷
陳天嘉六年壽安殿四部目錄四卷
陳德教殿四部目錄四卷　陳承香殿五經史記目錄二卷
隋開皇四年四部目錄四卷牛弘撰
開皇八年四部目錄四卷　開皇二十年書目四卷王劭撰
香廚四部目錄四卷　隋大業正御書目錄九卷
四部書目序錄三十九卷殷淳撰　唐羣書四錄二百卷殷踐猷等撰

古今書錄四十卷唐毋煚撰　唐集賢書目一卷韋述撰

唐四庫搜訪圖書目一卷　開元四庫書目四十卷

唐祕閣書目四卷　僞蜀王建書目一卷

紫微樓書目一卷　崇文總目六十六卷王堯臣等撰

祕閣四庫書十卷　史館書目二卷張方平撰

嘉祐訪遺書詔并目一卷　求書目錄一卷

國子監書目一卷　禁書目錄一卷

川本書籍目錄三卷

右總目三十六部五百九十卷

吳氏西齋書目一卷唐吳兢撰　新集書目一卷唐蔣彧撰

東齋集籍二十卷唐杜信撰　都氏書目一卷

沈諫議書目三卷沈立　沈小卿書目二卷

李正議書目三卷李定　荆州田氏書目六卷田瑋

籯金堂書目三卷吳良嗣　慶善樓書目三卷台州陳氏
李邯鄲書目三卷李淑　漳浦吳氏藏書目四卷吳與
方作謀萬卷樓書目一卷　余衛公萬卷藏書目一卷
歐陽參政書目一卷
右家藏總目十五部五十三卷
文章家集敍十卷荀勗撰　文章志四卷摯虞撰
宋世文章志二卷沈約撰　文選著作人名目三卷唐韋寶鼎
文樞秘要目七卷唐尹植撰　羣書麗藻目錄五十卷僞唐朱遵度撰
上清文苑目二卷
右文章目十七部七十八卷
史目三卷唐楊松珍撰　經史釋題二卷唐李肇撰
十三代史目十卷唐宗諫撰　唐列聖實錄目二十五卷唐孫王汝撰
河南東齋史目三卷唐人撰　唐書敍例目錄一卷見唐志

十九代史目二卷宋朝舒雅等撰　太祖實錄目二卷

太宗實錄目二卷　太宗新修五代史目二卷

歷代史目十五卷　高氏小史目一卷

史鑑目三卷　經史目錄七卷楊九齡撰

經史目錄三卷　十三代史目三卷殷仲茂撰

唐餘錄目一卷宋敏求撰　羣書備檢錄七卷

漢書敘例目一卷

右經史目十九部九十三卷

凡目錄類四種七十七部八百一十四卷

諸子類第六　儒術　道家　釋家　法家　名家　墨家　縱橫家　雜家　農家　小說　兵家

儒術

晏子春秋七卷齊大夫晏嬰撰　曾子二卷目一卷曾參撰

子思子七卷魯穆公師孔伋撰　漆雕子十三篇漆雕開後

宓子十六篇 孔子弟子宓不齊撰
世子二十一篇 名碩陳人也七十子之弟子
魏文侯六篇
李克七篇 子夏弟子為魏文侯相
公孫尼子一卷 七十子之弟子
孟子十四卷 齊卿孟軻撰趙岐注
孟子七卷 鄭氏注
孟子七卷 劉熙注
孟子七卷 綦毋邃撰
孟子七卷 陸善經注
孟子音義三卷 張鎰撰
孟子音義二卷 宋朝孫奭撰
續孟子二卷 唐林慎思撰名伸蒙子
刪孟子一卷 馮休撰
荀卿子十二卷 楚蘭陵令荀況撰
荀子二十卷 楊倞注
非荀二十八篇 吳申撰
削荀一卷 陳之方撰
芊子十八篇 齊人芊嬰七十子之後
甯越一篇
王孫子一篇
公孫固一篇
李氏春秋二篇
弟子四篇 秦博士羊百章撰
徐子四十二篇 宋外黃人
魯仲連子五卷 齊人魯連不仕稱先生

虞氏春秋十五篇虞卿撰
新語二卷陸賈撰
劉敬三篇
賈子十卷漢梁太傅賈誼傳
秦子三卷
何子五卷
劉子三卷梁劉勰撰
賈山八篇
董仲舒百二十三篇
兒寬九篇
公孫弘十篇
終軍八篇
吾丘壽王六篇
新序二十卷錄一卷劉向撰
說苑二十卷劉向撰
揚子法言十五卷解一卷揚雄撰李軌注
揚子法言六卷侯芭撰
揚子法言十卷宋衷注
揚子法言十三卷柳宗元撰
揚子法言十卷司馬光集注
桓子新論十七卷後漢六安丞桓譚撰
潛夫論十卷後漢處士王符撰
申鑒五卷荀悅撰
魏子三卷後漢會稽人魏朗撰
牟子二卷後漢太尉牟融撰
中論六卷魏徐幹撰

典論五卷魏文帝撰　徐氏中論六卷魏太子文學徐幹撰
萬機論八卷蔣濟撰　王子政論十卷王肅撰
去伐論三卷王粲撰　杜氏體論四卷魏幽州刺史杜恕撰
述政論十三卷裴元撰　誓論三十卷張儼撰
顧子新語十二卷吳太常顧譚撰　新言五卷裴元撰
新義十八卷劉廙撰　新略十卷章道孫撰
文禮通語十卷　正訓十卷陸機撰
典訓十卷陸景撰　譙子法訓八卷譙周撰
譙子五教志五卷　古今通論二十卷松滋令王嬰撰
周生烈子五卷　袁子正論二十卷袁準撰
袁子正書二十五卷　孫氏成敗志三卷孫毓撰
新論十卷晉散騎常侍夏侯湛撰　物理論十六卷晉處士楊泉撰
太玄經十四卷楊泉撰　新論十卷晉華譚撰

篤論四卷杜恕撰
蒭蕘語論五卷鍾會撰
志林新書二十卷虞喜撰
後林新書十卷虞喜撰
顧子義訓十卷晉揚州主簿顧夷撰
正言十卷干寶撰
立言十卷干寶撰
又十卷蘇道撰
閎論二卷晉江州從事蔡韶撰
臥龍十六策一卷諸葛亮撰
正覽十卷晉郡儒林祭酒呂竦撰
要覽三卷陸機撰
正覽六卷梁太子詹事周捨撰
諸葛武侯集誡二卷
衆賢誡十三卷
綦母氏誡林三卷
顏氏家訓七卷
典言四卷後魏李穆叔撰
典言四卷後齊荀士遜撰
百里昌言二卷王滂撰
崔子至言六卷
墳典三十卷盧辯撰
典墳數集十卷范謐撰
讀書記三十三卷王劭撰
王通中說五卷
正訓二十卷辛德源撰

唐太宗序志一卷
帝範四卷唐太宗撰
天訓四卷唐高宗撰
紫樞要錄十卷唐武后撰
臣軌二卷唐武后撰
百寮新誡五卷
少陽政範三十卷
列藩正論三十卷
嚴尤三將軍論一卷
春宮要錄十卷章懷太子撰
皇太子諸王訓十卷丁公著撰
青宮要記十卷唐武后撰以賜太子
修身要覽十卷章懷太子撰
帝王集要三十卷崔氏撰
君臣相起發事三卷
魏徵諫事五卷
自古諸侯王善惡錄二卷魏徵撰
平臺百一寓言三卷張太玄撰
君臣政理論三卷楊相如撰
五經妙言四十卷李襲譽撰
六經法言二十卷
諸經纂要十卷崔郾撰
經史要錄二十卷鄭澣撰
續說苑十卷劉貺撰
百行章一卷杜正倫撰
前代君臣事迹十四篇唐憲宗撰

訓記雜載十卷武后撰　維城典訓二十卷
維城前軌一卷裴光庭撰　諫苑二十卷于志甯撰
諫林五卷齊晉陵令何望之撰　諫林二十卷王方慶撰
聖典三卷楊浚撰　千秋金鑑錄五卷張九齡撰
唐次辨謗略二卷　元和辨謗略十卷令狐楚等撰
太和新修辨謗略三卷裴潾撰　格論三卷李仁實撰
王政三卷趙冬曦撰　正錄十卷馮中庸撰
買子一卷開元中藍田尉撰　正論十五卷儲光羲撰
理源二卷牛希齊撰　君臣圖翼二十五卷陸贄撰
古今說苑十一卷　康教論一卷丘光庭撰
元子十卷元結撰　浪說七篇元結撰
漫說七卷元結撰　元和子二卷杜信撰
伸蒙子三篇唐林慎思撰　冀子五卷冀重撰

傅子五卷晉司隸校尉傅玄撰舊有百二十卷
皇王大政論一卷朱梁孝琪撰
鯫子一卷趙隣幾撰
前朝君臣正論二十五卷晉趙瑩撰
帝王旨要三卷徐融撰
資理論三卷宋朝朱昂撰
本說十卷宋朝刁衎撰
素履子一卷張弧撰
里訓十卷張涉撰
東莞子十卷
儒門誠節忠經三卷
商子新書三卷商子逸撰
真宗皇帝正說十卷
孫綽子十卷
家國鑑三卷
爲臣要記三卷
治書十卷郭昭度撰
至性書三卷茅知至撰
泉書十卷黃君俞撰
姚元崇六誡一卷
四部言心十卷劉守恭撰
理道集十卷隋李文博撰
檢志三卷唐李知保撰
羣書治要五十卷魏徵撰
十代興亡論十卷朱敬則撰
帝王略論五卷虞世南撰

忠經一卷海鵬撰失其姓名

行己要範十卷崔元暐撰

敘訓二卷辛之諤撰

理道要訣十卷杜佑撰

用人權衡十卷賀蘭正元撰

魁紀公三十卷樊宗師撰

輔弼名對四十卷宋朝劉顏撰

樊子三十卷樊宗師撰

致理書十卷朱朴撰

治亂集三卷蘇源明撰

紳誡三卷張楚金撰

誡子拾遺四卷唐李恕撰

開元御集誡子書一卷

狄仁傑家範一卷

盧公家範一卷

家誡一卷偽吳黃訥撰

司馬温公家範六卷

先賢誡子書二卷

凡儒術一種二百四部一千六百一十三卷三百七十篇

版權所有
不准翻印

西元二〇一六年六月一日重製一版

通志略 冊三（宋鄭樵撰）

平裝四冊基本定價參仟參佰元正
（郵運匯費另加）

發行人 張敏君
發行處 中華書局
臺北市內湖區舊宗路二段一八一巷八號五樓（5FL., No. 8, Lane 181, JIOU-TZUNG Rd., Sec 2, NEI HU, TAIPEI, 11494, TAIWAN）
客服電話：886-2-87978396
公司傳真：886-2-87978909
匯款帳戶：華南商業銀行西湖分行
179100026931
印刷：維中科技有限公司
海瑞印刷品有限公司

No. N1033-3

國家圖書館出版品預行編目(CIP)資料

通志略 / (宋)鄭樵撰. -- 重製一版. -- 臺北市 :
中華書局, 2020.04
冊 ; 公分
ISBN 978-986-5512-09-5(全套 : 平裝)

1.中國政治制度 2.歷史

573.1 109003720